DANS LA MÊME COLLECTION

CHÈRE NATALIE BARNEY

DU MÊME AUTEUR

Le Mauvais Genre, Le Seuil (épuisé).

Les Plaisirs infinis, Le Seuil (épuisé).

L'Honneur de plaire, Le Seuil (épuisé).

Les Amours imaginaires, Gallimard.

Les Couples involontaires, Flammarion.

Les Bonheurs défendus, Flammarion.

Ouvrir une maison de rendez-vous, Fayard.

Un éternel amour de trois semaines, Fayard.

Une jeune femme de soixante ans, Fayard.

Les Paradis provisoires, Fayard.

Portrait d'une séductrice, Stock et Presses-Pocket (prix Cazes et prix Sévigné en 1976).

L'avenir est à ceux qui s'aiment ou l'Alphabet des sentiments, Stock.

L'École des arbres, Mercure de France.

Un amour d'arbre, Plon.

La Maison de miroirs, Éditions Pierre-André Benoit.

Les Petites Solitudes, Éditions Marc Pessin.

Zizou artichaut coquelicot oiseau, Grasset-Jeunesse, en collaboration avec Alain Gauthier.

Narcisse, Ipomée, en collaboration avec Martine Delerm.

Le Lumineux Destin d'Alexandra David-Néel, Librairie académique Perrin et Presses-Pocket (prix Fémina Vacaresco, prix Kléber-Haedens-Mumm et l'un des grands prix de l'Académie française en 1985).

Florence et Louise les Magnifiques (Florence Jay-Gould et Louise de Vilmorin), Éditions du Rocher, 1987.

Chère Marie-Antoinette, Librairie académique Perrin et Presses-Pocket (prix Gabrielle-d'Estrées en 1988).

Chère George Sand, Flammarion (Prix d'histoire de la Vallée aux Loups, 1991 et Prix Chateaubriand, 1991).

JEAN CHALON

CHÈRE NATALIE BARNEY

PORTRAIT D'UNE SÉDUCTRICE

FLAMMARION

A Natalie qui me disait :
« N'oubliez pas que je serai toujours
auprès de vous, en Amazone »,
et : « La récréation ne sera jamais
terminée entre nous. »

LETTRE-PRÉFACE
DE MARGUERITE YOURCENAR

Ce texte est publié pour la première fois dans son intégralité avec l'autorisation *exceptionnelle* des exécuteurs littéraires de Marguerite Yourcenar, maître Marc Brossolet et M. Yannick Guillou, et celle de l'exécuteur littéraire de Natalie Barney, M. François Chapon. Qu'ils en soient ici remerciés.

Chère amie,

*J'ai bien reçu et bien lu l'hommage d'*Adam *à* l'Amazone des Lettres. *L'éditeur m'avait écrit il y a deux ans, ou dix-huit mois peut-être, pour me deman- der de participer à un recueil qui devait vous être consacré, et j'avais refusé, non pour la raison donnée par Janet Flanner, mais comme je le fais toujours, depuis que l'hommage à Mann, qui devait avoir quel- ques lignes, m'a entraînée tout au long de quarante- cinq pages imprimées, et à travers des thèmes aussi confus que l'art et la vie, l'érotisme, l'humanisme, l'occultisme... Incapable comme je le suis de l'aperçu court, du souvenir net qui est au contraire votre don, si j'avais accepté la proposition de ce monsieur, je me serais vite arrêtée court, ou au contraire j'aurais sombré dans des tiroirs pleins de fiches, sous des rames de papier et des torrents d'encre, tout ce qu'il faut enfin pour écrire* Les Mémoires de Natalie *ou* Le Cerveau noir de Natalie, *ce que je ne suis pourtant pas qualifiée pour faire.*

*Mais le recueil d'*Adam *me semble assemblé avec goût, et avec discrétion, pour autant qu'on peut traiter avec discrétion d'une vie audacieuse. En dépit de quelques pages creuses, inévitables dans une compila-*

tion de ce genre, ce volume fixe utilement quelques faits, quelques aspects de cette existence si réussie qui a été la vôtre. Les traductions de vos pages originellement écrites en français me paraissent presque toutes bonnes, et elles aident à vous situer dans cette époque qui est la vôtre, et qui est au fond le XVIIIe siècle bien plus que la Belle Epoque. Que vous êtes jeune, Natalie, pour une contemporaine de Mme du Deffand et de Rivarol...

J'ai lu avec beaucoup d'intérêt l'article de Jaloux qui insiste sur ce côté XVIIIe siècle, sur le dard brillant et acéré de vos propos. Il vous voyait étincelante et dure ; je vous ai vue surtout sereine, et pleine d'une générosité où il entrait de la hauteur et de la bonté. Durant les années 1929-1939, j'avais beaucoup entendu parler de vous par Edmond, et aussi par Jean Royère, qui publiait vers ce temps-là certains de mes poèmes, qui lui vous voyait de plus loin, avec des simplifications un peu naïves de poète cherchant partout des mythes plutôt que des êtres humains. Vous émerveilliez l'un et vous enchantiez l'autre, et le pavillon de la rue Jacob qui devait plus tard me devenir amicalement familier me semblait à travers eux et quelques autres aussi romanesque que celui de La Fille aux yeux d'or. *Je suis très capable de prévoir votre légende future, ayant d'abord connu de vous celle que vos contemporains vous ont faite.*

Mais en dépit des précisions du volume d'« hommages » (les généalogies en particulier sont fascinantes), que de choses restent inexpliquées. Par exemple, la parfaite « naturalisation » de cette étrangère que vous étiez, qui a réussi à être chez soi dans Paris sans jamais perdre tout à fait ses privilèges d'extra-territorialité. Ou encore l'admirable absence de stratégie mondaine, à une époque où pourtant la mécanique de l'arrivisme mondain régissait tout. (Le chapitre XX sur votre rencontre avec Proust montre combien peu vous et lui étiez faits pour vous entendre sur les joies ou les servitudes de l'amour, mais je crois que Proust a dû se sentir également déconcerté en présence d'une femme qui collectionnait les êtres et non pas les duchesses, désirait jouir à sa manière plutôt que réussir à celle des autres. Son univers si prodigieusement riche ne comporte pas la possibilité d'une existence comme la vôtre.) Enfin, on admire surtout, sans bien se l'expliquer, la durée tranquille de ce tour de force qu'est une vie libre.

J'ai un peu réfléchi à tout cela : je me suis dit que vous aviez eu la chance de vivre à une époque où la notion de plaisir restait une notion civilisatrice (elle ne l'est plus aujourd'hui) ; je vous ai particulièrement su gré d'avoir échappé aux grippes intellectuelles de ce demi-siècle, d'en avoir été ni psychanalysée, ni existentialiste, ni occupée d'accomplir des actes gratuits, mais d'être au contraire restée fidèle à l'évidence de votre esprit, de vos sens, voire de votre bon sens. Je ne puis m'empêcher de comparer votre existence avec la mienne, qui n'aura pas été une œuvre d'art, mais tellement plus soumise au hasard de l'événement, rapide ou lente, compliquée ou simple, ou tout au moins simplifiée, changeante et informe... Que les rythmes changent vite, d'une génération à l'autre, et aussi les buts...

Ce que j'écrivais à l'éditeur d'Adam n'est que trop vrai : Mount Desert ne se souvient pas des deux nymphes, Eva et Natalie, qui couraient sur ses plages, et devraient être une partie de sa légende. Mais l'île n'a pas de légende. Je suppose que ce qui vous a surtout retenue rue Jacob, c'est la tradition humaine, cette amicale compagnie d'ombres surimprimées les unes sur les autres : Racine, Adrienne Lecouvreur, Balzac, et hier déjà Remy de Gourmont et vous-même. Ici, l'homme ne laisse pas de trace ; la terre se refuse au souvenir humain. J'ai trouvé dans un vieil album de photographies de Bar Harbor la maison du capitaine Barney, mais où exactement était-elle ? Personne ne sait plus. L'an dernier, on a démoli l'énorme Eyrie de John D. Rockfeller (cette villa qui ressemblait au Caux Palace) et la colline où elle se dressait est de nouveau presque aussi vierge qu'avant la Standard Oil,

13

et même avant Champlain. On pense à l'Asie, où les maisons princières s'effondrent également si vite dans la jungle et la solitude. John D. Rockfeller (ou plutôt sa femme, qui aimait l'art de l'Orient) avait peut-être obscurément senti cette ressemblance (qui n'est pas la seule) entre deux mondes en apparence si opposés l'un à l'autre, quand il avait placé sur Bar Hill ces grands bouddhas coréens ou japonais qui y sont encore, si à l'aise parmi les pins et les fougères, et qui semblent considérer avec une ironique mansuétude ce décor où tout passe plus vite qu'ailleurs. Si une catastrophe atteint ce pays, il en sera probablement comme après l'« hiver noir » qui vit la destruction des bisons, ou comme après les fameuses années sèches qui détruisirent le monde indien des pueblos : ces grands paysages se reformeront peu à peu, imperturbés, avec seulement au fond de leur indifférence un secret de plus.

Nous voilà bien loin de la rue Jacob et de ce monde de l'histoire littéraire que vous avez fait vôtre. Que de choses j'ignorais, par exemple l'action pacifique en 1914... La photographie de Natalie Barney dans son sous-bois et dans son hamac est un peu « Sarah la baigneuse » (avec des vêtements) et un peu la dame américaine sous sa véranda.

Je promets de ne plus jamais écrire une si longue lettre, fruit d'un après-midi de pluie et de chaud brouillard, de retour d'un thé chez Mrs. August Belmont, qui est l'une des rares personnes en villégiature ici que nous voyions de temps à autre.

Mrs. August Belmont, elle, a des souvenirs, Ellen Terry, Bernard Shaw... Mais elle est anglaise...

Bon été, chère amie, et croyez à mes sentiments affectueux ; Grace me charge de vous exprimer aussi les siens.

Marguerite Yourcenar.

« ... en blâmant l'indiscrétion, il semble oublier tous les bienfaits qui lui sont dus. Toute expression, tout art est une indiscrétion que nous commettons envers nous-mêmes. Et ceci ne provient pas d'une "pauvreté", mais d'un surcroît de richesse, car c'est ainsi que nous faisons vivre les quelques heures de notre vie au-delà d'elles-mêmes. Et devant nos passés, vraiment passés, la discrétion n'est qu'un oubli sans valeur, stérile. Et je crois qu'il est pieux d'honorer nos morts de quelques paroles par lesquelles ils peuvent encore se survivre, et de leur donner au lieu d'un néant silencieux et graduel, quelque épitaphe inspirante et courageuse de ce qu'ils furent. Car il est peut-être coupable de laisser se dissiper sans voix et sans chants ces prodigues qui, de la vie même, ont fait leurs chefs-d'œuvre. L'histoire de leurs amours, pieusement recueillies, a embelli le monde ; c'est l'aumône que leurs richesses nous font. Elle est également leur seule postérité. Il y a aussi des indiscrétions de silence. Et ne serait-ce pas la pauvreté sans recours que de laisser mourir ce qui est mort ? »

Natalie CLIFFORD BARNEY
(Eparpillements, 1910)

1

NATALIE, ALICE, LAURA ET OLIVIA

> « Mon enfance ? "Extraordinaire",
> comme celle de tout le monde, mais
> contrairement à tout le monde, je ne
> tiens pas à la raconter longuement. »
>
> Natalie CLIFFORD BARNEY
> *(Souvenirs indiscrets)*

La vie de mon amie Natalie Clifford Barney est une longue suite de grandes amours. Car la séduction n'a pas d'âge. Et depuis sa naissance à Dayton (Ohio), le 31 octobre 1876, jusqu'à sa mort à Paris, le 2 février 1972, Natalie Barney n'a pas cessé de séduire. Cette séductrice exemplaire a reçu, il est vrai, de nombreux dons en partage : la beauté, l'esprit, le charme, la santé, la fortune, et aussi le plus précieux peut-être d'entre tous : la façon de s'en servir et d'en jouir. Tant de gens gaspillent et saccagent les dons du ciel...

Pour contempler, voire comprendre Natalie, on doit renoncer aux idées reçues. Natalie bouleverse les croyances les mieux établies. Natalie abolit les frontières qui séparent les quatre âges : enfance, jeunesse, maturité, vieillesse. Elle est née adulte. Oui, il *faut* admettre que Natalie est née adulte. Ou alors qu'elle est restée une éternelle enfant de sept ans, une précoce Amazone qui savait déjà dompter ses poneys et ses camarades.

Entre l'« enfant sauvage de l'Ohio », la jeune fille de très bonne famille à la mode dans le monde et le demi-monde, la muse 1900 pour qui Liane de Pougy écrit son *Idylle saphique* [1] et Renée Vivien, ses *Etudes et préludes,* l'idole à qui Remy de Gourmont adresse dévotement ses *Lettres à l'Amazone,* la Parisienne des années 30 qui tient salon et temple de l'Amitié au 20, rue Jacob, l'auteur de *Traits et portraits* et de *Souve-*

1. Récemment rééditée par les Editions des Femmes (npe 1992).

nirs indiscrets, la « Demoiselle » légendaire des années 50-60-70, il n'y a qu'une différence d'apparence, un changement d'enveloppe. L'être de Natalie n'a subi aucune atteinte, aucune influence, aucun amoindrissement. Natalie a traversé son siècle en restant profondément Natalie et en natalisant celles ou ceux qui l'approchaient. C'est un privilège qui tient du miracle. C'est un miracle.

Natalie est une pure fille d'Eve. Adam ne semble pas avoir participé à sa conception. Les hommes, son père, ses cousins, ses soupirants, ses amis ne sont que de très lointains adorateurs habitant une autre planète. Natalie n'a aimé que les femmes, sans hésiter, sans masque, et cela à une époque où l'hypocrisie et les convenances régnaient dans toute leur puissance. C'est ainsi qu'elle est devenue la première femme libre de son temps, l'Amazone qui donna naissance à ces légions d'amazones qui prolifèrent aujourd'hui. Natalie, qui était la parfaite femme-fleur, avec ce que cela comporte de grâces et de fragilités trompeuses, serait étonnée de cette virile et tumultueuse descendance. Etonnée ? Ce n'est pas sûr, et il me semble entendre son : « Qu'ai-je de commun avec ce lieu commun, l'étonnement ? »

La compréhension, l'indulgence, la sagacité de Natalie n'avaient pas de bornes. Elle avait fait sienne la devise de sa mère : *Vivre et laisser vivre.* C'est ce qu'elle essaya, entre autres, de m'enseigner quand je la connus. Natalie entrait dans sa quatre-vingt-septième année, et moi, dans ma vingt-huitième. J'oubliai son âge. Elle oublia le mien. A la faveur de cet oubli naquit notre amitié et ses échanges spontanés. J'apportais à Natalie les bruits de la ville et le spectacle de mes modestes désordres. Elle me donnait l'image d'une sérénité dont j'avais le plus grand besoin et m'offrait les fruits de ses expériences. Elle sut me guider avec une habileté telle que je croyais agir à ma guise. Séparés par la distance quand elle passait ses hivers à Nice et ses étés à la campagne, nous ne cessions pas d'être unis par les lettres que nous échangions une ou deux fois par semaine. « Vous m'êtes proche, m'écrivit-elle un jour. N'oubliez pas que nos proches ne peuvent être que de notre choix. »

A lire cette phrase, on pourrait croire que Natalie avait à se plaindre de sa famille. Il n'en est rien. Certes, elle ne parlait guère de ses parents. « Ils étaient jeunes, ils étaient beaux, ils étaient bien portants », m'expliquait-elle brièvement comme pour justifier par une hérédité quelconque sa jeunesse, sa beauté et sa santé.

Son père, Albert Clifford Barney, est un blond bon vivant, président de la Barney Railroad Car Foundry. Sa mère Alice, née Pike, est une blonde également bonne vivante. Ils ont de la fortune, de l'esprit et des ancêtres. A Washington, ils forment un couple à la mode.

Trois ans après la naissance de Natalie, Alice Pike Barney met au monde une deuxième et dernière fille, Laura. Dès lors, elle se consacrera à son unique passion : la peinture. Peintre amateur qui souhaite devenir professionnelle, elle prendra des leçons de Carolus Duran puis de Whistler. Elle écrira aussi des pièces de théâtre. Mécène dans l'âme, elle apprendra à ses deux filles à aimer les arts et à protéger les artistes. Natalie surtout suivra ses leçons. Laura, d'un tempérament plus chétif, choisira d'aider les mystiques et appartiendra à la secte perse des bahaïs. Ce que Natalie tournait en dérision par un : « Ma sœur qui est une sainte... » La sainte, quand elle avait trois ans, donna un coup de pelle sur la tête de Natalie qui en garda longtemps une cicatrice, et de la rancune. Laura essaya ensuite d'effacer ce coup de pelle par une dévotion absolue à sa sœur aînée.

Dans une belle maison des environs de Cincinnati, Natalie connaît les joies d'une première enfance campagnarde. Elle promène ses deux chiens. Elle monte son poney Shetland. Elle parle avec son perroquet Jumbo et sa perruche du Mexique, Orisaba. Elle nage. Elle court. Elle apprend le français avec sa gouvernante française et dans les œuvres de la comtesse de Ségur. Elle parvient à parler rapidement cette langue sans accent, ce qui lui vaut les compliments de l'une de ses grand-mères, « celle qui donnait les dîners les plus élégants de Baltimore ».

Parler français, pour Natalie, c'est un jeu qu'elle pratique avec deux voisines, deux amies de son âge, Violette et Mary, qu'elle retrouvera plus tard à Paris. C'est cette même Violette qui présentera Natalie à Renée Vivien. On n'échappe pas à la fatalité des rencontres. Ainsi, poursuivie par des enfants dans un hall d'hôtel, Natalie se réfugie sur les genoux d'un monsieur. Ce monsieur qui sait consoler, raconter une histoire, c'est Oscar Wilde qui fait une tournée de conférences aux Etats-Unis. Plus tard, on voudra fiancer Natalie à l'amant de Wilde, lord Alfred Douglas, mais c'est la nièce d'Oscar, Dolly Wilde, que Natalie préférera. Non, décidément, on n'échappe pas à la fatalité des sentiments.

En 1883, Natalie a sept ans, et Laura, quatre. Albert Clifford Barney décide que ses filles sont en âge de connaître l'Europe, terre de leurs ancêtres. De ses ancêtres anglo-saxons, professeurs, hommes d'affaires, industriels qui avaient édifié ce qu'une milliardaire américaine, Florence Jay-Gould [1], appelait « la fabuleuse fortune des Barney », Natalie ne parlait jamais. Elle évoquait seulement sa trisaïeule française qui se réfugia en Amérique pendant la Révolution et y épousa *the honest judge Miller,* celui-là même qui, avec son beau-père français, établit le traité par lequel la France rendait la Louisiane aux Etats-Unis. Cette trisaïeule, uniquement préoccupée de son intérieur et peu au courant des événements politiques, reçut un jour de son époux l'avis suivant : « La Fayette arrive, préparez-vous. » Elle crut à un

---

1. Du même auteur : *Florence et Louise les Magnifiques (Florence Jay-Gould et Louise de Vilmorin),* Editions du Rocher, 1987.

danger imminent et s'enfuit dans les bois voisins avec son argenterie, ses enfants, ses esclaves. Quand M. Barney et La Fayette arrivèrent, ils trouvèrent, en guise de réception, une maison vide...

Un autre ancêtre, le commodore Joshua Barney, plaisait aussi à Natalie. Le commodore vint officiellement en France quatre fois entre les années 1782 et 1815. La première, il apportait des documents à Benjamin Franklin. La deuxième, il fut présenté à Marie-Antoinette qui embrassa en sa personne le Nouveau Monde. Natalie se moquait complètement des deux autres fois. Seul le baiser de Marie-Antoinette la faisait rêver.

En 1883, en dépit des efforts de ses parents, Natalie ne s'intéresse guère à la terre de ses ancêtres. Ce qu'elle retient de cette Europe, ce sont les zoos, les musées et, dans les chambres d'hôtel, cette petite piscine, cette baignoire pour poupée que Natalie contemple avec ravissement : le bidet.

Retour en Amérique. Nathalie grandit. Son interminable chevelure blonde, que ses amoureuses, unanimement, baptiseront *moonbeam* (rayon de lune), commence à attirer les regards. Natalie ne s'en soucie pas. Elle ne pense qu'à profiter le plus possible de ses vacances dans l'Etat du Maine, à Bar Harbour, où seuls les Vanderbilt et les Pullitzer ont leur piscine privée. Elle tient, en français, son journal. Elle y note que, au-delà de la rivière, on aperçoit des tentes d'Indiens qu'elle voudra, un jour, rejoindre. Elle est vite rattrapée par sa gouvernante. De cette visite ratée aux Indiens, Natalie gardera une nostalgie enjouée :

« Je serais devenue une reine de la Prairie. Jean, me voyez-vous en reine de la Prairie ? »

Ce que l'Amazone ne note pas dans son journal, et qu'elle me raconta, ce sont les « gestes » d'un petit cousin de dix ans, exhibitionniste comme on l'est à cet âge. Dans une grange, il montre une turgescence qui déplaît fort à Natalie. Elle refuse obstinément d'y toucher. Elle condescend cependant à prendre une ficelle et à attacher le sexe du petit cousin qu'elle oblige ensuite à « faire l'ours ».

« Il m'obéissait au doigt et à l'œil, il devait aimer cela ? » s'interrogeait encore l'Amazone, quatre-vingts ans plus tard... Cette fois, aucune gouvernante n'interrompt ces jeux. D'ailleurs, Natalie ne craint rien ni personne. Elle ignore la peur, et sa seule crainte — injustifiée — c'est de ne pas recevoir, avant de s'endormir, le baiser de sa mère.

1887. Deuxième séjour en Europe. Natalie a onze ans. Beauté de ses onze ans que le peintre Carolus Duran fixera sur l'une de ses meilleures toiles, *Le Petit Page.*

Triste et doux petit page
Moi-même de jadis

écrira Natalie à propos de ce tableau qu'elle aimait beaucoup. Elle s'éprend alors d'une belle cousine, obscurément, sans savoir seulement que c'est déjà de l'amour. Elle découvre que la belle a un fiancé. Natalie souffre. Natalie oublie.

Pendant ce séjour en Europe, elle doit assister à une représentation de *Carmen.* Ses très libéraux parents jugent que *Carmen,* pour une enfant de onze ans, c'est trop. Natalie n'ira pas. Le soir de la représentation, le théâtre brûle. Et ce ne sera pas la seule fois que Natalie sera sauvée du feu...

Pour éviter de possibles accidents et de pareilles tentations, et aussi pour voyager plus à leur aise, M. et Mme Barney décident de mettre Natalie et Laura en pension, à Fontainebleau, aux *Ruches.* Quelques années plus tôt avait séjourné là une jeune Anglaise qui, sous le pseudonyme d'Olivia et dans un roman baptisé également *Olivia,* fera le récit de sa passion adolescente pour l'une des directrices, Mlle Julie.

« Quand je suis arrivée aux *Ruches,* on en parlait encore à mots couverts, tellement couverts que je n'y comprenais pas grand-chose », me dira l'Amazone.

Devenues deux très vieilles dames, Olivia et Natalie se rencontreront et évoqueront leurs souvenirs du temps des *Ruches*. Comme Olivia, Natalie aurait pu dire : « L'amour a toujours été la plus grande affaire de ma vie, la seule qui m'ait paru — non, que j'aie *senti* — être d'une importance suprême. »

A onze ans, Natalie ne peut pas pressentir l' « importance suprême » que l'amour prendra dans sa vie. Son innocence est extrême. A douze ans, elle a ses premières règles qu'elle ne supporte pas et ne supportera jamais. A la vue de son sang, elle s'évanouit d'horreur. La directrice la soigne et la console en lui récitant *La Jeune Captive* d'André Chénier. Natalie se sent « jeune captive » et répète docilement : « Je ne veux pas mourir encore » en essayant d'oublier sa passagère blessure. Elle comprend enfin pourquoi sa mère, devant un aquarium où des poissons laissaient échapper des filaments rouges, avait expliqué rapidement :

« Toi aussi, Natalie, un jour, tu auras des filaments rouges. Il ne faudra pas trop t'en étonner. »

Heureusement, Natalie a d'autres préoccupations. Elle doit perfectionner sa calligraphie et ses connaissances de la poésie française en apprenant par cœur des tirades de Racine, des fables de La Fontaine et des hymnes de Victor Hugo. Aux *Ruches* sont dispensés, de surcroît, le maintien, les révérences, et surtout la danse. Comme Natalie aime danser ! Est-ce pour obéir à son double peint par Carolus Duran ? Elle sert de page, de cavalier à ses compagnes. Puis, sans foi aucune, mais dissimulant par bonne éducation son manque de foi, la païenne Natalie fait sa première — et dernière — communion. Elle quittera *Les Ruches* avec l'Abeille d'or réservée aux meilleures élèves.

Le Petit Page retourne en Amérique. L'état d'innocence va prendre fin.

2

EVA

« J'avais adopté la coiffure d'Evelina Palmer. Deux lourdes tresses ligotaient ma tête. Pourtant je n'avais pas la chevelure fantastique d'Evelina, descendue jusqu'à ses talons, et dans laquelle se jouaient toutes les gammes, depuis le rouge géranium jusqu'au blond cendré. »

Lucie DELARUE-MARDRUS
(Mes Mémoires)

Aucun drame familial, aucune maladie grave n'ont troublé les douze premières années de la vie de Natalie. Un père charmant, une mère admirée, des cousins, des animaux, des jeux, des études, des voyages, tout a contribué à son épanouissement. Aucun traumatisme à signaler.

Fille de riches à une époque où la richesse vous sépare du reste du monde, vous lie irrémédiablement au culte du veau d'or et vous permet de régner sur des gens considérés comme « inférieurs », Natalie se contente de régner sur Natalie et de se vouer au culte de Natalie. Elle embrasse son image dans les miroirs. Et comme elle a raison ! Où trouver des cheveux plus blonds, des yeux plus grands et une pareille bouche ? Ce narcisse féminin ne va pas se contenter longtemps de cette contemplation. Elle ne tardera pas à rechercher les vivants reflets de Natalie. En attendant, à douze ans, toute seule, comme une grande, elle découvre ce qu'il y a de plus précieux sur terre : le plaisir. Debout dans sa baignoire, « l'eau que je faisais jaillir d'un bec de cygne entre mes jambes me donnait les plus vives sensations », écrira-t-elle dans son autobiographie. Et elle ajoute : « J'étais devenue l'amant-maîtresse de moi-même. » Cette apprentie Léda gardera une immense reconnaissance à l'eau, qu'elle exprimera dans l'épilogue de ses *Cinq Petits Dialogues grecs* : « Je suis amoureuse de l'eau qui me purifie des êtres. (...) Je suis amoureuse de l'eau instable et qui jamais ne change. Qu'il est pesant, mon fluide amant !... qu'il est léger ! (...) Il me touche et je reste plus chaste. Il me possède et me laisse vierge, et m'éveille en prenant ma vie... »

La force de ce plaisir précoce lui fait oublier la possibilité d'autres plaisirs. Natalie, à qui de grands espoirs sont permis et que sa naissance, sa fortune condamnent à épouser un ambassadeur, un sénateur ou même un président des Etats-Unis, n'épousera jamais que Natalie et ses sœurs jumelles.

« Oui, à douze ans, je savais exactement ce que j'aimais et j'étais fermement décidée à ne pas me laisser détourner de mes goûts », jubilait l'Amazone.

Décision que renforce son observation du couple que forment maintenant son père et sa mère. Leur bonne entente a cessé. A douze ans, Natalie s'aperçoit que tout ne va pas pour le mieux dans la meilleure des familles. Chaque paradis a son serpent. Et le serpent, c'est la jalousie — « absurde » — que son père éprouve pour les trop beaux modèles qui posent pour Alice Pike Barney. Maman est éprise de beauté comme la plupart des artistes de cette fin de siècle. Papa fait des scènes à maman. Papa fume trop. Papa boit trop. (Quand j'ai connu Natalie, personne n'osait fumer une cigarette en sa présence, et cette buveuse d'eau consentait rarement à absorber deux doigts de vin.)

Un jour, Albert Clifford Barney, ivre de whisky et de jalousie, veut arracher Natalie et Laura à une mère qu'il juge, à tort, indigne. Dans le train qui les emporte de Washington à Dayton, il invite ses filles à la mort. Ils sauteront tous trois du train en marche.

Feignant un calme qu'elle est loin de ressentir, Natalie tire la sonnette d'alarme. Le train s'arrête. Natalie s'écroule en sanglots, largement devancée par Laura qui, dans son coin, « n'avait su que pleurer ».

Et pour comble, Natalie est témoin de la duplicité masculine. Son père, qui accuse sa mère d'avoir des amants, se donne licence pour avoir des maîtresses. Pendant une réception, Natalie aperçoit l'une de ces femmes enlevant un cigare de la bouche de son père et y posant, à la place, un baiser.

« Je n'ai rien dit. J'avais été à bonne école. Une fois, j'avais surpris un maître d'hôtel en train de voler des cigares et je l'avais dénoncé à mon père. Mon père s'était contenté de me faire remarquer qu'une demoiselle digne de ce nom ne devait pas voir certaines choses. Et il me pria de ne plus venir l'importuner à l'avenir avec de semblables histoires. Je n'ai pas oublié la leçon », me raconta l'Amazone.

A cette époque, en Angleterre, une lady surprenait son mari dans les bras de son valet de chambre. Elle ne sut pas fermer les yeux, poussa de hauts cris, fit un scandale, demanda et obtint le divorce. Le monde continua à recevoir le lord divorcé, mais ferma ses portes à l'épouse coupable de n'avoir pas respecté les règles de la bienséance. Cette hypocrisie qui régente la fin du siècle dernier et le commencement du nôtre, Natalie ne la supportera pas, ne songera même pas à la supporter. Elle s'appliquera à mettre en pratique l'une de ses majeures professions de foi : « Vivre sans masque. » Et de Washington à Cincinnati, dans les salons, on commence à jaser de cette absence de masque.

De douze à quinze ans, Natalie ne dissimule pas son admiration pour les jeunes filles et pour les jeunes gens qui ressemblent à des jeunes filles. L'un de ces éphèbes offre à Natalie un baiser vite oublié et une chevalière qui restera dans son coffre à bijoux. Natalie s'engoue de certaines dames de Washington, « des beautés hors d'atteinte ». Elle s'empresse autour des madones distinguées dont sa mère fait le portrait. Si les madones manifestent trop de nervosité, Natalie caresse leurs chevilles et parvient à calmer leur fébrilité par son seul magnétisme...

L'Amazone, quand elle me racontait ces séances, esquissait dans l'air ces caresses. Ses mains, une dernière fois, saisissaient le vide du passé et des beautés perdues.

Bal, cheval, tennis, ascension de Green Mountain,

31

Natalie mène la vie exquise d'une jeune fille en fleurs. Si son imagination et ses goûts la portent vers ses semblables, elle se laisse volontiers courtiser par des jeunes gens qui déposent sous son balcon bouquets et poèmes. Son père s'émeut de ces offrandes :

« Si je croyais que ma fille se laisse embrasser par l'un de ces garçons, je la jetterais du haut du balcon. »

L'Amazone me commentait cet éclat d'un : « Je suis américaine, donc je suis pratique. J'ai demandé à mon père de me donner une chambre au rez-de-chaussée. » Dompté par tant d'assurance, son père obéit. Un diplomate belge désespéré de ne pas parvenir à ses fins accuse Natalie d'avoir « des goûts contre nature » — Natalie ignore encore que les goûts profonds de sa propre nature sont tenus par la société et la morale pour un vice. Le vertueux diplomate termine ses accusations par ce conseil : « Méfiez-vous. Aimer les femmes, ce n'est pas une carrière. »

Faire ce qui ne se fait pas n'est pas pour déplaire à Natalie. Elle vient d'apprendre qu'elle n'est pas comme les autres. Tant mieux. Elle s'en réjouit. Les autres sont tellement ennuyeux ! Ils ne servent qu'à gâcher votre plaisir. Et le plaisir de Natalie se nomme alors Eva, une jeune et superbe rousse qui passe, elle aussi, ses vacances à Bar Harbour — Eva Palmer, des biscuits Huntley and Palmer, la seule héritière dont la fortune, dira Robert de Montesquiou, « augmente encore aux heures où toutes les autres fortunes, par l'oisiveté forcée, diminuent : car il y a toujours dans la nuit, quelque part, une dame dyspeptique qui allonge la main dans l'ombre et saisit un biscuit Palmer qu'elle croque avec délice ».

Le bateau qui emmène Natalie, Eva et leurs familles à Bar Harbour se nomme... *Sappho*. Grâce à l'un de ses soupirants, un poète, Natalie apprend enfin qui était Sappho. Il était temps. Natalie atteint juste sa seizième année.

La rousse Eva n'aime que le grec. Par amour du

grec et d'Eva, Natalie se lance dans Platon. « Il s'ensuivit une liaison où la poésie, *Le Banquet* de Platon et le nudisme eurent leur part dans une vie arcadienne, écrit-elle dans son *Autobiographie*. Nous connûmes la volupté d'être nues parmi les sources et sur les mousses des sous-bois... »

Eva est une nymphe, Natalie est son berger. L'automne interrompt cette idylle champêtre entre ces deux adolescentes qui retournent en pension où il faut « se désapprendre pour apprendre », dit Natalie. En dépit de leurs efforts pour être réunies, Natalie et Eva sont mises dans des établissements différents.

Dans la pension de Natalie règne une atmosphère très intellectuelle. Le jour de son arrivée, Natalie tombe en plein débat sur le féminisme. On doit voter pour ou contre, à bras levé. Sans hésiter, Natalie vote pour le féminisme parce que... « son défenseur était une très jolie personne ».

Aux vacances de Noël 1892, Natalie retrouve ses parents et leur demeure, l'une des plus attrayantes et des plus hospitalières de Washington. La famille Barney au complet est invitée à la Maison-Blanche [1]. A la fin du déjeuner, séduite par la beauté de la présidente, Natalie s'enhardit et, dans un élan, lance :

« Ah ! Madame la présidente, si vous pouviez continuer à présider à la Maison-Blanche avec n'importe quel président ! »

Surprise par cet étrange compliment qu'elle s'efforce de ne pas comprendre, la présidente se contente de sourire. Ce sourire n'apaise guère la colère de M. Barney, colère qu'il dissimule et laisse éclater quand ils ont pris congé. Il se livre à de sévères remontrances sur l'inconvenance d'une telle déclaration. Décidément, « ses » trois femmes échappent de plus en plus à son autorité : Alice se réfugie dans la peinture et les tableaux vivants qu'elle organise avec brio et succès, Laura ne pense qu'aux bonnes œuvres

---

1. M. Barney, assez snob, s'amusait à dire : « On va s'encanailler aujourd'hui : on déjeune à la Maison-Blanche. »

et Natalie court les bals, les flirts et Eva. Cette triple évasion excite la constante irritabilité d'Albert Clifford Barney, dont ce billet de Natalie à Eva, écrit en français, se fait l'écho :

Les Japonais ont une théorie que toute pensée mauvaise retombe sur l'être qui la profère mais accable celui pour lequel elle est destinée. Ceci n'est pas assez net pour les gens des régions où nous vivons. Mais ce qui est certain, c'est que les personnes sensibles et impressionnables subissent l'influence malsaine de vilaines paroles. A cause d'une scène qui n'avait pour cause que la mauvaise humeur de mon père, je me sens horriblement entourée d'un nuage indissoluble et engloutie dans le pire des maux : la mesquinerie. Son esprit de snob me choque et ses paroles de dureté et d'égoïsme, son pouvoir d'administrer l'injustice parmi un monde qui en est déjà comblé me donne le dégoût de toute chose et me rend vilaine même en cette superbe nuit. Ta présence seule et la certitude de tout ce que je crois pourraient changer mon état d'âme.

Est-ce à cette époque que se situe l'anecdote que me racontait l'Amazone pour bien montrer qu'elle était déjà une amazone avant l'arrivée de Remy de Gourmont dans sa vie ? (Natalie n'aimait pas les dates. Elle ne comptait pas les ans, mais les personnes qui occupaient ces années-là. Elle me disait : « C'était le temps de Liane, le temps de Renée, le temps de Dolly », sans préciser davantage.) Pardon pour cette longue mais nécessaire parenthèse qui explique la difficulté de « placer » dans la jeunesse de Natalie la scène suivante.

Un soir d'Opéra, pendant le dîner, une discussion éclate entre Natalie et son père. Comme une petite reine outragée, Natalie quitte la table. Dehors, l'attelage attend. Natalie se fait conduire dans le meilleur restaurant de la ville où elle termine tranquillement le repas interrompu. Elle rejoindra ensuite ses parents à l'Opéra.

M. Barney décide qu'il est grand temps pour

Natalie d'accomplir son voyage en Europe. Ce voyage est une obligation pour les jeunes Américaines fortunées. De nombreux journaux intimes et des romans d'Henry James comme *Daisy Miller* témoignent de cette mode. Rome, Paris, Londres, Berlin en sont les étapes indispensables. On est censé y acquérir un brevet de bel esprit dû à la fréquentation des musées et à l'audition des concerts.

Avant ce départ, une madone du cénacle artistique qui entoure Alice Pike Barney dit à Natalie : « Vous me rappelez *Séraphita*. »

Natalie a vainement cherché ce roman philosophique de Balzac dans les librairies de Washington. Elle trouvera ce livre en Europe et poussera le raffinement jusqu'à lire les avatars angéliques de Séraphitus-Séraphita dans cette Norvège qui en constitue le décor :

« A voir sur une carte les côtes de la Norvège, quelle imagination ne serait pas émerveillée de leurs fantasques découpures, longue dentelle de granit où mugissent incessamment les flots de la mer du Nord ? Qui n'a rêvé les majestueux spectacles offerts par ces rivages sans grèves, par cette multitude de criques, d'anses, de petites baies dont aucune ne se ressemble, et qui toutes sont des abîmes sans chemins ? »

Ce sont d'autres abîmes qui font rêver Natalie, comme le révèle son exemplaire annoté où elle a souligné au crayon les plaintes de *Séraphita* à Wilfrid :

« Ne sera-ce pas user de vos droits d'homme ? Nous devons toujours vous plaire, vous délasser, être toujours gaies, et n'avoir que les caprices qui vous amusent. Que dois-je faire, mon ami ? Voulez-vous que je chante, que je danse, que la fatigue m'ôte l'usage de la voix et des jambes ? Messieurs, fussions-nous à l'agonie, nous devons encore vous sourire. Vous appelez cela, je crois, régner. Les pauvres femmes, je les plains. »

Natalie évitera cette pitié. Elle ne se confondra pas avec ce troupeau de malheureuses inexorablement soumises à l'homme. Et pourtant le moment du sacrifice approche, l'instant décisif dans la vie d'une demoiselle de son temps et de son milieu : celui de la présentation au monde qui prélude au mariage et à cet état de « pauvre femme ».

Pour l'entrée de sa fille en société, Albert Clifford Barney offre le couturier Worth et la cour d'Angleterre. Natalie accepte le premier, mais récuse la seconde :

« Je n'ai pas besoin de la cour de Saint-James. Américaine, je débuterai à Washington. »

Ce brusque accès de patriotisme surprend M. Barney. Certes, Natalie n'aime guère cette Angleterre qu'elle définira comme un pays « où rien n'est prévu pour les femmes, même pas les hommes ». Mais les raisons de son refus sont plus profondes. Elle a rencontré sa vraie patrie : Paris. Qu'importent les fastes de la cour quand on sent que l'on peut posséder de parisiennes et quotidiennes fêtes secrètes ?

Albert Clifford Barney, pressé de retourner à Londres que, lui, il aime, consent à laisser Natalie dans une pension pour jeunes filles et sous la surveillance d'une amie dont le chic rassure Alice Pike Barney retenue à Washington par ses tableaux, vivants ou non. Laura est restée auprès de sa mère. Et voilà Natalie enfin seule ! Sous prétexte de perfectionner ses connaissances en français et en littérature, Natalie a gagné. Elle est à Paris sous une molle surveillance ; elle est prête à jouir de cette liberté provisoire, à se laisser « griser par des aventures pleines d'attrait et d'inconnu ». Elle s'est aperçue que sa beauté fascine les passants et certaines passantes. Elle va découvrir que rien ne résiste à sa séduction dans un Paris où tout semble permis.

3

CARMEN

« Je levai les yeux et je la vis. C'était
un vendredi, et je ne l'oublierai jamais.
Je vis cette Carmen que vous connaissez... »

Prosper MÉRIMÉE
(Carmen)

CARMEN

Ce Paris « fin de siècle » est la capitale des plaisirs, de tous les plaisirs. On y vient, on y accourt du monde entier, et principalement des deux Amériques. Américains du Nord et du Sud se précipitent vers la « Nouvelle Babylone » pour en respirer l'air qui porte à la volupté et oublier le puritanisme qui asphyxie leurs pays, exactement comme de nos jours les Européens découvrent l'Amérique et se ruent vers ces capitales de la jouissance que sont New York et Mexico.

A cette dictature des luxures diverses s'ajoutent : la tyrannie du luxe, les lois des couturiers et les rayonnements de l'esprit. L'art et ses soleils ne brillent que sur les bords de la Seine, et c'est à Paris que la mère de Natalie perfectionna ses dons de portraitiste.

Natalie, pour le moment, ne pense guère à la littérature ni aux autres arts. Elle est comme un enfant devant une vitrine de pâtisserie. Comment manger ces gâteaux ? Comment saisir les mots de passe, connaître les lieux où se rencontrent les Sapphos de Belleville et les Bilitis de la Plaine-Monceau ? Si Natalie n'est plus innocente, elle ignore complètement la géographie de Paris-Lesbos. Elle doit se contenter de la promenade à la mode, l'allée des Acacias [1] au bois de Boulogne, où la conduisent

1. « ... mais la mode l'a adoptée et tout Paris s'en accommode : il faut être vu aux Acacias. Tout Paris est là, Paris galant comme Paris artiste, Liane de Pougy, retour de Suisse et d'Allemagne, comme Boldini, retour d'Amérique » (Jean Lorrain, *La Ville empoisonnée*, Crès, éd., p. 211).

son chaperon et les fils des amis parisiens de son père. Elle y voit des belles qui visiblement descendent du ciel. L'une de ces créatures ressemble à l'ange de *Séraphita*. Ses compagnons, un peu agacés par tant de naïveté, espèrent détruire cet excès d'admiration d'un méprisant : « Des courtisanes ! » La curiosité émerveillée de Natalie s'accentue : elle ignore aussi ce que veut dire ce mot et n'ose quémander une explication qui déchaînerait de nouvelles moqueries.

Aujourd'hui, tout le monde couche avec tout le monde et l'on ne peut guère comprendre l'importance de la courtisane et sa fonction sociale. A cette époque, la vierge demeurait vierge jusqu'au mariage. L'adultère n'était pas facile, la courtisane était là pour faire patienter les jeunes gens et consoler les époux des mornes vertus de leurs épouses.

Une amie de son âge, Andrea, violoniste, déjà mariée et déjà enceinte, apprendra à Natalie ce que sont vraiment les courtisanes au cours d'une autre promenade au Bois, sans chaperon et sans amis parisiens. Andrea se lamente :

« De plus, ces femmes connaissent des recettes pour ne pas enfanter.

— Je vais leur demander », dit l'intrépide Natalie, dans un élan qu'Andrea refrène à grand-peine.

Natalie ne renonce pas à son idée. Elle veut obtenir ces recettes pour éviter à Andrea les méfaits de la procréation. Insurmontables difficultés : le demi-monde est aussi fermé que le monde. En désespoir de cause, Natalie renoue avec un ancien modèle de l'académie Jullian, une Carmen qui a posé pour sa mère, peut-être pour *Le Châle d'Espagne* et *Séville à Montmartre*. Elle écrit pour solliciter un rendez-vous promptement accordé.

Carmen, aussi classiquement andalouse que son prénom l'indique, yeux de braise et cheveux de nuit, accueille la jeune fille dans un désordre d'éventails et de châles de Manille. L'œillet à la bouche, Carmen marque sa satisfaction de voir enfin Natalie hors de son cercle de famille par ce simple aveu :

« Si je te plais, cueille-moi. »

Natalie cueille et se souvient ensuite du véritable objet de sa visite :

« Carmen, comment peut-on faire l'amour sans faire des enfants ? »

Carmen rit, refuse de répondre et assure à Natalie qu'elle ne risque rien. Et puis, maintenant, Natalie doit partir : Carmen attend son protecteur. Encore une notion, celle de protecteur, que Natalie découvre. Décidément, elle apprend beaucoup en ce moment. Elle s'en va en emportant l'œillet et une invitation à revenir promptement. (Quand j'apportais un bouquet à l'Amazone, j'y faisais toujours glisser un œillet afin de provoquer son rire par un : « C'est l'œillet de votre Carmen. »)

Natalie rentre à pied à sa pension de l'avenue de la Grande-Armée, dans une allégresse complète. Comme Emma Bovary répétait : « J'ai un amant, j'ai un amant », Natalie répète : « J'ai une maîtresse, j'ai une maîtresse. » Cela n'a rien d'étonnant. Elle n'est pas la seule à Paris... où le saphisme triomphe. Sous prétexte de Diane au bain, de Sémiramis et ses suivantes, les couples de femmes abondent en peinture et en sculpture. *Les Amies* de Courbet s'enlacent aussi tendrement que les nymphes qui, dans les allégories de marbre ornant les chambres de commerce, représentent l'Industrie palpant les seins de l'Agriculture pâmée.

En littérature, on ne compte plus les romans où apparaissent des gouvernantes qui, non contentes de séduire Monsieur, réussissent à troubler Madame. Zola ne craint pas de montrer Nana et Satin en train de se caresser. Dans *Amants féminins,* Adrienne Saint-Agen écrit, en guise de préface, qu' « il y a beaucoup de femmes qui, sans s'en douter ou en connaissance de cause, ont été émues par le charme d'une amie au point d'en être charnellement troublées ». Toujours dans la même préface, elle avertit les sceptiques que les amours de ses deux héroïnes, Rose et Paloma, constituent « une histoire malheu-

41

reusement trop vraie ». Enfin, elle prévient charitablement que l'amour saphique « est attrayant et gracieux, doux et enjôleur, il vous prend par des dehors séduisants et enchanteurs, mais quand il vous tient, vous n'êtes qu'une misérable esclave de ses fantaisies ». Adrienne Saint-Agen est formelle : cet amour n'épargne personne et frappe la duchesse comme l'ouvrière. Gomorrhe ne cesse d'étendre ses frontières.

Les caricaturistes s'en donnent à cœur joie. Un Forain dessine deux jeunes filles se tenant par la main et soupirant : « Et puis, c'est si laid un homme ! »

Mode, et surtout réaction contre la formidable brutalité masculine de ce temps. La nuit de noces est un viol légal dont peu de femmes se remettent. Rien n'a changé depuis que George Sand résumait ses plaintes à ce sujet en une phrase : « On élève nos filles comme des saintes et on les livre comme des pouliches. » Les saintes et les pouliches se consolent comme elles peuvent de ce que l'on nomme pudiquement l'« incompréhension » de leurs époux en sombrant dans la maternité ou le mysticisme. Certaines se réfugient dans un angélisme hâtif qui les conduit droit à Lesbos, où les élans du cœur, les caresses de l'âme, les effleurements font oublier les pesanteurs conjugales. Oui, ce sont des créatures vraiment célestes, comme celles aperçues par Natalie au bois de Boulogne. Sur ces légions séraphiques resplendit la plus illustre : Liane de Pougy. Elle aussi aime les femmes, mais c'est aux hommes qu'elle se vend, et très cher. C'est certainement Liane que Natalie a remarquée au Bois et comparée à l'ange de *Séraphita*. Quand elle décrit cette beauté éthérée à Carmen, celle-ci conclut, sans hésiter :

« Cela ne peut être que Liane. »

Carmen s'efforce, en vain, de faire oublier à Natalie la radieuse apparition d'une Liane enfouie dans ses fourrures d'hermine, un jour de neige au Bois. Natalie retient avec soin les nom et prénom de sa déesse lointaine. Pas assez lointaine pour une Natalie capable de toutes les audaces et qui échafaude des plans. Elle sauvera Liane. Elle arrachera Liane à son « affreux métier ». Comment ? Elle n'en sait rien, pour le moment.

Pendant que Natalie rêve à ses projets de délivrance, Worth a terminé la robe de la future débutante, en soie pompadour. La robe du sacrifice. Natalie trouve un nouveau prétexte pour retarder le retour en Amérique et le moment de la présentation : elle veut apprendre la prosodie française.

A la pension de l'avenue de la Grande-Armée, on organise des soirées poétiques où l'on récite du Musset, du Béranger et du Victor Hugo. Ces auteurs ne comblent pas Natalie, qui, sur les conseils d'un professeur avisé, passe avec aisance de François Coppée à Paul Verlaine. Pour cette élève très douée, les mystères de la poésie française tombent un à un. Elle apprend à manier l'alexandrin, l'octosyllabe, le vers libre. Fécond enseignement qui prépare les amours de Natalie avec les plus belles poétesses de son temps.

Tout sourit à Natalie. Comble de chance : le protecteur de Carmen s'absente pendant vingt-quatre heures. Les deux amies entendent mettre à profit cette absence. Hélas ! Carmen en profite pour entraîner son amie à la Foire de Neuilly [1]. Natalie, qui espérait ne pas perdre une minute de cette précieuse nuit, est exaspérée. Et quand Carmen prétend entrer dans la boutique du pétomane, c'en est trop pour Natalie qui se fâche et s'enfuit. Elle passe le reste de la nuit à écrire un poème destiné à... Liane de Pougy.

Au matin, elle envoie le poème accompagné d'une

---

1. « ... la fête de Neuilly, où l'on ne peut pas ne pas avoir été. Poussière et odeur de gaufres, brouhaha abrutissant, bousculades et éblouissements fantastiques... » (Jean Lorrain, *La Ville empoisonnée,* p. 102).

gerbe de lis et de ces quelques mots : « D'une étrangère qui voudrait ne plus l'être pour vous. »

Comme Natalie ne fait pas les choses à moitié, elle va sonner à la porte de Liane. Témérité sans nom qui reçoit un châtiment immédiat : la soubrette lui apprend que Madame ne sort jamais de son lit avant onze heures et que Monsieur le baron est auprès de Madame. Natalie entend d'ailleurs le bruit d'une scène que Monsieur fait à Madame. Cet échec ne décourage pas Natalie.

« Le demi-monde m'intéressait plus que le monde », ne cessait de me répéter l'Amazone.

Elle s'apprête à reprendre l'offensive destinée à conquérir Liane quand arrive un télégramme de M. Barney : il quitte Londres pour Paris. On retourne à Washington où Natalie fera ses débuts. Tant pis pour la prosodie française, le monde et le demi-monde. Natalie doit obéir. Elle emporte plusieurs photos de Liane. Ruse de très jeune fille : afin de contempler à l'aise son idole, Natalie a acheté la collection complète des belles à la mode. Elle en tapissera les murs de sa chambre. Et dans le foisonnement des Sarah, des Nebbia, des Cavaliéri, des Otero, Natalie n'aperçoit que le seul visage de Liane.

4

VILLA DES DAMES

« "On dit que lorsque meurent les bons Américains, ils vont à Paris", dit sir Thomas... »

Oscar WILDE
(Le Portrait de Dorian Gray)

Pour oublier son Paris perdu, Natalie se jette dans des paradis de remplacement : les fêtes et les bals de Washington. Elle s'amuse à enlever à une brune rivale un jeune Italien de sang royal. Elle est ensuite bien embarrassée de sa conquête qui, chaque matin, dépose sous sa fenêtre une rose de l'espèce *American Beauty*.

L'Italien de sang royal brûle et supplie Natalie « de couronner sa flamme ». Un jour, en attendant le moment d'assister à une garden-party, Natalie et son amoureux se promènent dans des bosquets.

« Alors, brusquement, il m'a saisie dans ses bras et s'est tellement pressé contre moi qu'il a dû se hâter de passer à son hôtel pour s'y changer complètement », me racontait l'Amazone.

Elle précisait :

« Il portait un costume en alpaga blanc. »

Comme elle déplorait souvent mon manque de sens pratique, elle ne manquait pas de me conseiller avec son inimitable malice :

« Jean, si vous vous pressez trop contre quelqu'un, évitez de porter un costume en alpaga blanc. »

L'Italien de sang royal abandonne et préfère des proies moins dangereuses : il part aux Indes chasser le tigre et le léopard. Décidément, Natalie ne fera pas figure à la cour d'Italie, ni à la cour d'Angleterre...

Natalie est de plus en plus courtisée. Elle apprend à se défendre contre les attaques des jeunes gens, et quand des téméraires osent effleurer son pied, elle repousse cette avance d'un ironique : « Drôle de façon d'attirer mon attention en commençant par les pieds. » Mais l'ironie, les moqueries, les fuites ne rebutent pas les poursuivants obstinés. Parfois, Natalie en est réduite, pour se libérer, à l'ultime aveu : elle n'aime que les femmes, elle ne sera que l'amie des hommes. Cela ne décourage pas le plus ardent de la troupe, Will, un riche héritier de Pittsburg, qui affirme :

« Moi aussi, j'aime les femmes. Nous serons deux à les aimer. »

Touchée par une telle libéralité, Natalie consent à un espoir de mariage blanc. Chacun aura ses maîtresses. Parfait. Will se déclare prêt à tout, sauf à perdre l'incomparable Natalie qui débute enfin à Washington. La robe en soie pompadour de Worth et celle qui la porte obtiennent un vrai succès ·

« Je garde un souvenir nébuleux de mes débuts dans le monde, je confonds ces fêtes et ces bals, me disait l'Amazone. Et puis, je vous le répète, ce sont mes débuts dans le demi-monde que je souhaitais. »

Le temps passe et Natalie approche de l'accomplissement de cette obsession. Après un dernier cotillon à l'ambassade de Russie et un dernier rendez-vous de chasse, elle retourne en Europe pour y accompagner sa mère qui souhaite y recevoir les leçons du peintre Whistler.

Les Barney arrivent en France en juillet. M. Barney décide que Paris en été est un désert où il est malséant d'être vu. (On n'aura pas manqué de noter l'importance des obligations et des convenances qui régissent la vie mondaine avec autant de dureté que l'étiquette d'autrefois à l'Escorial. Et le mérite de l'Amazone de vouloir résolument y échapper.) On passera l'été dans une villa d'Etretat. Natalie s'ennuie. On met cet ennui sur le compte de la séparation avec Will, agréé par la famille comme fiancé. Will envoie chaque semaine une lettre passionnée. Chaque semaine, Natalie y répond. Elle écrit aussi à Carmen qui est « l'incarnation du superlatif » et qui résume sa passion par un invariable :

« Tu es ce que j'aime le plus au monde, après Dieu, je t'attends. »

Ces correspondances ne suffisent pas à remplir les jours de Natalie. Elle trompe ce vide en rêvant à Liane, en lisant Mallarmé et en dansant dans les châteaux du voisinage où l'on réserve le meilleur accueil à cette jeune, riche et belle Américaine. On admire sa taille de guêpe dont elle est, à juste titre, fière.

L'été se termine. En septembre, Albert Clifford Barney retourne à Washington. Alice Pike Barney et ses deux filles s'installent à Paris dans une pension dont le nom fait sourire Natalie : *Villa des Dames*...

Eblouie par la beauté des Parisiennes, Natalie cache tout d'abord son retour à Carmen. Elle se déclare à des inconnues qui la dédaignent et à Eve Lavallière qui ne répond pas. Et elle ne sait toujours pas comment attirer l'attention de Liane de Pougy. Pratique, peu soucieuse de perdre son temps, Natalie reprend le chemin qui conduit à Carmen et à ses œillets. A vingt ans, Natalie suit exactement ses plaisirs, et quand Pierre Louÿs la baptisera « jeune fille de la société future », il ne se trompera pas. Par sa liberté de conduite, Natalie est une fille d'aujourd'hui.

Elle passe donc des après-midi entiers avec Carmen pendant qu'Alice Pike Barney s'applique à peindre sous la direction de Whistler. La liberté dont jouit Natalie est exceptionnelle et ne s'explique que par le libéralisme de sa mère, son aveuglement à tout ce qui n'est pas sa peinture et sa foi en sa devise *Vivre et laisser vivre*.

A partir de cette époque, Natalie entretient avec sa mère des rapports aimablement fraternels. Dans le trio Natalie-Laura-Alice, Laura est devenue la responsable, la mère des deux autres (ce qui m'a été confirmé par Richard Huntington, qui fut l'homme de confiance des trois dames Barney).

Alice Pike Barney n'exige de Natalie qu'une seule chose : que les apparences et les convenances soient

49

respectées. Sur les conseils de son époux, elle confie sa fille aînée à un vieil ami de la famille, un brave homme que Natalie mène à sa guise et qu'elle réussit à entraîner au bal Bullier, où chaque nuit gigolos et gigolettes s'en donnent à cœur joie. Natalie est enchantée. Elle va l'être encore davantage puisque, ô hasard, ô destin, qui entre au bal Bullier au moment du cancan ? Liane de Pougy, accompagnée de trois jeunes hommes et d'une dame « au maintien majestueux ». Liane et sa troupe s'installent dans une loge aux cris de : « V'là la haute noce qui se ramène ! » Natalie oublie le bal Bullier, ses gigolos, ses gigolettes. Elle ne regarde plus que Liane, qui ne l'aperçoit pas, hélas !

Natalie ne se décourage pas. Aux approches du carnaval, elle commande chez Landolf un costume de page en velours amande à l'écusson brodé d'un lis d'eau. C'est ainsi qu'elle se présentera à Liane, à la première occasion. Occasion qui tarde.

Le printemps arrive, apportant à Paris les iris du Midi. Natalie en envoie une gerbe à Liane avec l'habituelle formule : « D'une étrangère qui voudrait ne plus l'être pour vous. » Joie : le lendemain matin, au bois de Boulogne, elle voit Liane de Pougy qui, en descendant de son coupé pour faire quelques pas, arbore, pris dans la ceinture de sa jaquette rouge bordée d'astrakan, un iris, un de ses iris... Il n'en faut pas plus pour encourager Natalie à revêtir l'uniforme de page et à se précipiter l'après-midi même chez Liane. Elle se fait annoncer sous un nom d'emprunt : Miss Florence Temple-Bradford, qui sera le sien dans le roman que Liane de Pougy tirera de leurs amours, l'*Idylle saphique*. Une idylle va commencer et dont l'Amazone se souviendra jusqu'à la fin de ses jours puisqu'elle ne prononçait jamais ce prénom chéri sans le faire suivre d'un soupir et d'un tendre possessif : « Liane-ah-ma-Liane. »

5

LIANE 1899

« Rencontré à la représentation de *La Dame aux camélias* Maurice de Rothschild. Nous parlons des courtisanes de jadis. "La dernière grande courtisane, dit R., aura été Liane." »

Paul MORAND
(Journal d'un attaché d'ambassade)

« Souvenez-vous dans vos prières de madame Anne-Marie Ghika, décédée le 25 décembre 1950 à l'âge de quatre-vingts ans. *Requiescat in pace.* »

« Il faut savoir tomber au bon moment dans la vie d'une femme », se plaisait à constater l'Amazone, qui ne craignait pas de citer son propre exemple, celui de son intrusion dans la vie de Liane de Pougy.

Liane approche alors de la trentaine. Elle règne sur le demi-monde et sur quelques têtes couronnées ou sur le point de l'être. Ses perles, ses rivalités avec Caroline Otero, son amitié avec Jean Lorrain [1], ses humeurs, ses brouilles, sa distinction, sa minceur remarquable à une époque de beautés opulentes, sa beauté de « tanagra d'exportation » sont fameuses à Paris comme à Berlin, Londres, Rome ou Lisbonne. En sa seule personne, Liane de Pougy préfigure les Etats-Unis d'Europe de la galanterie. De plus, elle a de l'intelligence, de l'esprit et de la sensibilité. Elle a goûté à tout et elle est revenue de tout, justifiant ainsi son grand air de lis perpétuellement blessé. Née aux alentours de 1870 [2], et, autant qu'on puisse le savoir, dans une famille de hobereaux bretons, Anne-Marie de Chassaigne, ou simplement peut-être Anne-Marie Chassaigne, a été élevée au Sacré-Cœur de Rennes. « J'ai, en effet, une superstition pour sainte Anne d'Auray, la mère de la Sainte Vierge dont je porte le

1. Journaliste et romancier. L'une des célébrités de la Belle Epoque.
2. La plupart des personnages de ce livre ont, pour des raisons diverses, dissimulé leur date de naissance. D'après Alexandre Ghika, Liane de Pougy est née en 1869 et morte en 1950. Elle a épousé en 1910 Georges Ghika (né en 1884 et mort en 1945).

nom, qui est la patronne des Bretons, et j'ai passé dans mon enfance six ans sous la protection de sa grande statue dorée posée au bout d'un clocher. Je n'ose pas dire religion, tu vois, je dis : "superstition" », confiera-t-elle à Natalie.

Liane quitte le couvent pour épouser un officier de marine dont elle aura un fils qui sera tué sur le front d'Orient pendant la guerre de 14-18.

Jaloux, l'officier de marine manifeste sa jalousie en tirant un coup de revolver sur sa jeune épouse. Liane n'en garde qu'une très légère cicatrice à la poitrine et un dégoût profond pour les hommes que le métier de courtisane dans lequel elle se lance avec succès accentuera :

« Tu sais bien que si j'avais de quoi vivre et pour toujours, jamais un homme ne m'aurait touchée », écrira-t-elle à Natalie.

Natalie « tombe » donc « au bon moment » dans la vie de Liane puisque Liane s'ennuie et : « Comme je m'ennuie ! Quelle aridité dans ma vie ! Toujours le même programme : le Bois, les courses, les essayages ; et pour finir une journée insipide : le dîner ! Et quel dîner... Enfermée dans un restaurant à la mode où l'on étouffe, étroit et empesté d'ordinaire par une odeur infecte de cuisine et de tabagie... avec des amis, et quels amis ! Si l'on peut appeler ainsi les mille et une connaissances plus ou moins intéressantes que le hasard jette dans notre existence ! Et pourquoi tout cela. Pour toujours continuer... pour recommencer la même chose jusqu'à la fin. »

Avec Natalie, ce ne sera pas « la même chose », et l'ennui s'envolera. D'abord Liane veut s'amuser, se moquer un peu de cette trop audacieuse étrangère qui envoie déclarations et gerbes de fleurs. Le pire est à craindre. Est-ce une Allemande aux grands pieds ou une grosse Suissesse sentimentale ?

Liane se méfie. Avec Valtesse de la Bigne, sa meilleure amie, sa confidente, sa conseillère, son aînée en galanterie, Liane a imaginé une comédie. C'est Valtesse qui recevra l'inconnue à sa place.

Dissimulée derrière un rideau, Liane observera et interviendra si elle le juge bon.

Valtesse jouera son rôle à la perfection. N'a-t-elle pas été surnommée « la Sévigné des cabinets particuliers » par Albert Wolff dans *Le Figaro* quand elle publia un roman très autobiographique, *Isola* ? Surnommée aussi « l'Union des artistes » à cause de son vif penchant pour les peintres ? Surnommée enfin « Altesse » pour avoir été l'une des dernières maîtresses de Napoléon III — épisode que commémore un des vitraux de son boudoir. Ce n'est pas n'importe qui, Mlle de la Bigne !

Tout se passe comme l'ont prévu les deux courtisanes. L'inconnue arrive, met un genou à terre et, baissant la tête, offre un bouquet à celle qu'elle croit son idole. Quand Natalie se redresse, elle reconnaît la dame du bal Bullier « au maintien majestueux ».

« Et après, ma chère Amazone ?

— Et après, je crois que j'ai pleuré de dépit, rougi de rage, et, je le crains, un peu trépigné. J'étais encore très enfant sous mes airs de page. »

Liane apparaît. Elle s'efforce de consoler Natalie qui se livre à une déclamation morale sur les anges qui pratiquent un métier indigne des anges et qui roulent leurs ailes dans la boue. Sarcasmes de Valtesse de la Bigne. Pour éviter une dispute qu'elle sent poindre, Liane entraîne Natalie jusqu'à la porte et murmure à son oreille :

« Reviens demain matin. Je serai seule. Valtesse veut que je sois une grande courtisane, et toi, tu veux que je sois un ange. Entre vous deux, ça n'ira pas. Va-t'en et promets-moi de revenir demain matin [1]. »

Natalie promet, sans peine, émue par ce tutoiement subit prononcé par « la voix traînante de Liane », troublée par l'effet immédiat de sa beauté et de sa séduction sur l'une des reines de Paris...

---

1. La version de cette première rencontre que m'a raconté Natalie diffère légèrement de celle qu'elle a écrite dans ses *Souvenirs indiscrets*.

« Et après, ma chère Amazone ?

— Après, c'est une histoire de baignoires. »

L'Amazone m'expliqua joyeusement qu'elle se retrouva le lendemain dans la baignoire où Liane trempait « comme une rose », et, le surlendemain, dans une autre baignoire, de théâtre celle-là, pour voir Sarah Bernhardt dans *Hamlet*.

Pour prévenir un « et après ? » et autres questions, l'Amazone me fit cadeau de son exemplaire dédicacé de l'*Idylle saphique* et me dit :

« Toute mon histoire avec Liane est là, moment par moment, ou presque. »

Non seulement Natalie inspira l'*Idylle saphique*, mais elle y participa comme auteur [1]. Le chapitre qui raconte la soirée au théâtre fut écrit par Natalie à la demande de Liane :

« Veux-tu me rendre un service, fais-moi un petit compte rendu sur ton impression d'*Hamlet*. Je nous fais là cachées dans la baignoire et ça me serait nécessaire et intéressant de savoir l'exacte impression que t'a causée ce chef-d'œuvre. Relis-le, lis-le, et détaille-moi un peu tes idées là-dessus, acte par acte. Cela sera bien sérieux pour ta blondeur — mais te changera de tes pensées de bals et de petites robes roses ou blanches... »

Je possède le brouillon de ce chapitre écrit de la main de Natalie. Dans cette version, l'Amazone a gardé leurs vrais prénoms, Natty et Liane, qui, dans l'*Idylle saphique,* deviennent respectivement Flossie [2] et Annhine. (Liane a pratiquement recopié la prose de Natalie, à quelques retouches près.) On peut donc

---

1. Alors que, toujours dans ses *Souvenirs indiscrets,* Natalie feint de s'étonner de la parution de l'*Idylle saphique*.

2. Natalie, toujours sous le prénom de Flossie, figurera dans un autre roman de Liane de Pougy, *Yvée Jourdan,* où des pages dithyrambiques sont consacrées à son esprit, sa démarche, sa voix et surtout à son sourire : « Son sourire promet et s'excuse, il juge et il pardonne, il réjouit de suite. Son sourire a toutes les nuances. »

reconstituer aisément la première sortie des deux amoureuses :

La voiture s'arrêta devant le théâtre Sarah-Bernhardt, et Natty, se redressant du coin où elle était accroupie — comme un petit page aux pieds de sa souveraine — descendit, et, repoussant un marchand de places d'une main, tendit l'autre à son amie. Ah oui ! passants, vous aviez bien raison de vous arrêter et avec vos applaudissements grossiers acclamer à votre façon la beauté de Liane. Natty avait une manière à elle et plus subtile : ce qui était vraiment beau (et rien ne lui semblait plus beau et sublime et pervers et attirant que Liane) lui donnait des envies de se prosterner. Elle l'eût fait là, en ce moment, si des ordres nécessaires à donner au cocher et la responsabilité des billets ne l'eussent contrainte au banal. C'était mystérieux et doux de sortir du jour de Paris pour être transporté dans un autre siècle. On leur ouvrit l'avant-scène et Natty fut vite installée — car une théorie de l'inutilité de tout vêtement encombrant la faisait aller presque nue. (Ici se termine le texte de Natalie et commence celui de Liane.) *Et Flossie, dans l'obscurité de la baignoire de l'avant-scène, disparaissait ainsi aux yeux inquisiteurs du public sérieux et intrigué qui surveillait attentivement ce coin d'ombre où, derrière le léger mystère des écrans à demi levés, surgissait la provocante beauté blonde et rosée d'Annhine.*

« *Pose tes pieds dans mes mains, je serai ton marchepied...* », *et elle écarta brusquement le petit banc de bois apporté par les soins d'une ouvreuse souriante et empressée.*

— *Mais tu ne verras rien de cette façon, Moonbeam.*

— *Je te contemplerai, puis j'entendrai la voix d'or de la grande Sarah égrener la philosophie d'amertume et d'ironie que l'on prête à Hamlet. Tu sais, Ninon, pour quelque temps encore, prenons soin de ma réputation de jeune fille, je te servirai mieux dans l'hypocrisie de mon monde, car je veux te servir en tout et pour tout.* »

Il est temps en effet de prendre quelques précautions. Les amoureuses ne craignent pas de s'afficher dès cette première sortie. Le comédien De Max, ami de Liane de Pougy, s'approche de la baignoire et dit :

« Liane, un peu de tenue et de retenue. »

Déjà, on attribue à Liane une idylle avec une jeune Américaine du nom de Florence Temple-Bradford. Le monde et le demi-monde ignorent encore que miss Temple-Bradford et miss Clifford Barney, que Flossie et Natty sont une seule et même personne !

Les amoureuses s'inventent un langage et se choisissent de nouveaux prénoms. Liane appellera Natalie Fleur-de-Lin, Flossie, Natty et Moonbeam. Ces deux derniers, Natty et Moonbeam, suivront Natalie jusqu'à la fin de sa vie amoureuse, donc de sa vie tout court. Liane sera Lilly, Lianou, Lianon et Mon-Ange, comme seront aussi plus tard Mon-Ange, Renée Vivien et Romaine Brooks. Liane doit continuer son métier, et Natalie donner le change à sa famille. Dès qu'elles sont séparées par ces obligations, les deux amies s'envoient des pneumatiques. C'est une vraie pluie de « petits bleus » qu'accompagne une autre pluie, de fleurs, celle-là :

« Je dépensais mon argent de poche en bouquets pour Liane », me disait l'Amazone.

Mais Liane a une façon tellement charmante de remercier :

Deux tours de roue, un grincement sur le sable, et voilà ma Natty partie, emportée ; finie, ma jolie vision blonde... Et on entre, et on me remet tes fleurs, roses blanches et rouges, pensées, bleuets surtout, narcisses, myosotis.

Mon amoureux à moi, c'est toi et tu es triste, mais tu viendras demain et nous irons nous promener ensemble, voilées, dans un coin de Paris.

Je me sens loin de tout, de tous. Natty, est-ce que tu m'aimes ? Il faut toujours être triste le vendredi et lorsqu'il pleut. Petite Natty, à quoi sert ce que je fais ? Donne-moi du courage, caresse mon âme meurtrie,

endors-moi, Natty, longtemps, longtemps, et réveille-
moi en mai au travers du soleil chaud. Adieu. Et puis...
se moquer du mot adieu, le dire, le répéter, toujours,
sans cesse, le craindre, l'espérer, le désirer, le renier, le
manier à mon seul caprice.

Natty, ma sœur-fleur.

A demain matin.

Liane aime enfin. Elle ne s'ennuie plus. Avec
Natalie, elle se livre à des « frivolités délicieuses ».
Natalie entraîne Liane chez ses couturières préférées,
les sœurs Callot. Celles-ci méditent sur Mlle de
Pougy puis annoncent leur verdict :

« Il est facile de vous comprendre. Ne sortez pas
du vert et du blanc. Il faut également que votre cou
s'élance toujours d'un simple décolleté carré qui vous
détache et que votre corps s'allonge en des étoffes
légères, flottantes, que rien n'arrête. Vous possédez
un genre. Nous vous composerons des choses exquises. »

En quittant les sœurs Callot, saisie par leur exaltation, Natalie renchérit :

« C'est vrai que tu as un genre. Tu es heureuse
d'avoir un genre à toi alors que la plupart des gens se
donnent tant de mal afin de s'en façonner un. Toi, tu
as le genre fée, sirène, princesse lointaine. Les sœurs
Callot ont raison : de longues robes, des bijoux
précieux, tu appelles les colliers, les chaînes, les
bagues. »

Elles commandent chez Lalique des bagues. Elles
vont au Bois ensemble. Elles s'échappent un après-
midi à la campagne, entrent dans une église et
boivent un verre de menthe à l'eau dans un bistrot.

Liane ne se lasse pas d'admirer Natalie :

Tes dents très blanches, très belles... une bouche
d'enfant vicieux, Moonbeam. Bien faite... une toute
petite poitrine comme la mienne, un peu éphèbe... Ai-je
bien fait d'accepter un tel page ?

Oui, et Liane s'en félicite chaque jour. Liane et

Natalie voguent en plein septième ciel quand un télégramme venu d'Italie ramène le couple à terre : la courtisane est forcée de rejoindre l'un de ses protecteurs qui possède un château dans les environs de Rome. Première séparation. Premiers pleurs. Première lettre de Natalie qui geint un peu trop. Ce qui lui vaut cette réponse de Liane [1] :

Je suis là avec Byron que j'adore, Dumas qui m'amuse, J.-J. Rousseau qui m'assomme et un peu de Baudelaire. Ces amis m'apprennent de jolies choses, Byron surtout. Je me suis procuré son image et lorsque nous ne causons plus, je le regarde. Ses traits me plaisent infiniment. Il est tout jeune et son androgynité est dans toute sa grâce. Mes lèvres se tendent et se gonflent en contemplant sa bouche un peu épaisse et d'admirable forme, son regard violent, fixe, à la pupille dilatée me parle d'une grande force imaginative dont il n'est que le reflet, et son front, et ses cheveux. Natty, je suis folle de Byron.

Toi ?... Tu me fais l'effet d'une de ces pauvres petites fleurs pâles et ouvertes, tristes et effeuillées qui semblent toujours se plaindre de tout, du froid, du soleil, de la poussière, de la pluie, de l'obscurité, de la vivacité du jour... petite fleur faible qui ne vit que du souvenir de ce qui l'a fait gémir ou de l'espoir de ce qui l'achèvera... Mais tu as une exquise grâce, tu es flexible, frêle, délicate et meurtrie. Je te plains. Tu courberais l'appui qui voudrait te soutenir, car mon nom souple de branche suspendue est seyant à la félinité de ton enveloppement.

La santé me revient. Je subis avec joie la neige, le soleil, je brave la pluie et la fraîcheur des nuits, je marche, je mange, je bois, je dors et rêve un peu, agrémentant ainsi tout cela. Mes lèvres rougissent ainsi que mes joues. Je m'arrondis (d'où il faut, rassure-toi) et prends mon plaisir à bien vivre.

1. Dans cette lettre, comme dans toutes celles qui sont publiées dans ce livre, l'éditeur a respecté le style et le vocabulaire de leurs auteurs.

Petite fleur de morbidité et de langueur, viens me retrouver ici.

La petite fleur de morbidité et de langueur n'hésite pas une minute. Elle ira retrouver Liane qui sûrement saura échapper à son protecteur italien, chaque jour, un moment...

Comment persuader Alice Pike Barney de passer à Rome les fêtes de Pâques ? Natalie ne peut invoquer les nécessités de la foi. Elle invoque donc de plausibles besoins de mondanités. L'épouse de l'ambassadeur des Etats-Unis à Rome est une excellente amie de sa mère. Alors, l'ambassade des Etats-Unis à Rome sera un peu comme la maison du trio Barney... Alice Pike Barney se laisse convaincre et emmène ses deux filles à Rome.

Séduites, dès leur arrivée, par la beauté de la campagne romaine, Natalie et Laura marchent pieds nus dans la rosée du matin en imaginant qu'elles sont des vestales d'autrefois. Ce qui vaut un rhume à Natalie et un lumbago à Laura...

Décidément, Alice Pike Barney ne sait plus à quel dieu vouer ses enfants sans raison ! Marcher pieds nus dans la rosée ! Comme les vestales d'autrefois ! Sensible à ce dernier argument, l'esthète Alice pardonne l'escapade.

Entre deux éternuements, Natalie enquête sur le protecteur de Liane. Elle apprend la vérité, l'horrible vérité, de la bouche d'un marquis aussi romain que libertin. Le marquis explique que le protecteur est nanti d'une épouse sans préjugés : « Ils poussent la fidélité conjugale jusqu'à n'aimer que Liane », dit le marquis à Natalie, qui enlève aussitôt la bague commandée par Liane chez Lalique, bague d'émail bleu nuit avec des chauves-souris gravées autour d'une pierre de lune. A l'intérieur, on lit : « Tant me plaît que tu souffres de me comprendre et de m'aimer. »

Et Natalie souffre. Elle a toléré l'infidélité de Liane avec son protecteur italien comme on tolère les exigences d'un métier. Natalie n'admet pas cette infidélité avec une femme. Liane avait pourtant promis : « Des hommes, oui, mais jamais de femmes tant que je t'aimerai. »

Rome devient subitement insupportable à Natalie qui demande à sa mère, ébahie, de rentrer à Paris. Alice Pike Barney, qui, au fond, ne demande pas mieux que de retourner vers son atelier, ses pinceaux et les leçons de Whistler, acquiesce. On prend congé de l'ambassadrice qui déplore la brièveté d'un tel séjour. On revient à Paris comme le désire Natalie. Une fois de plus, sa volonté s'accomplit. « Que la sainte volonté de Natalie soit faite », ont appris à prier ses parents, ses proches, ses dévots, et surtout ses dévotes. Une seule échappe à la puissance de ce vouloir : Liane. Pour oublier cet échec, pour oublier son chagrin, Natalie se jette bravement dans le monde et dans ses fêtes.

Will, son fiancé, surgit à Paris, « avec sa bonne figure franche et loyale » que Natalie embrasse avec une ardeur renforcée par la trahison de Liane. Elle se plaît à entendre battre le cœur de Will sous sa chemise de soie blanche.

« Faire battre un cœur, même si c'est un cœur d'homme, c'est bon », me disait l'Amazone en évoquant ce « bon » Will qui ne réussit pas à faire oublier Liane...

Liane qui arrive, Liane qui est là, après l'accomplissement de ses devoirs romains. Elle paraît et Natalie accourt se jeter dans ses bras, sans perdre un instant en rancœurs inutiles. « Je suis américaine, donc je suis pratique. » Et comme elle a raison d'être pratique, Natalie, et de ne pas gâcher ce bonheur qui sera bref ! Liane doit bientôt courir à Monte-Carlo rejoindre un autre protecteur. Du Grand Hôtel de Monte-Carlo, la courtisane voyageuse écrit à son « rayon de lune » :

Quelle vie ! quel monde... L'eau même ici, les vagues, les grèves, le soleil, tout semble artificiel. interlope et boiteux.

... Dieu ! Et j'en veux tant, my moonbeam, *à ceux qui m'ont traînée là. Je suis figée, glacée, mes yeux s'ouvrent sur d'effroyables choses, mon âme est en méfiance, ma pensée interroge douloureusement, et je me sens en la place et posture de cette pauvre petite princesse pâle et blanche que la sorcière avait menée au sabbat ! Mon cœur saute sur les aspérités des haines et des jalousies. Ce bleu, cet or, ces femmes joyeuses, ces hommes fous prennent l'aspect de monstres armés de piquants et de flèches empoisonnées, les fleurs, les fragiles fleurs mêmes me semblent des pièges... et je veux me tourner, me cacher, m'enfuir ! Et je reste là, clouée, morte et je demande la nuit, l'obscurité, l'ignorance, le repos, la paix, et je me trouve environnée d'une cruelle clarté qui me laisse tout percevoir et redouter. Et je me demande : pourquoi suis-je là ? Pourquoi suis-je moi ? Ah ! cette demi-teinte d'un Paris de froid février, triste, gris, terne et morose. L'eau croupie de la Seine en esclavage, la fumée âcre de la grande ville, les cris de rues des gens empressés, tout cela est moins faux, moins mauvais et parfois l'on peut y rencontrer l'accalmie d'un sourire, la douceur d'un regard sincère. Viens, Moonbeam, viens me prendre et m'emporter. Je ne suis plus faite pour ces choses depuis que j'ai appris à croire, puisque j'ai douté, et à douter puisque j'ai cru. Viens me prendre, Moonbeam, tu m'emmèneras pour un mois loin de tout ce qui existe... Tu m'emmèneras où tu voudras. Viens me prendre. Je suis à point, comme tu me veux, comme tu me rêves.*

Viens, je pleure, viens, je meurs, viens, l'on me tue, l'on m'assassine, viens me faire revenir, ma petite.

Et nous reviendrons ensemble à Paris vers nos songes, viens. Viens, tu commanderas deux robes de moins et moi aussi, et nous achèterons un peu de bonheur à nous deux, un peu de liberté pour nos rêves. Viens vite éveiller la fleur de mon âme. Ta voix me bercera en me chantant de jolies choses qui n'arrivent jamais mais que l'on désire et que l'on attend toujours, et je désirerai et j'attendrai. Puis, vois-tu, j'oublie mon travail, mes nouveaux devoirs et cela me désole ! Je suis ici la femme d'un clubman qui fume de gros cigares et qui passe ses nuits et ses journées au jeu... Je l'attends dans mon lit, sans dormir, enfiévrée, sans rêver, attristée... en une douloureuse matérialité. Pourtant en moi la courtisane devrait être contente car il vient de me mettre au cou un collier de cent mille francs, des blanches perles que j'aime. Eh bien, ma petite, je souffre de partout de tout moi-même. Je souffre à désirer mourir.

Pourquoi ce dédoublement de moi-même ?

Pourquoi ne suis-je pas tout entière comme eux, comme elles ?

D'où vient ma tristesse, ma révolte, ma peine, ma douleur ? Je souffre. Viens me prendre, me sauver. Et je partirai avec toi loin d'eux tous, loin d'elles toutes. Je ne suis pas à ma place et « l'homme ivre d'une ombre qui passe porte toujours le châtiment qui voulu changer de place ». Voilà ! Ma place est en toi, Moonbeam, en toi spirituellement, en la douceur de tes fils d'or, de tes tendres rayons.

Viens me prendre. Et après nous être ranimées au soleil nous irons voir pousser les premières petites feuilles à Paris, au bois, au lac, tu m'emporteras sur un petit esquif, frêle et léger, et nous voguerons loin, ailleurs, en nous rapprochant de nous-même.

Ah ! La prison de nous-même. Qui a pu dire cela ? En moi-même seulement je trouve l'espace, l'infini. La prison, c'est les autres, le monde, la société, la vie. Roses de Jéricho. Cendres qui s'éparpillent au moindre souffle. Viens, Natty, viens, Moonbeam.

Vois, j'ai reçu des perles et je pleure.

On ne manquera pas de rapprocher ce « La prison, c'est les autres » du « L'enfer, c'est les autres » que Jean-Paul Sartre écrira un demi-siècle plus tard. Les grands esprits finissent toujours par se rencontrer. On notera aussi la hauteur de pensée, la fermeté de ce style, son naturel à peine entaché par un certain lyrisme fiévreux très « fin de siècle ». A lire cette lettre, on s'aperçoit que Liane de Pougy est infiniment supérieure à sa légende et qu'elle surpasse sans peine, ô combien, Otero et ses faciles rivales. A lire cette lettre, et d'autres du même ton sur les servitudes de la galanterie, Natalie ne peut que s'ancrer dans son projet : arracher sa Liane à la prostitution. Le moyen qu'elle imagine est simple, digne d'une jeune Américaine que rien n'arrête : puisque son fiancé a déjà accepté le mariage blanc, il acceptera bien que Liane soit considérée comme leur enfant unique et chérie. Will, prêt à tout pour garder l'incomparable Natalie, consent à ce marché. Natalie triomphe et annonce à Liane qui a quitté Monte-Carlo pour Florence :

Will disait que tu étais si connue, si célèbre, qu'avec ma folie, j'allais me compromettre et qu'alors il ne pourrait plus m'épouser. Je me suis mise à réfléchir sur cela et j'ai réussi à convertir Will aux douceurs de notre amour, lui en faisant admirer les beautés et surtout ces deux divines fonctions qu'a su si bien décrire Pierre Louÿs : la Caresse et le Baiser. Il m'a formellement promis de ne jamais me prendre, de n'avoir de moi que de chastes et cérébrales jouissances. Je l'ai éprouvé jusqu'au martyre parfois, il a tenu sa parole, se calmant ensuite auprès de belles esclaves.

Les belles esclaves, ce sont les dames de chez *Maxim's* où Natalie a accompagné Will. Dissimulée sous une perruque noire, elle a approuvé, comme un bon compagnon, le choix de Will. Will est enivré par cette compréhension qui fait maintenant partie de nos mœurs et qui était infiniment rare alors. Décidément, Natalie aura été en tout une pionnière !

Elle supporte de moins en moins les contraintes, pourtant minimes, imposées par ses parents. Elle persuade Will de considérer leur mariage comme « le lien libérateur qui nous délivrera de nos familles ». Chacun, ayant ainsi observé les convenances de son monde, pourra vivre à sa guise. On peut rêver à la prodigieuse absence de préjugés unissant ces deux êtres en ce XIXe siècle qui se termine dans les carcans du conformisme.

Will et Natalie poussent plus loin leur mutuelle licence. Ils invitent Carmen à dîner en cabinet particulier chez *Larue*. Carmen a su s'effacer devant Liane, « notre reine à toutes celles du Paris-Lesbos ». Bonne fille, elle accepte cette invitation. Elle boit trop de vin de Champagne. Elle ne tarde pas à embrasser Natalie sur la bouche. Discret, Will s'éclipse. Natalie et Carmen se précipitent sur le canapé dont la couleur, l'Amazone s'en souvenait et soulignait ironiquement cette coïncidence, était « cuisse de nymphe émue ». Les deux nymphes s'émeuvent quand un sanglot interrompt leurs soupirs. C'est Will, l'imprudent, qui est resté et a tout vu grâce à la complicité d'un maître d'hôtel. Will pleure. Il a présumé de ses forces. Il ne tarde pas à se reprendre, à s'excuser et à affirmer, une fois de plus, qu'il est prêt à tout pour garder Natalie. C'est au tour de Carmen de s'éclipser discrètement. Natalie pardonne à Will son intrusion, et les deux fiancés se séparent tendrement.

Will retourne à ses forges de Pittsburg et Natalie à ses feux personnels, à Liane.

Liane a quitté Florence pour Londres où sa présence est signalée dans des journaux parisiens que Natalie ne manque pas de lire : « Les brouillards de la ville d'ombre sont éclairés par l'apparition de notre belle Liane de Pougy en des blancheurs d'hermine couverte de perles et encadrée à ravir par des capelines d'Irlande et de zibeline, des feutres aux tons pâles enguirlandés de roses, chef-d'œuvre de Lewis, notre grand modiste, que tout Londres s'arrache... »

La saison de Liane à Londres touche à sa fin. Saison fructueuse qui amène d'autres espoirs. Car Liane n'a pas caché sa réticence devant les ingénus projets matrimoniaux de Natalie. Liane, qui, elle, connaît les hommes, ne parvient pas à croire que Will tiendra parole et acceptera d'aussi dures conditions.

Elle préfère, elle souhaite que ses propres sacrifices permettent une nouvelle vie, sans séparation et sans aucune contrainte :

Ah ! ma petite, ma petite, il me faut encore huit mille livres avant de m'arrêter. Puis je te câble ; viens me prendre. Chérie, je pourrais faire tellement mieux. Je le sens et tu le sais. Après, nous vivrons vraiment. Nous rêverons, nous penserons, nous aimerons. J'écrirai de jolies choses, toi aussi, toi surtout. Mais je crains que ça soit long pour atteindre à cela et que tant de boue ne fasse un rempart infranchissable au bonheur rêvé. Reviens me prendre, reviens vite, et emmène-moi loin. Purifie-moi d'un grand feu d'amour divin, rien de bestial. Tu es toute âme quand tu veux, quand tu le sens, emmène-moi loin de mon corps.

Chérie, encourage-moi, je suis lasse de Liane, lasse de cette vie, lasse à en mourir. Emmène-moi.

Pour Natalie, ce dégoût de l'homme et de ses bestialités, cette purification de la femme par la femme constitue un Évangile selon sainte Liane, courtisane et martyre. Natalie compatit. Mais elle enrage. Elle dépend financièrement de ses parents, et « emmener » Liane suppose une fortune qu'elle n'a pas encore. Oh ! Will ! Will ! Quand elle l'épousera, Natalie touchera sa très importante dot, et alors... elle pourra exaucer les désirs de Liane et son souhait de vie en commun. Mais Will, retenu à Pittsburg, semble de moins en moins pressé de convoler en ces noces trop insolites. Attendre, Natalie ne peut plus attendre. Sous le prétexte de servir de chaperon à une amie qui s'en va à Londres donner des concerts chez des particuliers, Natalie peut rejoindre Liane.

Inoubliables nuits, inoubliables jours de Londres qui réconcilient momentanément Natalie avec l'Angleterre. Une barque sur la Tamise, une auberge à Maiden Head, le palais du Star and Garden, l'hôtel Cecil abritent successivement les plaisirs de Liane et de Natalie. Elles oublient, en bonnes amoureuses, le reste du monde. Le reste du monde, hélas ! ne les oublie pas. M. Barney, que les brusques voyages de Natalie à Rome et à Londres inquiètent, se présente à l'hôtel Cecil pour y chercher sa fille. Elle a juste le temps de prendre congé de Liane et d'écrire à sa gloire un Cantique des cantiques :

Ton cantique à Liane, ma chérie, est idéalement joli et pervers et troublant, approuve la courtisane. *Je pense, je rêve un septembre de délices et de joies d'âme avec toi. Ma Natty, qu'en penses-tu ? Cela s'annonce-t-il ?*

La famille Barney au grand complet passe ses vacances dans les environs de Dinard, ce qui, à l'époque, est le comble du chic. Nageuse intrépide et danseuse effrénée, Natalie partage son temps entre la mer et les bals. Entre une brasse et une valse, elle cherche la chaumière qui abritera leurs deux cœurs. Elle trouve une villa à Saint-Enogat. Cela s'annonce bien. Commencent alors les hésitations. Ne vaudrait-il pas mieux l'hôtel ?

« L'hôtel à dix francs, je m'en méfie, avertit Liane, j'aime être bien à mon aise. »

Il faudrait aussi songer à une bonne cuisinière. Indispensable. Entre deux considérations pratiques, Liane se livre aux joies de l'avenir.

Ce sera doux et enivrant notre petite maison d'âmes. Je te sens tellement en moi, Natty. Je finis au milieu d'une extase, dans la nuée d'un songe, quand une voix forte à l'accent belge vient me dire : « Lilli, veux-tu ton rouget frit ou au beurre ? » Ces bourgeois qui m'entourent m'horripilent.

Liane conseille à Natalie :

Ne va pas en Amérique en octobre. Tousse, dis qu'il te faut le Midi. Je compte aller en octobre dans mon nid de Menton, nous y serions heureuses. Puis l'été prochain, je voudrais, après avoir vu l'Exposition avec toi, aller à Beyrouth, puis dans ton pays.

Liane annonce enfin qu'elle a « ébauché les douze premières pages de l'*Idylle saphique*, ça vient bien. Tu lé liras au fur et à mesure, je pense que ça te plaira ». Natalie craint de voir paraître ses lettres dans le roman et réclame leur restitution. Réponse de Liane :

*Ecris-tu pour moi ou pour la postérité ?... Tu as tort, Natty chérie, d'insinuer que je me sers de tes lettres, non ma petite. Tu liras mon ébauche de l'*Idylle saphique ; *il n'y a aucune lettre dedans, ni aucune copie. Je tiens à tes lettres. Tu me les envoies et tu demandes que je te les renvoie ; c'est méchant. Recopie-les et gardes-en un double.*

Recommandations qui n'empêchent pas de s'écrire quotidiennement, en attendant septembre. Brefs billets tracés à la hâte, dans l'exaltation du moment. L'amour fou n'a pas besoin de beaucoup de mots. Des points de suspension où semblent enclos des mondes y suffisent. Entre deux soupirs retentit le grand cri de Liane : « As-tu une cuisinière ? »

L'été 1899 est l'été de leur passion. Liane et Natalie comptent les jours, multiplient les serments et les enfantillages :

Tu sacrifierais tes petits rubans de chemise pour moi, ma Natty, et autre chose... C'est gentil ; gentil et si j'avais les ailes rapides de la fidèle hirondelle, je reviendrais vite au nid tiède de ta blondeur, ce que je ferai à la fin du mois, sois-en sûre.

Ma chérie, penses-y si cela te fait plaisir et prépare le petit coin béni où nous nous aimerons ; des mots, des caresses, des effleurements, cela, c'est nous deux.

A mesure que ce moment béni approche, les déclarations, les points de suspension et d'exclamation se multiplient. On brûle, on meurt, on renaît pour brûler encore. Et pour calmer ces ardeurs, un seul moyen digne d'une amazone : le cheval. Natalie s'épuise ou essaie de s'épuiser en de longues courses :

Ma Liane,

Puisque tu es spirituellement heureuse et physiquement chaste, il faut que je le sois aussi... Pour bien me fatiguer (je connais des moyens plus agréables, mais moins pudiques), je fais de longues promenades à cheval. Hier, je suis allée à vingt-huit kilomètres, à la recherche de la beauté de quelque chose qui puisse faire jouir mes yeux, las de la monotonie de mes entourages. Je vis des tuyaux, des tas de pierres, des vieilles femmes et des vaches. Je vis aussi des moutons : l'un d'eux ne voulait pas marcher comme ou avec les autres... et on le rouait de coups. Leçon morale qui ne me fit nullement plaisir. Etais-je comme ce mouton ? La voix de ma raison me répond sévèrement oui. Puis il y avait des villages où je me sentais obligée de descendre afin de goûter les cidres et les patois du pays. Il y a deux ans, j'aurais trouvé ces auberges pittoresques, mais maintenant, elles me semblent tout simplement sales. Signe sûr de l'âge, quand la malpropreté ne conserve plus son attrait artistique. Faut-il avouer que je n'ai jamais eu la folle jeunesse de celui qui chanta : « Dans un grenier, qu'on est bien à vingt ans. » Je n'en ai encore que vingt-trois, mais je trouve déjà qu'on est mieux « ailleurs ». Dans ton lit, par exemple.

En venant ici, j'espérais que les Bretons te porteraient quelque ressemblance. Encore une désillusion. (...) Mais dans les fleurs de ton pays, je te retrouve, mon aimée. Ces choses que j'honore n'appartiennent à aucun temps et se trouvent partout. Elles croissent aussi bien dans l'immense jardin de l'infini que dans le secret de ton âme. Tandis que je baise, mordille et aspire celles d'ici, sais-tu à quoi je pense ?

Il est temps que j'aille faire une autre promenade à cheval. Adieu. Ta... et pour toujours.

Natty.

Natalie cesse brusquement ses chevauchées : Liane est là. Natalie apprend la nouvelle peu avant le repas familial qu'elle ne peut éviter. Elle manque se trahir par un excès de distraction et par un inexplicable refus de dessert. Que cette gourmande déclarée renonce au dessert, voilà qui plonge la famille Barney dans la stupéfaction !

A regret, Natalie abandonne dans sa garde-robe le costume de page de Landolf et revêt pour rejoindre Liane-ah-ma-Liane un costume de marin breton — plus adéquat, pense-t-elle.

Ces deux Eve se créent un paradis immédiat que Natalie célèbre par des envois de fleurs et une lettre reproduite dans son autobiographie :

Ah ! pouvoir toujours librement aimer celle qu'on aime ! Passer ma vie à tes pieds comme ces jours derniers ! Te protéger contre les satyres imaginaires pour être seule à te renverser sur ce lit de mousse. Nous y retournerons encore... et souvent, dis ! Nous nous retrouverons à Lesbos, et quand le jour s'éteindra, nous irons sous bois pour perdre les chemins conduisant à ce siècle. Je veux nous imaginer dans cette île enchantée d'immortelles. Je la vois si belle. Viens, je te décrirai ces frêles couples d'amoureuses, et nous oublierons, loin des villes et des vacarmes, tout ce qui n'est pas la Morale de la Beauté.

C'est avec une autre, avec Renée Vivien, que Natalie ira à Lesbos. Et c'est avec toutes les autres qu'elle pratiquera l'un des enseignements de son cher Oscar Wilde : la beauté justifie tout. Cette séductrice ne comptera parmi ses conquêtes que des beautés exemplaires. Et comme sa Liane est belle, « radieuse en sa gracile nudité, parfaite d'androgynité : les jambes minces et sveltes, le torse cambré, les seins petits et durs, belle comme une statue de jeune dieu, blanche ainsi qu'une neige qui serait imperceptiblement rosée, le cou rond supportant la joliesse de sa tête fine et bouclée ».

Ces ivresses sont troublées par une lettre de Valtesse. L'âge venant, Valtesse ne dédaigne pas de jouer les entremetteuses. Elle « offre » un charmant fils de famille qui est prêt à dépenser pour Liane cinq cent mille francs. Il va sans dire qu'une pareille somme est convoitée par la troupe des rivales, Caroline Otero en tête. Il faut se hâter. Or, Liane tarde, prise au piège des séductions de Natalie. Valtesse s'indigne et rappelle à celle qu'elle considère comme sa fille spirituelle ses devoirs imminents :

Une courtisane ne doit jamais pleurer, ne doit jamais souffrir. Une courtisane n'a pas le droit d'être et de se sentir ainsi qu'une autre femme ! Elle doit étouffer toute espèce de sentimentalité et jouer une comédie héroïque. Ne sois donc pas sensible, Liane. Le jour où je me suis faite courtisane, j'ai abdiqué ce que l'on appelle la sensibilité d'âme. Pour moi, il n'existe plus de devoirs, ni aucune responsabilité qu'envers moi-même et mon désir ! Quelle indépendance, quelle enivrante liberté ! Songe un peu, Liane : plus de principes, plus de morale, plus de religion. Une courtisane peut tout faire sans voiles, sans grimace ni hypocrisie, sans craindre le moindre reproche ou blâme, car rien ne la touche. Elle est en dehors de la Société et de ses mesquineries. Montrée du doigt ? Peut-être autrefois, mais plus de nos jours. Allons, petite courtisane de pâte tendre, ramène à terre la folle du logis qui chez toi s'égare et t'entraîne.

Liane obéit aux raisons de Valtesse. On ne refuse pas un fils de famille prêt à dépenser cinq cent mille francs. Liane rentre à Paris pour y dévorer sa proie. Natalie éclate en reproches et somme la courtisane d'abandonner son métier. Refus catégorique de Liane qui répète la leçon de Valtesse :

Ce que je fais, Natty, je le fais ouvertement et je cours les risques et les dangers de ce que je fais. Je ne vole l'estime de personne. Rentre en toi-même et médite ce que je te dis là. Maintenant, cette vie me pèse

72

certainement car j'ai en moi d'autres aspirations, mais puisque tu ne peux m'en faire sortir, à quoi bon me le reprocher ?

Interrogation qui blesse à vif Natalie. C'est vrai qu'elle a perdu tout espoir d'arracher Liane à la prostitution. Will, le bon Will, repris par le conformisme de Pittsburg, a réfléchi. Il annonce à Natalie qu'il renonce à cette union qui devait avoir Liane pour enfant. Une consolation, une seule : Natalie se réjoui d'échapper à ce mariage, fût-il blanc.

Elle essaie, sans succès, d'obtenir sa dot sans passer par le mariage. Elle parvient même à persuader sa sœur, la chaste Laura, de l'urgence de sauver l'âme de la courtisane. L'aide morale de Laura ne sert à rien. On offre à Liane un château en Egypte. Natalie n'offre que des châteaux en Espagne. Et puis elle doit admettre l'évidence : cette idylle fait du tort à Liane parce que le sentiment y joue un grand rôle. Valtesse de la Bigne a raison, la sentimentalité est indigne d'une grande courtisane. On murmure dans le demi-monde que Liane « laisse passer des fortunes » pour les beaux yeux de Natalie et sa chevelure d'or. Un or qui ne remplit pas les coffres. Et les coffres sont vides. Envolés les cinq cent mille francs du charmant fils de famille, Liane rappelle son principal protecteur, qui revient à une condition : Natalie doit être exclue de leur vaste lit Louis XV. Aux abois, Liane accepte — ce qui ne va pas sans déchirement :

Tout le monde me dit de te laisser partir.
Tout le monde est sage et résigné lorsqu'il s'agit de la peine des autres.
Aussi ma révolte contre la société et ses principes et ses lois et ses faussetés et ses mesquineries n'est point si laide en son essence.
Le moyen seul est écœurant. Ris-toi de tout le monde... et tu ne pleureras plus.
Je ne sais que te dire.

A chaque instant, je t'envoie des pensées que tu dois ressentir et comprendre.

J'ai rêvé de toi cette nuit. Contente à mon réveil d'être isolée et de pouvoir t'écrire. Et pourquoi tout cela ?

La bête devrait seule exister en moi.

Adieu, Natty, je t'aime.

Cette lettre d'adieu ne suffit pas à éloigner Natalie. Valtesse de la Bigne est chargée de « chapitrer » la jeune fille. Pour détacher Natalie de Liane, Valtesse est prête à tout. Elle a déjà essayé de séduire Natalie, qui a résisté — et cela dès les débuts de l'idylle. Il s'agissait de venir admirer ce fameux vitrail représentant l'allégorie des amours de Valtesse avec Napoléon III. Peu sensible à l'art des vitraux, Natalie avait décliné cette invitation à laquelle elle avait été priée *seule...*

Mlle de la Bigne ne se tient pas pour battue. Elle s'offre maintenant à remplacer Liane. Devant le peu d'empressement de Natalie, elle évoque son expérience, qui est immense, la diversité de ses talents, ses triomphes dans la galanterie, avec, comme confirmation de sa réussite, une visite d'Emile Zola. Quand Zola, selon sa coutume, chercha « du vécu » pour l'élaboration de *Nana,* c'est auprès de Valtesse de la Bigne qu'il obtint les plus précieux renseignements. Natalie n'aime pas Zola. Valtesse insiste et termine l'énumération de ses avantages par un sacrilège (« Avec moi, ce sera mieux qu'avec Liane ») qui consomme sa défaite.

Triste victoire pour Natalie que le nouvel esclavage de Liane désole. Et pour comble, « un ami de la famille » avertit charitablement la jeune fille que les pires bruits courent sur son compte et que ses parents ont été mis au courant. Dans son autobiographie, l'Amazone rend compte de ce désagrément :

L'ami de la famille est venu me raconter ce qu'on se plaît à dire de moi : des choses tellement répugnantes qu'il faut plaindre les esprits qui les ont conçues. Nos sentiments et nos actes se vulgarisent en devenant publics et notre pureté d'intention a du mal à se remettre après avoir passé par certains cerveaux. Appeler les choses par leur nom semble les rendre anonymes. Le monde est un miroir déformant qui nous reflète méconnaissables.

Lorsque l'ami de la famille ayant rempli son « pénible devoir » repartit et que je me retrouvai seule, je me regarde sans honte : on n'a jamais blâmé les albinos d'avoir les yeux roses et les cheveux blanchâtres, pourquoi m'en voudrait-on d'être lesbienne ? C'est une affaire de nature : mon étrangeté n'est pas un vice, n'est pas « voulue » et ne nuit à personne. Que m'importe, après tout, qu'ils médisent de moi ou me jugent d'après leurs préjugés ? Leurs « tabous » ont courbé des têtes qui les dépassaient, coupé les ailes à assez d'élans pour qu'on les méprise. Les soi-disant vertueux ont le tort de s'apitoyer sur leurs dissemblables, sur le sort de ceux qu'ils réprouvent. Si un être est assez désintéressé pour se vouer à un autre être en dépit des considérations mondaines, qu'est-ce que ça peut lui faire que madame telle ou telle ne le salue plus dans la rue ? Il n'y a place pour rien d'autre dans un tel amour. Ses joies et ses douleurs lui font une solitude où l'âme plane seule. (...) Autant que je vivrai, l'amour du Beau sera mon guide. (...) Mes parents m'ont-ils donc créée telle que je suis pour que je renonce à être moi-même ? Cette allusion au chagrin de mes parents arriva pourtant à me troubler. Que l'ami de la famille soit donc assuré en tout cas que le monde me semble préférable au demi-monde, mais que ni l'un ni l'autre ne sauraient me convenir. Il me faudrait donc trouver ou fonder un milieu en accord avec mes aspirations : un monde composé de tous ceux qui cherchent à fixer et à élever leur vie à travers un art ou un amour capable de les rendre de pures présences. C'est avec eux seuls que je pourrai m'entendre et communier et enfin m'exprimer librement parmi des esprits libres. (...) Soyons snobs, mais snobs à rebours de notre monde qui n'admet que *les valeurs toutes faites ; découvrons de vraies valeurs qui seules nous inspirent ou nous interprètent. Je me plierai à leurs lois bien plus strictes que les devoirs mondains, qui protègent leurs tours d'égoïsmes par une froide philanthropie prouvant qu'ils n'ont jamais rencontré personne.*

« Après l'ami de la famille, il y a eu la famille, c'était prévisible, soupirait l'Amazone. Mon père m'a surprise en train de lire une longue, une très longue lettre de Liane... »

La tolérance paternelle a des limites. Natalie est expédiée en Amérique où elle fréquentera « des amies plus discrètes ». Le monde, le demi-monde, l'argent, le conformisme ont vaincu l'amour fou. C'est la séparation, mais ce n'est pas encore la fin de l'idylle saphique. Comme lors de son précédent retour en Amérique, Natalie ruse pour contempler à son aise l'image de Liane. Elle a emporté l'album du photographe à la mode Reutlinger, *Nos jolies actrices*. Le meilleur y côtoie le pire, Sarah Bernhardt et Félicia Mallet, Segond-Weber et Mlle Derville. Liane de Pougy figure sur une page orangée en compagnie de Cécile Sorel « qui joue présentement au théâtre du Vaudeville, avec beaucoup de grâce et d'esprit, les coquettes sous le commandement de la maréchale Réjane ». Liane a droit à quelques lignes où la vérité et la fantaisie forment un mélange qui mettait en joie l'Amazone. Les voici :

« Son histoire est un roman... Fille d'un capitaine des lanciers, veuve d'un officier de marine, Espagnole par sa mère et Bretonne de naissance, Mlle Liane de Pougy pratiqua la magie noire aux Folies-Bergère. Est magicienne aussi, dans le monde, et a, dit-on, beaucoup de clients. »

En Amérique, Natalie découpe les articles qui annoncent les succès de Liane aux Folies-Bergère puis à l'Olympia. Et ce n'est pas sans nostalgie qu'elle lit :

« Il est peu de femmes qui comptent de si

nombreux admirateurs que Liane de Pougy. Dès qu'elle paraît en scène, les loges font prime. C'est qu'elle est, une fois de plus, peut-être mieux que jamais. On l'a vue idéale et mystique, on l'a vue délicieuse en marquise. Cette fois, elle est la femme simplement, mais la femme dans toute sa séduction. »

« La femme dans toute sa séduction, répétait l'Amazone en rangeant une coupure de journal très jaunie et très usée. Comme c'était vrai ! Ah ! Liane-ma-Liane. »

Après un bref exil américain, Natalie revient en France retrouver sa Liane. L'idylle, entre les servitudes du métier de Liane et les aventures de Natalie, se meurt. Le « rayon de lune » s'est changé en « petite cendre ». Liane se plaît à citer ces trois vers d'Emile Verhaeren qu'elle placera en exergue à l'*Idylle saphique* et qui expriment bien le climat de leur passion finissante :

> *On s'exténue, on se ranime, on se dévore*
> *Et l'on se tue, et l'on se plaint*
> *Et l'on se plaît - mais l'on s'attire encore.*

Et cette « attirance » ne cessera vraiment qu'avec le mariage de Liane de Pougy avec le prince George Ghika. A la fin de sa vie, Liane, tombée dans la piété, confessera : « Natalie a été mon plus grand péché. » A la fin de sa vie, l'Amazone avouera :

« Liane a été ma plus grande volupté. » Façons de voir...

Dans le Paris-Lesbos 1900, Natalie est une jeune Américaine à la mode, avec tout ce que cela comporte de conquêtes. Leur nombre irrite Liane qui écrit à Natalie :

Ne viens plus. Nos présences sont un heurt, une souffrance. Vois-tu, j'aime la solitude. Autour de moi et dans les cœurs qui m'aiment. Tu en as d'autres qui t'occupent, c'est trop pour moi. Ou tu fais semblant de

*t'en occuper, c'est trop aussi. Je veux tout ou rien.
Figure-toi, tant que tu aimeras ou croiras aimer (ce
qui revient au même) ces autres, que je suis en voyage.
Idéalise-moi par l'absence et ravis mon âme par tes
exquis effleurements de pensées. Transporte-moi
ailleurs, là où il n'y a plus de jalousie ni de partage.*

Liane à son tour connaît la jalousie et doit apprendre à partager Natalie. Et Natalie reçoit cette lettre-
tempête :

*J'apprends tant de choses sur toi. Pouah. On te
présente sous le nom de Flossie. Pouah. Tu n'as même
pas le courage de porter ton nom et de te montrer sans
masque. Si tu as honte de ce que tu fais, pourquoi le
fais-tu ?*

*Et moi qui te croyais si belle et qui croyais en toi. Et
tu penses venir à moi.*

*Moi, je vaux mieux que toi, Flossie-Natty. Je suis
plus jolie, tu es laide avec ta peau jaune et tes yeux
rouges. Tes cheveux, oui, ils ont honte de toi. Ton
cœur... n'existe pas. Tu es bourrée de phrases, et on te
croit, et on t'écoute.*

*Je ne veux plus penser à toi que dans très longtemps.
Tu es salie partout et de tous les côtés. Il n'y a rien de
vrai en toi. Ce que j'aimais n'existe pas et je t'en veux
de me l'avoir fait découvrir...*

*Arrange-toi de façon à ce que je ne te rencontre
jamais, car je soulèverais alors ton masque devant tout
le monde.*

Adieu.

Je ne crois plus.

Je n'espère plus.

Je n'aime plus.

*Et ce soir, je vais me vendre à un Juif très riche et
très laid.*

« Mais qu'est-ce que j'avais bien pu faire ? » se
demandait l'Amazone. Elle ne s'en souvenait plus.
Elle se taisait. Elle rompait son silence d'un : « C'est
vrai que j'ai dû être terrible. »

Je feignais la sévérité en disant :

« Le "dû" est de trop. Vous avez été terrible !

— Vraiment terrible ? » s'émerveillait l'Amazone. Alors tombait sur son visage un reflet des belles passions d'autrefois qui l'illuminait. Lumineuse Amazone. Terrible Natalie qui ravageait le pays du Tendre. Redoutable Natalie que les maris finiront par craindre, car rien ne résiste à sa séduction. Et l'on verra des femmes abandonner mari, maison, enfants pour suivre cette Circé de Lesbos.

Circé préparait des philtres. Natalie préfère écrire des poèmes. Elle saura toujours mêler étroitement les aventures du corps et celles de l'esprit. Au printemps 1900 paraît son premier volume de vers, *Quelques portraits-sonnets de femmes* [1], avec un frontispice de Carolus Duran et des illustrations d'Alice Pike Barney.

« Ma mère aimait faire le portrait de mes amies, qui étaient tellement belles », m'expliquait l'Amazone quand je m'étonnais de la présence de Mme Barney dans un livre où, sous les traits de Salammbô ou de Diane, sont déguisées, à peine, des amours exclusivement féminines. Un journal américain ne s'y trompe pas, qui accompagne son article sur *Quelques portraits-sonnets de femmes* de ce titre : « Sappho chante à Washington. »

La Sappho de Washington ne s'émeut pas pour autant. Sa sœur Laura, qui prend des leçons de diction avec Paul Mounet, récite *Le Chant d'Endymion* aux soirées poétiques que donne Alice Pike Barney. Les dames américaines applaudissent les amours de Diane et d'Endymion autant qu'elles ont

---

1. Dans la préface, Natalie explique qu'elle a choisi d'écrire ce livre en français parce que c'est la seule langue qui la fasse « penser poétiquement ». Elle en vient même à croire que son âme est « la tombe de quelques poètes français ». Et de conclure : « Enfin, rien ne doit vous étonner de moi : je suis américaine. »

désapprouvé les amours de Liane et de Natalie. Car Diane, c'est Liane, évidemment :

Diane, ma reine, fuis toute chose amère.

A ce poème de 1900, Liane répondra en 1901 par la parution de l'*Idylle saphique*. C'est un événement que le *Gil Blas* célèbre ainsi :

« Lorsque Liane de Pougy fit paraître tour à tour *L'Insaisissable Mirrhille, L'Enlisement,* d'aucuns s'évertuèrent à retrouver en ces pages le style d'écrivains connus et amis d'elle ; et certainement il en sera ainsi aujourd'hui pour son *Idylle saphique*. Mais les familiers de la spirituelle et jolie femme qui ont reçu de ses lettres si délicatement écrites, de ses billets hâtifs, où se révèle, en quelques lignes parfois, un véritable don épistolaire [1], les familiers le savent bien que Mme de Pougy a du style et a un style de blonde artificielle. Et ils retrouveront dans son nouveau livre, avec les expressions favorites, la si originale tournure de phrase et d'esprit de celle dont on parle et que l'on connaît vraiment si peu.

« Dans cette *Idylle saphique,* c'est bien d'elle, en effet, les rêveries aux clartés rougeoyantes et dorées de Venise, aux soirs attristés et sans lune des bords du Tage, rêveries faites de regrets douloureux et d'espoirs attendris, c'est bien d'elle ces révoltes d'âmes froissées, décrites çà et là, tout au long de l'ouvrage, en des pages d'amertumes désespérées et poignantes ; et d'elle aussi les bouderies un peu puériles d'enfant gâtée, qui mettent une note de joliesse et de frivolité féminine, gamineries trouvées parfois chez celles qui, ayant souffert d'avoir vécu, semblent ainsi chercher à se rapprocher du passé, à revivre un peu une enfance d'espoirs et d'illusions. (...) A une époque de nette évolution vers le féminisme et devant le succès du nouveau livre de Liane de Pougy, les détracteurs cesseront sans doute de refuser le don d'écrire à une femme qui peut l'avoir

1. Comme en témoignent ses lettres à Natalie.

80

plus que tout autre, de par sa sensibilité hâtive, son instruction très cultivée, ses lectures, ses fréquentations artistiques et littéraires. Mme de Pougy, en effet, suit les livres du jour — non seulement les romans, mais aussi les ouvrages de philosophie — parle parfaitement l'anglais, cite volontiers Nietzsche, Baudelaire, Swinburne, collectionne les bibelots rares Louis XV, aime à trouver et à savourer de tout le fin et la fin. »

Car c'est un succès que confirme cette lettre de Liane à Natalie :

L'Idylle a vu le jour et le public s'arrache, c'est le mot, ces lambeaux de nous et de nos anciennes aspirations. On m'écrit ; hommes et femmes, tout ce qui a une âme, a été touché de notre douceur. Le plus cher et exquis souvenir qu'il m'est donné d'effleurer, c'est ce soir où j'ai écrit le mot fin. (« La fin de toute chose est bonne », a écrit Zarathoustra.) Et notre fin, Natty, épure tout ce qu'il y avait de trop humain en Nous.

Nous étions sur la plage de Saint... mais je ne veux pas flétrir d'un nom ce paysage de rêve où nous courions, très près, très près, l'une de l'autre... Tu me prédisais ceci, cela, et je voulais travailler encore toujours, ceci, cela aussi.

La mer se faisait silencieuse, la nuit assourdissait tous les bruits extérieurs comme pour respecter nos ferveurs illusoires, le ciel s'assombrissait. Tes cheveux, oh, tes jolis cheveux, Natty, tes cheveux me frôlaient, problèmes de parallèles qu'un désordre unissait... Je buvais tes paroles et me grisais de nos idées. La clarté de tes cheveux, le parfum de cette brise marine, je vois tout ça ce soir. J'aime à me souvenir... Toi, tu dois voir d'autres choses. Moi, je me suis arrêtée là. Ah ! que le sable était doux... Qu'on eût aimé s'y enfoncer soudainement et disparaître jusqu'à nous-même [1].

Je vais me marier, je tarde tant que je peux, mais je

1. Liane a raturé ce « nous » qu'elle a remplacé par un énorme « toi ».

vais le faire. *Ecris-moi lisiblement ton adresse. Quand je serai mariée, je te le ferai savoir.*

Natty, je voudrais encore travailler. Aide-moi d'une petite lumière spirituelle à travers les espaces et à travers tout oubli. Dis-moi ce qu'il faut lire, écris-moi chaque semaine, pousse-moi.

Ma petite aimée. Ma douceur blonde, j'ai ton portrait devant moi. Tu as déjà fait faire un grand pas dans ma vie. Mais nous sommes si petites sous les étoiles.

Je monte à cheval deux heures par jour, si tu viens ce sera une nouvelle sensation pour notre « ensemble ». C'est pour accompagner mon fiancé et surtout mon fils que j'ai appris. Natty, que fais-tu ? Quand reviendras-tu ? Au revoir, ma Natty, ma douceur blonde, ma petite fleur de lin, Moonbeam. Charme les nuages, éclaircis-moi un peu ; de loin, c'est doux, et de près, ce sera encore plus doux encore, n'est-ce pas ? ma sœur. Ton ombre croisera la mienne si doucement... Ecris-moi à l'hôtel Cecil de Londres, mon fiancé m'a remis ta lettre. Il est bon et ne désire rien que de m'accompagner parallèlement toute ma vie.

Le calme semble régner entre les deux amies. Ni les fiançailles de Liane, ni la parution de l'*Idylle saphique* ne troublent excessivement Natalie ; elle est déjà occupée par un nouvel amour !

Pendant l'une des nombreuses absences de Liane, qui possède de riches protecteurs dans chaque capitale et qui doit accourir à leur appel, Natalie a rencontré une jeune poétesse, Pauline Tarn.

Pauline est tellement timide qu'elle n'ose pas dire à Natalie qu'elle a admiré les *Quelques portraits-sonnets de femmes*. Elle a chargé de cet aveu Violette et Mary, qui sont des amies d'enfance de Natalie. Entre Natalie Barney et Pauline Tarn, un amour ne tarde pas à naître qui changera Pauline en Renée Vivien. C'est sous ce nom qu'elle publie en 1901 son premier livre de poèmes, *Etudes et préludes*. Sur la page de garde, un « N » est imprimé qui, pour les initiés du moment, ne fait aucun doute. Natalie reçoit son exemplaire où la noire écriture florale de l'auteur a tracé ces mots :

> *A l'unique aimée*
> *A la divinement blonde*
> *— Natalie —*
> *ce livre pour Elle*
> *plein d'Elle*
> *lui est tendrement dédié.*

Ainsi, en 1901, Natalie a inspiré les deux livres qui passionnent, et qui passionneront longtemps, le Tout-Lesbos international, l'*Idylle saphique* et *Etudes et préludes*. Elle ne tire aucune vanité de ce rôle de muse qu'elle exercera pendant sa longue vie. Elle sera aussi la Flossie des *Claudine* de Colette, l'Evangéline Musset du *Ladies Almanach* de Djuna Barnes, la Laurette de *L'Ange et les pervers* de Lucie Delarue-Mardrus, Valérie Seymour du *Puits de Solitude* de Radclyffe Hall, pour ne citer que ces personnages-là.

En 1901, Natalie a juste vingt-cinq ans. Un quart de siècle a suffi à changer « l'enfant sauvage de l'Ohio », la reine des bals de Baltimore, en Sappho de Washington et de Paris. Et ce n'est qu'une première métamorphose...

6

RENÉE

Qui des dieux osera, Lesbos, être ton juge
Et condamner ton front pâli dans les travaux,
Si ses balances d'or n'ont pesé le déluge
De larmes qu'à la mer ont versé tes ruisseaux ?
Qui des dieux osera, Lesbos, être ton juge ?

Charles BAUDELAIRE
(Les Fleurs du mal)

Pour savourer l'Olympe de l'Amazone, il fallait d'abord acquérir une certaine connaissance des déesses qui y régnaient. Au début, j'avoue que je me perdais un peu dans cette foule d'Eva, de Jenny, Olive, Mimie, Henriette, Liane, Romaine, Emma, Dolly, et si j'appris assez vite à les distinguer des Armande, Isabelle, Valentine, Schewan, Nadine, Ilse, Odette, Micheline, Rachel, Sonia, Geneviève, Armen, Eliane, qui, fréquemment, troublaient — et enrichissaient — nos tête-à-tête, je mis un temps à comprendre que Pauline (Tarn) et Renée (Vivien) constituaient une seule et même personne. Avec le constant souci de précision qui était le sien, l'Amazone, quand elle parlait de son amoureuse, l'appelait « Pauline », et quand elle évoquait le poète, c'était « Renée ». J'ai suffisamment pâti de cette gymnastique verbale pour ne pas vous l'imposer. C'est donc, à regret, que j'abandonne le prénom de Pauline en faveur de celui, plus connu, de Renée. A regret : ses nombreuses lettres à Natalie, des modèles de passion, sont signées Pauline, Paule, Paul.

Une dernière fois, pourtant, Pauline sera Pauline, dans une interrogation que l'Amazone me posait souvent et que, on l'imagine, je laissais sans réponse :

« Comment Pauline, cette jeune fille qui avait tout à apprendre, pouvait-elle être jalouse de Liane qui m'avait tout appris ? »

Cette jeune fille, qui a tout à apprendre dans ces domaines où Liane excelle, aime la compagnie des livres, possède une érudition, des connaissances qu'elle ne cesse de perfectionner. C'est l'éternelle étudiante. Elle cite Keats, Swinburne, Catulle, Baudelaire et surtout Sappho qu'elle s'applique à traduire. Renée Vivien, c'est la fille de Sappho et de Baudelaire, c'est la fleur du mal 1900 avec des fièvres, des envols brisés, des voluptés tristes. Une intellectuelle à qui la mode importe peu et qui ne se soucie guère d'élégance. Elle préfère employer son argent à l'achat de livres rares ou, par exemple, à faire éditer la première œuvre de Charles Cros dont elle a reconnu le talent.

Quand elle arrive à Paris, Renée apparaît à Marcelle Tinayre comme « une jeune fille anglaise, longue, fragile, les cheveux châtain clair ; gardant encore le reflet presque évanoui de la blondeur enfantine, des yeux sombres, une petite bouche pâle, un petit menton très affiné, une voix légère et musicale... Elle portait une robe d'un gris crépusculaire, fleurie, à la ceinture, de roses si blanches que la lumière semblait les argenter et l'ombre les verdir. Sur les cheveux, au bouffant large, moiré d'or, un grand chapeau à plumes noires... »

Son goût pour la poésie et pour les voyages étonne sa famille anglo-américaine autant que son goût pour les larmes :

« Je me rappelle que Renée, devant un coucher de soleil sur la mer, a pleuré, me racontait l'Amazone. Les pleurs, sous une forme ou une autre sont une source d'expression. Ils sont une manière d'éprouver la beauté, une manière maladive, romantique. Et ceux qui en usent et en abusent avec le plus d'art et d'abandon, ce sont les poètes comme Renée. »

Une amazone n'aime pas les larmes. Et comme elle a voulu sauver Liane de la débauche, Natalie voudra arracher Renée à ses excès de pessimisme, à son penchant à trop regarder la mort en face.

En 1900, Renée a vingt-trois ans et Natalie vingt-quatre. Décor de leur première rencontre : une loge de théâtre où toutes deux ont été entraînées par leurs amies communes, Violette et Mary. Sur le devant, Renée, Violette et Mary. Au fond, Natalie qui ne voit rien, n'entend rien : elle est occupée à lire — encore — une lettre de Liane de Pougy reproduite intégralement dans l'*Idylle saphique* et partiellement dans les *Souvenirs indiscrets*. Cette lettre, qui commence par : « A toi qui fus ma douceur blonde, ma Flossie, à toi qui fus car tu devais être », et se termine par : « ... pour Toi, pour Moi, pour ce qui fut Nous », bouleverse tellement Natalie qu'elle s'échappe de la loge sans prendre congé.

Deuxième rencontre, au bois de Boulogne. Poussée par Violette et Mary, Renée récite à Natalie *Lassitude,* qui figurera dans ses *Etudes et préludes* :

Et je dirai très bas : « Rien de moi n'est resté...
Mon âme enfin repose... ayez donc pitié d'elle...
Qu'elle puisse dormir toute une éternité. »
Je dormirai, ce soir, de la mort la plus belle.

Que s'effeuillent les fleurs, tubéreuses et lis,
Et que meure et s'éteigne, au seuil des portes closes,
L'écho triste et lointain des sanglots de jadis.
Ah ! le soir infini ! le soir trempé de roses !

Quand elle recevra son exemplaire d'*Etudes et préludes,* Natalie notera dans la marge de *Lassitude* :

« Enfin, le voilà ce poème que je connais depuis si longtemps et qui me rappelle ce premier soir au Bois. Tu me le dis alors pour la première fois, de ta voix tendre et douce que j'entends encore et que j'entendrai toujours. Et je ne t'ai pas "laissé dormir de la mort la plus belle...". »

Natalie admire *Lassitude*. Encouragée par cette admiration, Renée récite un poème de Natalie, celui qui termine *Quelques portraits-sonnets de femmes* :

Ma chanson est chantée et nos fleurs sont cueillies.
Seule, mon âme veille et reste inassouvie,
Jetant son clair sanglot, je ne sais trop vers quoi.
Puisque mon bel amour s'est terni dans la fange

89

Où tout se décompose, ô Mort, emporte-moi,
Viens poser sur mon front tes longues mains d'Ar-
[*change.*

Vers qui laissent croire à Renée que Natalie aime
la mort. Renée, déjà, se trompe. Natalie n'aime que
la vie. Renée Vivien ne se contentera pas de mettre en
vers sa passion pour Natalie. A l'exemple de Liane de
Pougy et de son *Idylle saphique,* elle en fera aussi un
roman, *Une femme m'apparut* [1], qui sera publié en
1904 et où Natalie est appelée Lorely :

« Lorely est la prêtresse païenne d'un culte ressuscité, la prêtresse de l'amour sans époux et sans
amant, ainsi que le fut jadis Psappha, que les profa-
nes nomment Sappho. Elle t'enseignera l'immortel
amour des amies... Lorely a des yeux d'eau glacée et
des cheveux clair de lune. Tu l'aimeras et tu souffri-
ras de cet amour. Mais jamais tu ne regretteras de
l'avoir aimée. »

Dans *Je me souviens,* dans *Souvenirs indiscrets* et
dans son *Autobiographie,* Natalie a raconté ses
amours avec Renée. Dans ces trois versions, une
évidence s'impose : Renée aime pour la première fois.
Evidence confirmée par leurs lettres et par ce passage
d'*Une femme m'apparut* :

« J'aimais Lorely avec tout l'inconscient élan du
premier amour. Je l'aimais si aveuglément que je ne
m'étais point demandé si cet amour était partagé.
J'aimais Lorely et je croyais encore que l'amour
attire l'amour... »

Sur la foi de cette déclaration solennelle, il ne
faudrait pas croire que cette idylle naquit dans la
gravité. Au contraire. Dans leur mutuelle entreprise
de séduction, Natalie et Renée ne sont que rires,
sourires et légèretés. Renée entraîne Natalie au palais
des Glaces pour qu'elle y admire ses prouesses au

---

1. A l'encre violette, sur la page de garde de l'exemplaire de
Natalie, Renée a écrit : « A toi qui l'inspiras, ce livre plein de
souvenirs. »

patinage. Natalie applaudit et fait semblant de ne plus reconnaître les cocottes, amies de Liane. Elle a décidé d'abandonner définitivement le demi-monde pour le monde de la poésie.

En quittant le palais des Glaces, les deux jeunes filles parlent comme on parle quand on vient de se rencontrer, avec abandon et abondance. Aux joies du patinage succède le ravissement de se découvrir des affinités, que suivent des projets, des confidences. Natalie approuve la conduite de sa nouvelle amie qui a tiré sa révérence aux mondanités et fui la haute société pour se consacrer à la poésie et à l'étude. Renée habite maintenant une « modeste pension » de la rue Clairvaux. Depuis la mort de son père, elle jouit d'une « petite aisance ». (J'ai mis ces deux expressions entre guillemets parce que ce sont les propres paroles de l'Amazone. Il était difficile de savoir ce qu'une richissime amazone entendait par « modeste pension » et « petite aisance ».)

Renée est présentée à la famille Barney. Alice Pike Barney — qui termine un portrait de Natalie sous lequel elle a inscrit cette phrase : « Sombre sans ennui et triste sans détresse » — propose de faire le portrait de Renée et réussit un magnifique pastel. Renée y respire un air de volupté répandu sur le visage, avec ses yeux mi-clos, ses lèvres entrouvertes. Ses cheveux châtain souris se détachent sur un fond bleu-vert. « Les cheveux de Renée n'étaient pas blonds comme on l'a trop souvent prétendu [1], ils étaient châtain souris », rectifiait l'Amazone.

Comme deux collégiennes en goguette, Renée et Natalie se rendent chez le photographe Otto, place de la Madeleine. De séances de pose en promenades au Bois, d'aveux échangés en envois de fleurs, on en arrive à l'inévitable. Renée invite Natalie dans sa chambre qu'elle a transformée en chapelle ardente où

1. Colette, par exemple, dans *Le Pur et l'impur* : « Elle [Renée Vivien] portait longs ses beaux cheveux d'un blond d'argent... »

les cierges voisinent avec des lis. Dans la chambre voisine, on joue du Chopin. Rien ne peut mieux traduire ces moments que le poème de Renée Vivien, *A la femme aimée* :

Je tremblais. De longs lys religieux et blêmes
Se mouraient dans tes mains, comme des cierges
[froids.
Leurs parfums expirants s'échappaient de tes doigts
En le souffle pâmé des angoisses suprêmes.
De tes clairs vêtements s'exhalaient tour à tour
L'agonie et l'amour.

Je sentis frissonner sur mes lèvres muettes
La douceur et l'effroi de ton premier baiser.
Sous tes pas, j'entendis des lyres se briser
En criant vers le ciel l'ennui fier des poètes.
Parmi les flots de sons languissamment décrus,
Blonde, tu m'apparus.

Et l'esprit assoiffé d'éternel, d'impossible,
D'infini, je voulus moduler largement
Un hymne de magie et d'émerveillement
Mais la strophe monta bégayante et pénible,
Reflet naïf, écho puéril, vol heurté,
Vers ta Divinité.

La divinité est descendue vers la mortelle qui s'agenouille. Renée ne se relèvera de cet agenouillement que pour mourir. Ces neuf années qui restent pour accomplir une aussi brève existence, elle les passera à adorer intensément — à maudire parfois — Natalie. Natalie qui, dans la chambre de Renée, regarde les cierges se consumer et les lis se flétrir...

« C'est ainsi que deux jeunes poétesses s'unirent et commencèrent à s'aimer », écrit l'Amazone dans son *Autobiographie*. Et elle constate aussitôt : « Mais toute mon expérience n'arriva pas à triompher de son inertie physique. Son âme seule vibrait à l'unisson. »

Renée ne se doute pas un instant que cet échec

92

sensuel est cruellement ressenti par Natalie. Mieux, après une nuit blanche, elle veut retenir sa compagne qui refuse. La famille Barney doit ignorer que Natalie a découché. On se quitte sur un dernier baiser. Dehors, il a neigé. La nuit aura été doublement blanche : par l'absence de sommeil et par la présence de la neige.

Le jour même, Natalie fait porter à Renée une flûte récemment acquise chez un antiquaire. Renée remercie par pneumatique :

Combien j'aime la musique muette de cette flûte ancienne. Et merci pour la jolie pensée qui a dicté cet harmonieux envoi. J'écouterai les souvenirs qui dorment dans ce pipeau. Et je songerai très tendrement à toi. A mardi soir.

Des fleurs suivent de près le pneumatique, avec cette carte :

Des fleurs, non pas pour t'embellir, cher petit, ce qui serait inutile, mais pour que tu aies quelque chose de moi sur toi aujourd'hui. Je ne puis attendre jusqu'à mardi pour te dire que ma pensée constante est auprès de toi. Je vis dans un enchantement. Tu es mon cher clair de lune.

Comme tout poète qui se respecte, Renée Vivien n'est pas facile à vivre. Chaque séparation est un drame, et Natalie s'interroge :

« Comment la quitter ? Elle voit que je veux m'en aller, et c'est elle qui s'en va. Si je m'en vais, elle me tourne le dos, je ne puis la laisser partir ainsi. Elle m'irrite, et c'est elle qui pleure : à elle toutes les voluptés. Elle pleure aussi parce que ce n'est pas juste que je ne l'irrite pas au moins un peu. Que sa face m'énerve, que son dos m'attendrit et me crispe tour à tour, puis tout à la fois. Ah ! ses épaules, comme découragées, voûtées par moi ? par d'autres ? par tout ce qui lui arrive et ne lui arrive pas ? Elle s'en va, oui, décidément... Ne pas la poursuivre ? Ce serait la poignarder entre ses deux frêles épaules : en amour, les crimes passifs comptent... Mais si je la ramène, sa crise passée, elle me croira, et la fin sera à recommencer. »

Chaque séparation est suivie d'un pneumatique de Renée qui implore un prochain rendez-vous ou annonce sa venue imminente :

Dans une heure, je viendrai — je saurai comment tu vas, même si tu ne veux pas me voir. Moi aussi, j'ai mal à la gorge ce matin. Je suis contente que tu ne sois pas seule à souffrir. Je viens de me réveiller. J'ai pensé si follement, si passionnément à toi avant de m'endormir qu'il a dû en rester quelque chose dans mes rêves, mais je les ai oubliés. Je t'aime, mon cher rayon de lune.

On ne retient pas un rayon de lune. Une poétesse devrait le savoir. Natalie ne peut pas donner tout son temps à Renée qui exige l'adoration perpétuelle. Natalie a des obligations familiales. Elle doit accompagner sa mère au théâtre voir cette Isadora Duncan dont les danses attirent le Tout-Paris. Quand Isadora apprend que deux éminentes compatriotes sont installées au premier rang, elle fait jouer l'hymne américain qu'elle interprète à sa façon. Elle termine son improvisation en relevant sa tunique qui révèle une complète nudité.

Alice Pike Barney manque en laisser tomber son face à main et demande à sa fille :

— *Darling, do you see what I see ?*

Ce « Chérie, vois-tu ce que je vois ? » qui amusait tant l'Amazone n'amuse pas Renée.

Au temps pris par les obligations familiales s'ajoute celui que Natalie aime consacrer à l'imprévu et aux rencontres rapides. Même Liane s'en plaint :

« On t'a encore vue rôder au Bois et au Jardin des Plantes ! »

Renée pressent son malheur. Larmes, scènes,

brouilles vite suivies de promptes réconciliations et de billets écrits à la hâte par Renée :

En rentrant chez moi. Tout-Petit, pardonne-moi de t'avoir involontairement attristée. J'ai été sotte et morose. Que suis-je encore ? Je suis navrée de t'avoir laissée sur une impression aussi maussade. Pardonne-moi. Je t'aime autrement.

Etre aimé autrement, c'est le drame. Pour Natalie et pour n'importe qui. Renée pense qu'un voyage créerait une diversion. Peu après la publication d'*Etudes et préludes,* elle invite Natalie à connaître *son* Angleterre et l'entraîne dans un Londres qui n'est pas celui de Liane... Le Londres de Renée appartient aux vierges résolument préraphaélites et a pour décor exclusif les musées et les vieilles librairies. Justement, dans l'une de ces librairies, Natalie déniche les textes de Sappho traduits par Wharton. Elle les offre à Renée qui en fait son livre de chevet, « avec moi pour illustration ». Natalie achète un autre volume de poèmes, *Opales,* œuvre d'une jeune poétesse du Norfolk, Olive Custance.

Natalie envoie à Olive ses *Quelques portraits-sonnets de femmes,* et Renée, ses *Etudes et préludes.* On se voit, on se plaît et on décide de fonder une colonie de poétesses semblable à celle qui entourait Sappho à Lesbos. L'Antiquité est dans l'air de ce début de siècle, et des esthètes organisent volontiers des fêtes gréco-romaines qui déguisent, mal, d'autres aspirations...

Natalie donne à Olive le nom de son livre, Opale. Opale promet de venir rejoindre Natalie et Renée l'hiver prochain à Paris. De retour en France, les deux amies se doivent de rencontrer l'homme qui passe pour comprendre le mieux Lesbos, Pierre Louÿs, que la publication d'*Aphrodite* en 1896 a rendu célèbre. (Dans ses *Aventures de l'esprit,* l'Amazone narre comment elle a lu *Aphrodite* « tout enfant, au bord d'une piscine. Ce livre, en plus illustré, fut laissé entre nos mains par notre hôtesse... » C'est pousser bien loin les bornes de l'enfance, puisque en 1896 Natalie avait vingt ans. Je n'aime pas ces querelles de dates et ces vérifications policières. Pardon, chère Amazone.)

Natalie et Renée vouent une admiration commune à Pierre Louÿs et à ses *Chansons de Bilitis,* ce petit livre d'amour antique « dédié respectueusement aux jeunes filles de la société future ». L'écrivain reçoit chaleureusement, amicalement, ces deux modernes représentantes de l'amour antique, porteuses, chacune, d'un exemplaire des *Chansons* en édition de luxe. Sur l'exemplaire de Renée, il inscrit ce vers de Keats : « Ainsi l'aimeras-tu toujours et restera-t-elle toujours belle. » Sur celui de Natalie, il marque : « A Natalie Clifford Barney, jeune fille de la Société future. »

La jeune fille de la société future et sa compagne se plaisent pourtant aux déguisements empruntés au passé. Pour une deuxième séance chez le photographe Otto, Renée se travestit en Camille Desmoulins, Natalie en dame de la Révolution dont la tunique annonce déjà la mode du Directoire.

Rien de plus révélateur que ces photos où Renée, à genoux, baise dévotement la main d'une Natalie rêveuse — ou ennuyée d'être condamnée à ce rôle de dame ? L'Amazone s'en explique dans son *Autobiographie :*

« ... n'étais-je pas plutôt un amant qu'une maîtresse ? Etre privée ainsi de mon véritable emploi me rendait souvent irritable et cruelle. Et j'avais la triste perspective de devenir infidèle à Renée ou de renoncer ainsi à une majeure partie de moi-même. Pressentant le danger qui menaçait notre couple, je tâchais d'amener sa nature trop entière à considérer les infidélités physiques d'une intensité passagère non comme un drame, puisqu'elles ne trahissaient rien en nous d'essentiel, et que d'ailleurs les mariages et les divorces n'avaient rien à voir avec nos douces rivalités. »

La double nature de Natalie, « grave comme Hamlet, pâle comme Ophélie », inspire Renée :

Tu passes, dans l'éclair d'une belle folie,
Comme Elle prodiguant les chansons et les fleurs,
Comme Lui, sous l'orgueil dérobant tes douleurs,
Sans que la fixité de ton regard oublie.

Souris, amante blonde, ou rêve, sombre amant.
Ton être double attire ainsi qu'un double aimant,
Et ta chair brûle avec l'ardeur froide d'un cierge.

Mon cœur déconcerté se trouble quand je vois
Ton front pensif de prince et tes yeux bleus de vierge,
Tantôt l'Un, tantôt l'Autre, et les Deux à la fois.

Le rôle de muse n'est pas de tout repos. Devant cette marée de poèmes, Natalie recule. A ces joies purement intellectuelles, elle en préférerait d'autres. Hélas ! Renée continue à préférer les alexandrins aux caresses.

« J'étais son modèle et Renée ne me demandait que de tenir la pose, me disait l'Amazone. Elle m'aimait à travers son imagination, elle me désirait à travers Sappho. »

Ces propos, assez sévères, étaient tenus par une amazone de quatre-vingt-dix ans. Une Natalie de vingt-cinq ans avait sûrement plus d'indulgence pour cette Renée aux beaux yeux bruns, au sourire illuminé de fossettes et « d'une drôlerie enfantine qui, tout à coup, lui enlevait la moitié de ses vingt ans ». Renée et Natalie. Femme-enfant et femme-fleur. Couple menacé et qui oublie ses inquiétudes pour affronter un danger immédiat : les vacances d'été que Natalie, traditionnellement, passe à Bar Harbour en compagnie de sa famille. Renée est invitée. Effacé, le projet d'aller en Amérique avec Liane, que Natalie n'a pas cessé de rencontrer. Brèves escapades voluptueuses qui torturent Renée. Sa passion pour Natalie est telle qu'elle ne peut entacher son idole d'une culpabilité quelconque. Renée préfère s'accuser, se donner tous les torts, dans ses lettres comme dans ses poèmes :

Tu me comprends : je suis un être médiocre,
Ni bon, ni très mauvais, paisible, un peu sournois.

Autoportrait nettement poussé au noir. Renée est née inquiète comme on naît chinois. Un rien la blesse, un rien la tourmente. A la veille de partir en Amérique, Natalie a l'imprudence — ou la malice ? — de raconter à Renée que, dans l'Etat du Maine, à Bar Harbour, on voit encore quelques Indiens. Effrayée, Renée achète un petit revolver. Occupée par cet achat, elle en oublie ses robes du soir. Natalie soupçonne néanmoins cet oubli d'être volontaire. Son amie a horreur des bals. Et sur le bateau, pendant que Natalie danse allègrement, Renée est enfermée dans sa cabine, à écrire, à boire un peu de gin quand l'inspiration tarde et à prendre du chloral quand le sommeil ne vient pas. Ces mélanges de gin et de chloral inquiètent Natalie, qui aura bientôt un autre sujet de préoccupations. A Bar Harbour, Eva est là, Eva qui continue à « m'aimer uniquement malgré mes autres amours », Eva qu'il va falloir faire accepter à Renée...

Natalie, pur exemple de don Juan féminin, aime à la fois conquérir et conserver ses conquêtes, alors que le don Juan masculin, lui, court de proie en proie. Natalie se constitue un sérail de choix, sans cesse augmenté par de nouvelles prises. Faire régner la paix entre ses favorites sera le grand travail de cette séductrice.

Dans son *Autobiographie,* l'Amazone raconte un été idyllique, rempli des plaisirs habituels, le bal, les promenades, la nage. Infatigable, elle danse jusqu'à l'aurore, puis réveille Renée et Eva pour prendre un bain matinal ! Renée et Eva emploient le reste de la journée à étudier sagement le grec. Renée a surnommé Eva *the Sunset Goddess,* la déesse du Soleil, à cause de sa prodigieuse chevelure rousse, la seule capable de rivaliser avec la prodigieuse chevelure blonde de Natalie. Entre la déesse du Soleil et la déesse de la Lune, Renée se sent de trop. Souffrances et difficultés que l'Amazone a tues dans son *Autobiographie,* mais dont on trouve l'écho dans les lettres de Renée :

... tu n'as pas le droit d'exiger de moi que je vienne, comme l'année dernière, assister à tes autres amours, attendre patiemment, dans un absolu abandon, que tu viennes me donner une heure de ta présence distraite, te servir de prétexte et de paravent à tout moment.

Une amitié pourtant naîtra entre Eva et Renée qui, plus tard, écrira à sa « chère déesse du Soleil » :

Sois bonne pour notre belle et fuyante Ondine dont je n'ai jamais atteint le cœur et dont l'âme reste mystérieuse. Tu la comprends et elle t'aime.

L'abnégation, la résignation de Renée ne suffisent pas à retenir Natalie. Dans cette lutte éternelle du sentiment et du désir, la sentimentale Renée est perdante face à une Natalie qui désire tout avec une inlassable impétuosité. Pauline écrit. Natalie vit. Dans *Je me souviens,* l'Amazone fera le procès de ce qu'elle considère comme une passivité face à l'existence :

Et aurais-tu mis tout ton courage et toute ta poésie dans tes vers qu'il t'en reste si peu pour la vie ?

Est-ce toi qui écrivis toutes ces paroles audacieuses et belles, et serai-je seule à oser vivre ce que tu chantes ?

Sur cette insoluble interrogation, l'été s'achève. A l'automne, Natalie et Renée accompagnent Eva à son collège. Natalie suit un cours de littérature pendant que Renée rêve et compose des poèmes dans un cimetière à l'abandon.

Retour à Paris. Natalie et Renée s'installent dans un petit hôtel qu'elles ont loué au 33, rue Alphonse-de-Neuville, avec, semble-t-il, la bénédiction des familles qui n'ont mis qu'une seule condition à cette vie en commun : la nécessité absolue d'un chaperon. La bienséance d'abord. Natalie et Renée engagent une savante miss Grouse, de Cambridge. Est-ce sous son influence ? Les deux jeunes filles sont saisies d'une frénésie d'études. Natalie se lance dans la prosodie et la littérature anglaise. Renée se penche assidûment sur ses auteurs grecs qu'elle ne cesse de traduire que pour jouer du Chopin sur un vieux piano. Natalie se contente d'admirer les belles paupières de la pianiste :

« Lorsqu'elle baisse les yeux, il me semble qu'elle tient toute la beauté du monde entre ses paupières, et lorsqu'elle les relève, je ne vois que moi dans son regard. »

Natalie et Renée remplacent la savante miss Grouse par une gouvernante, une demoiselle ou dame L..., qui, elle, ignore Shakespeare et Byron, mais sait délivrer les deux poétesses des inévitables soucis de la vie quotidienne. Outre son habileté à régler les détails domestiques et les comptes, L... possède une verrue sur le nez, verrue qui suffit à la rendre immédiatement antipathique à Natalie.

Renée, perdue dans ses poèmes, ne s'aperçoit de rien. Elle est contente pourvu que chaque jour paraisse sur la table, grâce à la complaisance de L.... son plat préféré : de la salade de ris de veau à la sauce mayonnaise. La gourmande Natalie, tellement éprise de variétés, pâtit à ce régime ! Un peu trop de mayonnaise suffirait-il à faire déraper les passions ? Ah ! l'amour ne tient qu'à un fil dont la fragilité est menacée par l'arrivée d'Opale.

Opale accomplit sa promesse : elle vient fonder la colonie lesbienne. Elle est reçue avec transport par

Natalie qui la qualifie de « resplendissante », avec froideur par Renée qui la trouve « banale comme toutes les jeunes filles anglaises ».

Opale invite les deux amies à un thé. Renée refuse de s'y rendre. Une scène va éclater quand on apporte un télégramme : Violette est dans le Midi, mourante. Comme le télégramme n'exige que la présence de Renée, qui bondit dans le premier train, Natalie se rend seule à l'invitation d'Opale.

Natalie et Opale boivent du thé, flirtent, se récitent des poèmes qui ont pour thème les baisers au clair de lune et finissent par échanger de vrais baisers. Elles passent la nuit ensemble dans le petit hôtel du 33, rue Alphonse-de-Neuville.

Au réveil, un télégramme : Violette est morte. La douleur de Renée est immense. Jour après jour, Natalie essaie, sans succès, de consoler son amie qui ne dort plus et ne mange plus. Renée s'accuse de la mort de Violette. Elle se livre à une véritable débauche funèbre et multiplie les poèmes où elle ne cesse de comparer Violette-prénom et violette-fleur. Elle y gagnera son surnom de « muse aux violettes ». La robuste Natalie est prise au dépourvu : elle ignore comment lutter contre un fantôme et note dans son *Autobiographie :* « Le passé est la plus sûre des possessions. » Car Violette a été l'amie de « toute l'adolescence » de Renée...

Renée se cloître, refuse de recevoir, et surtout pas Opale dont elle a appris la très brève liaison avec Natalie. Le revolver acheté pour mettre en fuite les Indiens pourrait servir à tuer Opale. On est en plein drame de sérail. Rien n'y manque, même pas la perfidie de la gouvernante dont Natalie comprend, un peu tard, le rôle « funeste ». C'est ce monstre à verrue qui a appris à Renée son « infortune ». A la perte irréparable de Violette s'ajoutent les tourments de la jalousie : Renée croit devenir folle. Natalie aussi, et c'est avec soulagement qu'elle rejoint à Londres son père, victime d'une crise cardiaque.

Renée, de son côté, se réfugie dans sa famille en

Ecosse. Elle travaille à un nouveau volume de vers pendant que Natalie termine ses *Cinq Petits Dialogues grecs* et se laisse courtiser par un lord anglais. Renée l'apprend, s'évanouit, se cogne le visage contre un meuble et se croit défigurée. Heureusement, tuméfaction et égratignures disparaissent vite. Et Renée s'applique à vivre « maintenant à la façon des plantes et des animaux, en tâchant d'oublier les petites souffrances et les grandes douleurs. Je ne vois personne que la famille qui est vraiment gentille et bonne pour moi, ce qui me touche beaucoup. (...) Seras-tu toujours pour moi l'inconnue, l'étrangère et l'absente ? Hélas ! tu ne le sais pas plus que moi. (...) Je t'aime immuablement, je t'aime, de toutes les douleurs passées qui ne s'oublient pas et aussi de toutes les douleurs à venir. Mes baisers s'attardent dans l'ombre de tes pas. »

Pendant ce temps, M. Barney a terminé son traitement. Il va mieux et peut regagner Washington en compagnie de Natalie qui prend au sérieux son rôle de garde-malade. Dès son arrivée à Bar Harbour, Natalie écrit et télégraphie à Renée, dont voici la réponse :

J'ai eu la joie attendrie de recevoir un gentil télégramme et une petite lettre délicieuse de toi, mon Tout-Petit. Je ne pourrais jamais te dire quelle rosée c'était sur ma fièvre d'angoisse, quelle douceur fraîche, quelle espérance... Il m'a semblé un peu trouver de tendresse, de vraie tendresse de ton cœur dans ce que tu me disais si joliment et j'étais heureuse au milieu de ma souffrance. Tu es un si cher petit être, je pense avec tant de tendresse à toutes les belles choses qu'il y a en toi, dans ta petite âme mystérieuse, mon joli Tout-Petit, j'ai peur maintenant de te savoir seule là-bas. Il me semble que tu dois avoir besoin de mon inutile amour. Dans ce cas, tu me télégraphieras aussitôt, n'est-ce pas, mon âme chérie ? Ne te sens pas seule, je t'aime, je t'aime profondément, je viendrai dès que tu auras besoin, je viendrai vite, vite. Je t'aime trop pour t'abandonner jamais. Toujours, je te reviendrai.

Je sens presque pour la première fois à quel point ma vie est liée à la tienne. Tu me manques atrocement à toute minute. Je songe quelle folie c'était de nous séparer... et pourtant non, puisque je sais enfin à quel point tu m'es indispensablement chère. Je ne puis vivre sans toi, ma Douceur blonde.

Qu'arrive-t-il là-bas ? Que fais-tu ? J'ai tellement besoin d'avoir de tes nouvelles. Eva est-elle toujours aussi passionnément belle ? J'ai peur que tu ne sois triste. Si cela n'est pas un de mes cauchemars d'amoureuse exilée, fais-le-moi vite savoir. Je ne t'ai laissée partir que parce que je te croyais heureuse sans moi, obligée au contraire de ne plus avoir auprès de toi ma continuelle présence. Mais je viendrai à ton premier appel, ne l'oublie pas.

Que fais-tu, Jolie Vision Blonde ? Je suis inquiète de ton éloignement.

Les journées sont lentes et longues et lourdes. Il me semble qu'il y a déjà plusieurs années que tu es partie.

Quelle douce petite chose tu étais ce dernier matin. Je garde toute ta beauté dans mes yeux éblouis. J'ai ton souvenir serré contre mon cœur. Où que tu ailles, quoi que tu fasses, mes bras seront autour de toi, toujours, et mes baisers resteront dans tes cheveux. Je songe au merveilleux mystère que tu es. Pourquoi n'ai-je pas pu te comprendre, puisque je t'ai si passionnément aimée ?

Mon âme est dans tes mains, garde-la, aie pitié d'elle.

Je t'aime, mon amour, immuablement.

Je voudrais te dire des choses infinies et voici déjà que je ne trouve plus de paroles. Il me semble que mon amour devrait s'exprimer éternellement et le voilà déjà sans souffle.

Petite chose si douloureusement chère, je t'adore.

En lisant ces tendres aveux, Natalie, par télégramme et par lettre, demande à Renée de venir à Bar Harbour. Le télégramme se perd, mais la lettre arrive qui décide Renée... à ne pas partir :

Mon Tout-Petit, j'ai été très surprise d'apprendre

que tu m'avais envoyé un télégramme me disant de venir... Je n'ai jamais reçu le télégramme. Tu as dû te tromper d'adresse ; dans ce cas, le télégramme te reviendra. Il se pourrait peut-être qu'il soit venu pendant que j'étais à Paris, et que ma famille l'ait ouvert et supprimé pendant mon absence... mais je ne veux pas les accuser avant d'en avoir la preuve. Demande au bureau de poste ce qu'il est devenu et tâche de savoir si oui ou non il est arrivé à Hyde Park Street.

Si je l'avais reçu, ne sachant pas de quoi il s'agissait, je serais accourue tout de suite, mon enfant chéri. Mais ta lettre m'a éclairée sur ce point, et je vois en la lisant qu'il ne s'agit que d'un caprice de ta part — hélas !

Je suis triste que tu aies ainsi manqué à la promesse que tu m'avais faite avant de partir. Tu m'avais promis de ne pas m'appeler pour servir de distraction pendant une heure d'ennui, de ne m'appeler que si tu avais besoin de moi pour te consoler, t'aider dans un mauvais moment. Or, il n'y a aucune nécessité pour que je vienne. Rien de grave n'est survenu dans ta vie, tu n'as pas besoin de soutien ou de consolation, tu m'appelles pour le simple plaisir d'essayer encore ton pouvoir sur moi, ou d'avoir encore auprès de toi un souffre-douleur, une dupe facile que tu feras encore servir à tous tes petits projets amoureux et fantaisistes.

Je suis triste jusqu'au fond de l'âme d'avoir à te dire ceci, à toi que j'aime encore et malgré tout. Mais tu oublies à quel point tu m'as martyrisée, tu oublies les angoisses, les humiliations, les blessures que tu m'as infligées ; tu oublies que je suis encore saignante et meurtrie de tout ce que tu m'as fait souffrir et que je ne suis pas de force à supporter tout de suite les nouvelles douleurs qu'il te plaira de me faire subir, inconsciemment, peut-être, mais fatalement. Loin de toi, je ne souffre pas avec une pareille intensité des peines, des jalousies, des inquiétudes que j'endure quand je te vois distribuant les sourires et les regards provocants comme une marchande de baisers à toutes et à tous. J'ai tant d'amertume dans l'âme, tu vois, qu'elle déborde, même dans cette lettre que je voudrais très douce et très tendre, presque une lettre d'amie.

Non, ma Chérie et mon Adorée, je ne viendrai pas encore parce que le moment n'est pas venu. Plus tard, oui, quand tu m'appelleras de toute ton âme. Pas maintenant, pour un caprice, une simple idée de désœuvrement.

Voici toutes les raisons les unes après les autres qui m'empêchent de venir. (...)

Ensuite, les raisons moindres : j'ai résolu de consacrer ce mois-ci à ma famille. Dieu sait que je ne me suis jamais tant ennuyée de ma vie, que les journées sont interminablement maussades, que je hais ce pays et que j'attends le moment de le quitter comme une délivrance. Mais enfin, j'ai promis et j'ai résolu de leur faire ce sacrifice, et je le fais avec toute la patience possible.

Puis, pardonne-moi de t'entretenir de ces détails, mais il y a, mon enfant aimée, la vulgaire question matérielle. Je ne suis pas riche, hélas ! comme tu le sais et tout est tellement cher dans ton pays de millionnaires que si j'entreprends un voyage coûteux, je n'aurai presque plus rien à dépenser pour mon appartement ! et tu sais comme j'ai rêvé d'avoir mon petit chez-moi, un léger abri, un lieu de refuge et de repos, un endroit sur terre qui m'appartienne et qui me soit personnel, où je serai la maîtresse et la souveraine, où je serai libre entièrement. D'ailleurs, j'ai pris cet appartement, il faut bien que je le meuble à un moment ou à un autre, et il serait préférable que ce soit maintenant. Mais tout cela ne serait rien si, dans un élan de tristesse ou de souffrance, tu m'avais dit : « Viens, ma meilleure amie, me réconforter et me consoler, car j'ai besoin de ta tendresse. » Ce mot-là, tu ne l'as pas dit, parce que le moment n'est pas venu où il jaillira de ton cœur.

Le mot que tu n'as pas pu lire est « immuablement », ce qui signifie la même chose qu' « inaltérablement » dans la langue amoureuse. Oui, ma Douceur, je t'aime de cet amour qui ne change pas, qui persiste à travers les douleurs et les désappointements et les déceptions ; je t'aimerai toujours, mais non plus de cet amour aveugle des premiers jours. Je t'aime maintenant d'un amour plus amer, plus attristé, plus sceptique (pour écrire tout de suite ce vilain mot) ; je n'ai plus de foi irraisonnée ; je doute et je cherche à savoir ce qu'il y a de vrai au fond des mensonges — ce qu'il y a de faux au fond des vérités — car tu es un être si complexe que tu n'es jamais entièrement vraie ou fausse. Mais c'est de l'amour, toujours, et cela le sera jusqu'au jour de ma mort.

Ne m'en veux pas de te refuser sérieusement quelque chose pour la première fois, de te dire : « Plus tard », quand tu m'appelles tout de suite. Mais je t'en prie, laisse-moi un peu de repos d'âme, laisse-moi me baigner de solitude et de silence et retrouver un peu de forces. Ne m'appelle pas ainsi pour un caprice d'enfant gâté, qui ne veut une chose que parce qu'il ne l'a pas, et la dédaigne dès qu'il la tient dans sa main. Sois très douce, laisse-moi t'attendre, ne me force pas à endurer si vite de nouvelles souffrances.

Ne comprends-tu donc pas, ne comprendras-tu jamais quelle souffrance c'est qu'aimer sans être aimée ? et que l'amitié est un pauvre échange contre l'amour ? Ecris-moi : « Mon amie, je ne t'en veux pas, je comprends que cette séparation est nécessaire pour l'avenir de notre amour et dans son intérêt même ; repose ton âme, oublie avec le temps les souffrances que je t'ai infligées sans le vouloir peut-être, et reviens-moi plus calme, plus confiante, rassérénée, meilleure. »

Comprends-tu cela, mon Tout-Petit ?

Te revenir pour un temps, afin de repartir ensuite, quelle folie ! Je ne le pourrais pas, je n'aurais pas le courage de l'absence une seconde fois. Il y a des sacrifices qu'on ne peut refaire. J'ai eu ce courage — il faut que j'aie la volonté d'en profiter — et que cela serve à quelque chose. Repartir, plus triste que jamais, plus cruellement endolorie de ne plus te voir, ne sens-tu donc pas que cela est impossible ? Je suis tourmentée au-delà de ce que je puis dire. Cette lettre ne trahit pourtant rien de mes inquiétudes angoissées. Si tu me voyais souffrir de t'écrire : cela est impossible, tu te *dirais qu'il faut avoir pitié et me laisser vivre après m'avoir torturée si longtemps. Je suis un être lâche, faible, méprisable ; ce n'est pourtant pas une raison pour que je m'extermine — et les faibles devraient avoir le droit d'exister comme les forts.*

Je souffre, Tout-Petit, c'est pour cela que je suis méchante, mais crois-moi quand je te dis encore que je t'aime « inaltérablement » et que, si je ne viens pas, c'est par raison, par devoir, et non pas à cause d'un manque de tendresse et de passion. Je t'aime, moi, je t'aime comme je t'aimerai toujours.

Et puis c'est le silence. Renée n'écrit plus. La gouvernante aussi machiavélique qu'une duègne de roman-feuilleton a réussi à persuader Renée que Natalie veut épouser un noble français, le vicomte de La Palisse, accouru pour cela en Amérique.

Le vicomte de La Palisse est vigoureusement repoussé. Mais les fiançailles sont à l'ordre du jour. Opale vient de se fiancer et Albert Clifford Barney engage sa fille aînée à imiter cette raisonnable conduite. Natalie relève le défi en présentant comme possible prétendant lord Alfred Douglas. L'amant d'Oscar Wilde est tellement perdu de réputation qu'Albert Clifford Barney renonce aisément à en faire son gendre. Lord Alfred plaît à Opale. Elle rompt ses fiançailles et épouse le noble anglais avec la bénédiction de Natalie qui sera la marraine de leur premier enfant.

Libérée de ses soucis matrimoniaux, Natalie se hâte vers Paris pour y apprendre que Renée s'installe, à grands frais, avenue du Bois. La gouvernante recueille enfin les fruits de sa patiente trahison et règle, à son profit, les fournisseurs. Renée est « en ménage » avec une richissime baronne, que le Paris-Lesbos désigne sous un sobriquet révélateur : la Brioche [1]. Sobriquet qu'elle gardera dans ce livre. L'énorme Brioche a la réputation de suppléer à son

1. Hélène de Zuylen (npe 1992).

absence de charmes physiques par une abondance de cadeaux et de biens. Ne murmure-t-on pas, dans le monde et le demi-monde, que sa fortune est aussi considérable que, par exemple, celle d'un Rothschild ?

Natalie ne doute plus de sa disgrâce confirmée par une lettre de Liane qui est un petit chef-d'œuvre de perfidie tendre :

L'autre soir, au Moulin-Rouge, une vilaine blonde qui ressemblait à un lapin réveillé en sursaut m'a souhaité banalement le bonjour de ta part. J'ai dit que ce n'était pas vrai, car ça m'agaçait de voir entre nous deux cette horreur. J'ai un si bon souvenir de toi et de tes cheveux.

Ma nouvelle amie est gentille. La vie est douce avec elle auprès de moi. Elle est aussi noire que tu étais blonde, elle ne me quitte jamais, je suis son unique amour et sa seule raison d'exister. Elle gagne à être connue, elle est profonde et sûre... ce qui ne m'empêche pas de songer souvent à toi, Natty, ma chère petite amie, si légère et souple, suave et câline. Tu étais un joli matin de printemps, ça ne pouvait pas durer longtemps, ces fugaces retours.

Te revoir serait une douce joie. Si j'ai changé, c'est pour devenir meilleure. La vie épure. Reviens parfois, mais moi, en moi, je ne te sens jamais bien loin.

Ta Liane

Post-scriptum. Renée est avec la Brioche (tu sais, née...). La Brioche vient de faire paraître un livre de poésie, Effeuillements. *Sans commentaire.*

Réponse de Natalie à Liane, sur un papier marqué de son sceau figurant une main tenant une flèche, le tout entouré de sa devise *Spes anchora vitae* :

Tu as raison de dire à la « vilaine blonde » qui t'a banalement donné le bonjour de ma part que cela n'était pas vrai. Je ne connais pas de vilaine blonde d'abord, ensuite, il faudrait que les lèvres et l'esprit soient très jolis pour que je les charge d'un message pour toi.

Tu as aussi raison de défendre mon souvenir. Le passé est une chose tellement subtile. Au fond, rien d'autre n'existe. Tout est fait de passé, même les heures futures, et si je vis encore et suis heureuse ou malheureuse, c'est de l'avoir été.

Je suis contente que tu aies une amie profonde et sûre. Sois bonne pour elle, Liane, c'est un don terrible que l'amour. S'il est vrai que tu es tout son horizon, sois illimitée et toujours belle.

Curieux que tu me parles de Pauline et de la Brioche. Oh ! Lianou, je suis triste. Et il faut oublier tant de choses pour pouvoir un peu se souvenir.

Toi ma tendre amie, ma lointaine aimée, « cela ne pouvait pas durer », et cependant et toujours ta

Natalie.

Paraît alors le quatrième livre de poèmes de Renée Vivien, *Evocations*. Natalie lit ces *Evocations* avec une tristesse avouée à Liane enfin compatissante et consolatrice. Renée y parle de Natalie au passé. Le poème *Atthis*, qui porte en exergue ce vers de Sappho : « Je t'aimais, Atthis, autrefois », semble marquer la fin de leurs amours :

Atthis, aujourd'hui tu pâlis, et je passe
Tel un exilé sans désir de retour,
Toi, moins souriante, et moi, l'âme plus lâsse,
Plus loin de l'amour.

Voici que s'exhale et monte, avec la flamme
Et l'essor des chants et l'haleine des lys
L'intime sanglot de l'âme de mon âme :
Je t'aimais, Atthis.

Qui se souvient ainsi aime encore. Natalie en est persuadée. Il suffirait d'un seul tête-à-tête avec Renée pour que tout recommence. On ne résiste pas à l'irrésistible Natalie. Or, Renée refuse de recevoir la séductrice que cette dérobade enflamme. Elle supplie, en vers, celle qu'elle a tant de fois abandonnée pour Eva, Liane et les autres, de lui accorder une heure, une seule :

Entends, entends l'appel de mon obscur vouloir...
T'avoir encore une heure, une heure encor t'avoir
Mais vainement je dis et redis : pour une heure
Je donnerais ma vie entière... pour ce soir !

Comment faire parvenir ces vers à Renée ? Comment tromper la double surveillance de la Brioche et de la gouvernante ? Natalie que, décidément, rien n'arrêtera jamais, prie l'une de ses amies, la cantatrice Emma Calvé, de se déguiser en chanteuse des rues et de chanter sous les fenêtres de Renée le grand air d'Orphée : « J'ai perdu mon Eurydice. » Egalement déguisée en chanteuse des rues, Natalie ramasse les pièces qui tombent. Renée-Eurydice ne se montre pas. Emma Calvé, qui a triomphé aux Etats-Unis dans le rôle de Carmen, poursuit son récital par le fameux : « L'amour est enfant de Bohême qui n'a jamais connu de loi. » Plus sensible à Bizet qu'à Gluck, Renée entrouvre une fenêtre et Natalie lance son poème attaché à un bouquet. Il est temps de fuir. Les passants qui se sont arrêtés reconnaissent et applaudissent Emma Calvé qui disparaît, suivie de sa compagne.

L'esclandre fait frémir Paris-Lesbos. Des consolatrices réputées s'offrent à Natalie qui les dédaigne toutes, sauf deux : une romancière et une poétesse [1], également jeunes et belles, également à la mode et destinées à la gloire, également pourvues chacune d'un époux très complaisant. Ce qui fait dire à la romancière : « Natalie, mon mari te baise les mains, et moi, tout le reste. » Elle ajoute : « Mes yeux avaient oublié ce qu'est une créature, jolie des pieds

---

1. Colette Willy et Lucie Delarue-Mardrus (npe 1992).

à la tête, comme toi. » Et elle multiplie les : « Flossie incomparable (et que d'ailleurs je ne cherche nullement à comparer), où te voir et quand ? Réponds-moi. Je t'embrasse sans aucun respect. » Une fois de plus, Natalie a su se faire apprécier.

Séduite elle aussi, la poétesse écrit tant et tant de poèmes que plus tard, dans les années 50, Natalie les réunira en un volume, sans nom d'auteur et sous le titre *Nos secrètes amours :*

> *Comme un courant d'eau douce à travers l'âcre mer*
> *Nos secrètes amours, tendrement enlacées,*
> *Passent parmi ce siècle impie, à la pensée*
> *Dure, et qui n'a pas mis son âme dans sa chair.*

Quand je lus certains de ces vers comme : « Je veux te prendre, toi que je tiens haletante », l'Amazone haussa les épaules et me dit :

« Elle se vante ! Elle ne m'a jamais prise ! Elle s'est donné le beau rôle dans ses poèmes ! N'en croyez pas un mot ! »

Natalie a comblé la poétesse et la romancière. Mais elle n'a pas été comblée. A ce néant momentané, on mesurera le vide causé par l'absence de Renée. L'inconstante Natalie est enfin domptée. Elle n'a plus envie que d'une seule femme : Renée. Le Tout-Lesbos en reste muet de saisissement, ce qui ne l'empêche pas d'échafauder les pires suppositions. Le duo s'est changé en duel. On compte les coups. Toute honte bue, Natalie écrit à la gouvernante en la priant de lire à mademoiselle Renée la lettre ci-jointe. Ô ironie, ô humiliation, c'est la gouvernante qui répond en utilisant le papier que Renée employait autrefois pour y inscrire ses chants d'amour à Natalie, un papier crémeux orné d'une frange de violettes :

Chère Mademoiselle Natalie,
  J'ai à peu près lu votre lettre à Mademoiselle, mais aux premiers mots, elle m'a arrêtée et m'a priée, si j'avais quelque amitié pour elle, de ne plus même

111

prononcer votre nom. Votre démarche ne lui a pas été agréable et elle dit que vous avez une singulière manière de lui prouver votre affection.

Je vous en prie, si vous avez le désir dans un temps futur de revoir Mademoiselle, ne cherchez pas à enfreindre son désir et ne lui soyez pas importune.

Natalie importune à Renée ? Elle ne pourra le croire que si elle entend ce mot de la bouche même de Renée. Natalie enrage et désespère. Liane, la sublime Liane, oubliant les déchirements passés, vole au secours de sa Natty à qui elle rend compte de son intervention :

Renée t'en veut tellement pour quoi, de quoi ? Je lui ai dit qu'elle avait tort, que tu étais exquise. On aime à se souvenir de qui vous a aimé. Elle t'aimait, elle brûle son idole, l'humaine Renée qui te croit inhumaine.

Liane a échoué dans sa tentative de réconciliation. Natalie en appelle à Eva qui accourt. Nouvel échec. Et pour bien montrer qu'elle est libérée de Natalie, Renée fait des avances à Eva qu'elle invite à venir assister à un concert dans sa loge. C'est Natalie qui prend la place de la loyale Eva. Réunies, enlacées, Renée et son Tout-Petit écoutent la musique de Schumann. Le Tout-Petit se reprend à espérer. L'espoir tourne court. Renée a peur de souffrir encore, peur de n'être pas nécessaire à l'« inhumaine » Natalie. Sur ces hésitations, Natalie apprend que son père est mort subitement à Monte-Carlo. Son corps est incinéré au Père-Lachaise et ses cendres ramenées par sa fille aînée en Amérique.

Les cérémonies funèbres accomplies, Natalie ne s'attarde pas à Washington et revient à Paris. Avec Eva, elle s'installe dans l'appartement d'un ami, au 4, rue Chalgrin, presque en face de la demeure de Renée. Renée n'est plus là. Elle est à Bayreuth, seule, sans l'inévitable Brioche. L'occasion est trop belle.

Natalie, accompagnée et soutenue par Eva, se précipite au Festival de Bayreuth :

« Ah ! Wagner ! » soupirait l'Amazone avec une reconnaissance qui ne devait rien aux accents de la tétralogie.

Natalie sait comment séduire les poètes : avec des poèmes. Pas avec de la musique. Elle fait lire à Renée le manuscrit de *Je me souviens,* long poème en prose plein de leurs amours passées et surtout de leurs amours futures :

Je ne veux plus que toi dans la vie, je ne veux plus que toi dans la mort... Il ne me reste assez de force que pour vivre ou mourir... viens...

Renée ne résiste pas à cet appel. Reconquise, elle promet de s'échapper en août pour Vienne où Natalie l'attendra. Toutes deux prendront l'Orient-Express et rejoindront Constantinople où elles s'embarqueront pour Lesbos. Le vieux rêve va devenir réalité.

Dans l'Orient-Express, les deux amies sont dans un état d'exaltation indescriptible qui durera pendant leur escapade. Une seule fausse note. Quand elles atteignent Mytilène, ce ne sont pas des sons de harpes qu'elles entendent, mais *Viens poupoule,* hurlé par un phonographe, dans une maison du port.

A Lesbos, Natalie et Renée aiment tout, l'hôtel rustique, la vieille servante, un chien pelé. Elles se baignent. Elles se reposent sur des lits d'algues sèches. Elles se nourrissent de pêches et de figues. Elles respirent les roses et les étoiles. Et Renée est enfin émue par les caresses de Natalie qui se retient de crier : « Hyménée ! hyménée ! »

Le passé est oublié. Oubliée, la Brioche en voyage quelque part dans le monde, oubliées, les infidélités de Natalie et les souffrances de Renée. Oublié, le passé. Seul compte le présent. Natalie et Renée décident de rester pour toujours à Lesbos. C'est là qu'elles fonderont leur colonie de poétesses comme au temps de Sappho. Elles louent deux petites villas réunies par un verger. Renée écrit, relit dans les *Cinq Petits Dialogues grecs* le passage où est expliquée la séduction de Sappho-Natalie :

« Elle fut irrésistible comme toutes celles qui ont suivi leur nature. Elle est irrésistible comme toutes celles qui ont osé vivre. Elle est irrésistible comme la Destinée même. »

Renée ne fait plus de différence entre la Sappho du passé et la Sappho qu'elle tient entre ses bras. Phénomène d'identification absolue qui pousse Renée à dire :

« Va, tu es immortelle, déjà. »

L'immortelle Natalie propose une baignade, une promenade, une lecture, une sieste. Renée consent à tout. Oui, elles resteront là, toujours. La sagesse aurait été de suivre cette décision aux apparences de folie et ne plus quitter Lesbos. Mais le courrier attend à Smyrne où il faut aller le chercher. A Smyrne, lettre de la Brioche qui veut, à son tour, visiter Lesbos. Renée a juste le temps d'envoyer un télégramme pour empêcher la Brioche de sauter dans l'Orient-Express. On n'échappe pas à une femme dont la volonté, le pouvoir et la richesse n'ont pratiquement pas de limite.

Natalie reprend le chemin de Paris et Renée celui des Pays-Bas où s'impatiente la Brioche. Dès son arrivée, Renée écrit à Natalie :

Après que le train est parti, et si vite, et si loin, j'ai pleuré irrésistiblement. Je savais que je laissais derrière moi toute mon ardeur de vivre et toute la beauté. Et je pleurais dans mon coin. J'étais dépossédée.

Et maintenant, c'est la grisaille. Ou plutôt non, c'est le continuel froissement mêlé à l'incurable regret. Je hais cette plate et monotone Hollande après le voyage merveilleux avec toi. Tu me manques beaucoup plus que j'ose le dire — ni le croire — ni l'avouer à moi-même. Et ton image est tenace comme le souvenir. Et je t'appelle vainement. Et je te dis : viens.

Natalie est prête à accourir, mais Renée est retombée sous la domination de la Brioche. Renée et Natalie doivent se rencontrer en cachette. En cachette aussi, Renée écrit :

Ma Sirène blonde, je ne veux pas que tu deviennes semblable à celles qui vivent sur la terre... Je ne veux pas que tu te changes en quoi que ce soit. Je veux que tu demeures pareille à toi-même, puisque c'est ainsi que tu m'as enchantée. Reste toi-même, toujours, et pourtant identique : arc-en-ciel, avril, opale ; puisque c'est ainsi que je t'aime.

... J'ai été interrompue, j'ai failli être surprise. J'en suis encore tremblante.

Surprise, Renée le sera une fois, et elle devra écrire, à la demande de la Brioche, m'assurait l'Amazone, cette lettre de rupture :

J'éprouve un peu de honte et beaucoup de tristesse à t'écrire cette lettre ma sirène blonde. Mais il le faut. *Et j'obéis.*

D'abord sache bien une chose : Elle seule *est maître de mon destin. Elle est ma force et ma volonté. Je dépends d'elle, je vis par elle, je respire par elle. Je ne puis vivre sans elle. Alors quoi qu'il arrive, je demeure sa chose. Elle m'a prise autant qu'un être humain peut me prendre. (...) Si tu veux me revoir (quoique cela me paraisse impossible après ces aveux trop véridiques que je viens de te faire), je te verrai tous les quinze jours avec la permission de mon amie. (...) Laisse-moi à mon avenir trouble, sachant qu'un seul être possède mon cœur et ma chair. Elle seule.*

J'écris mal, bêtement, brutalement parce que je dis la vérité qui n'est jamais bonne à dire.

Et puis... un regret... celui de t'avoir fait peut-être un peu de peine.

« Un peu de peine ? Beaucoup de peine, commentait l'Amazone. J'étais tellement malheureuse que j'ai écrit mes dernières volontés. »

A sa mère, nommée en premier, échoit « mon garçon en or et en ivoire par Lalique ». Puis, dans l'ordre :

Renée Vivien : « mes cheveux, mes pendants de saphir, ma bague avec les lis et un gros anneau d'or ».

Eva Palmer : « tous mes papiers et le portrait que ma mère a fait de moi avec une mandoline ».

Lily Anglesy : « le bracelet dont elle m'a fait cadeau et l'amulette en diamant ».

Baby Hohenlohe : « l'anneau d'opale qu'elle m'avait donné et ma chaîne en saphir ».

Mrs. Campbell : « mon dragon en opale ».

Amélie Troubestzkoy : « l'anneau en opale qu'elle m'avait donné ».

Mme Mardrus : « mon collier d'opales ».

Jullia Fuller : « mille dollars ».

Olive Custance : « mille dollars et mon scarabée en or ».

Grace Train : « mon collier de turquoises russes ».

Anita Hunt : « ma feuille d'émeraude et une vieille chaîne faite d'émeraudes, de perles et de rubis ».

Liane de Pougy : « ma grande émeraude ».

Mme Meurlot : « un anneau d'argent avec une turquoise russe ».

Manners-Sutton : « ma petite émeraude et l'opale de papa ».

Personne n'a été oublié, même pas Manners-Sutton qui fut un ardent soupirant de Natalie et à qui Renée trouvait « une face à claques ».

La sœur de Natalie, la dévouée Laura, ne reçoit que... le soin de veiller sur cette distribution de bijoux. Grâce à son inexorable appétit de vivre, Natalie gardera sa multitude d'opales, ses émeraudes, grandes et petites, et sa vieille chaîne de perles et de rubis !

Natalie et Renée, dès lors, sont irrémédiablement séparées. Chacune doit s'accommoder de cette séparation, des déchirements et de la nostalgie qu'elle engendre. Cependant, comme elle l'annonçait dans

116

sa lettre de rupture, Renée peut recevoir Natalie en présence de la Brioche. Natalie ne manque pas d'user de cette permission, qu'elle « agrémente » en se faisant accompagner de ses plus belles conquêtes. On imagine le charme de telles rencontres !

Soumise définitivement à la Brioche, Renée verra grandir sa renommée poétique, donnera des soirées où Colette dansera sa danse du Sphinx et Marguerite Moreno récitera du Mallarmé, du Baudelaire et du Renée Vivien.

Soumise à sa propre séduction, Natalie continue à séduire tout le monde, y compris la Brioche qui voudrait bien goûter aux blondeurs de la sirène. La sirène esquive l'aventure. Ainsi, l'ultime amertume aura été évitée à Renée : être trompée par la Brioche avec Natalie. « Pouah ! » comme dirait Liane !

Si elle se refuse à la Brioche, Natalie accepte d'autres aventures. Ces infidélités plongent Renée dans une telle détresse qu'elle s'enfuit pour faire le tour du monde et oublier la nécessité de vivre « puisqu'il est, paraît-il, nécessaire de vivre », dit-elle. Elle part « au gré des vents » comme elle l'annonçait dans un de ses plus beaux poèmes, *Le Pilori* :

Les insultes cinglaient comme des fouets d'ortie
Lorsqu'ils m'ont détachée enfin, je suis partie.
Je suis partie au gré des vents. Et depuis lors
Mon visage est pareil à la face des morts.

Renée dit la vérité. Elle a souffert mille morts de n'être pas comme les autres. Elle a ressenti comme un péché la réprobation qui en résulte. Le seul péché n'est-il pas précisément de se sentir autrement que Dieu vous a fait ? Ah ! pourquoi Renée n'a-t-elle pas pratiqué la philosophie de Natalie qui considérait le pilori comme un utile rempart contre les imbéciles [1] ?

1. Allusion à une phrase que l'Amazone me répétait souvent : « Ma réputation a toujours éloigné de moi les imbéciles » (npe 1992).

Pendant que Renée voyage, Natalie traverse l'Europe pour y traquer jusqu'à Saint-Pétersbourg sa dernière proie, l'artiste Henriette Roggers. Déplacement inutile : la séductrice a été évincée par un séducteur, un colonel russe. Pour se consoler, pendant le retour, elle lit le *Candide* de Voltaire.

Le 18 novembre 1909, Natalie apprend que Renée est malade, très malade. Elle va demander de ses nouvelles. Sur le ton de « Mademoiselle est sortie », le maître d'hôtel annonce : « Mademoiselle est morte. »

Natalie passe une nuit aussi blanche que sa première nuit avec Renée, à relire les lettres, les poèmes et à écrire :

Et je redis ton nom d'un souffle ardent et pur,
Et j'écoute venir le vent comme un murmure
De ta voix : le Passé serait-il le Futur ?

Ce qui fut le Passé serait-il le Futur ?

Natalie traduit en anglais les vers que l'on peut lire sur la tombe de Renée au cimetière de Passy :

> *Voici la porte d'où je sors...*
> *Ô mes roses et mes épines !*
> *Qu'importe l'autrefois ? Je dors*
> *En songeant aux choses divines...*

> *Voici donc mon âme ravie.*
> *Car elle s'apaise et s'endort.*
> *Ayant pour l'amour de la Mort*
> *Pardonné ce crime : la Vie.*

Natalie recueille enfin les divers témoignages sur la mort de Renée. Selon les uns, cette mystique qui se voulait païenne serait morte en recevant l'hostie et en murmurant pieusement : « Cet instant est le meilleur de ma vie. » Selon les autres, elle aurait prononcé le nom qu'elle aimait donner à Natalie : « Lorely. »

L'Amazone, qui se savait inoubliable, penchait fortement pour cette dernière version. Renée n'avait-elle pas écrit à sa Lorely :

La poussière que je serai dans le tombeau sera tienne — tienne aussi l'âme qui peut-être survivra — dans le néant ou dans l'éternité, tienne toujours.

7

NATALIE 1910

« Miss Barney est indifférente à tout
sauf au libre jeu de sa vie ; libre
jusqu'au martyre, elle se consacre à la
culture de l'être humain. »

Elisabeth DE GRAMONT
(Les Marronniers en fleurs)

En 1909, Natalie Barney a trente-trois ans. Elle atteint à une splendeur que renforce la légende de ses amours avec Renée Vivien. Car une légende est née qui illuminera sa vie entière. Les admirateurs et surtout les admiratrices du poète contempleront sa muse avec cette ferveur que l'on peut observer dans les pèlerinages religieux. Elle est celle qui inspira ces poèmes, ces lettres, ces fuites, ces retours, ces pleurs trop fréquents, ces allégresses trop fortes, ces voluptés précaires. Pour les idolâtres de Renée Vivien, Natalie représente la permanence d'un romantisme exacerbé par une mode qui exigeait une pâleur de lune, une âme de neige, des baisers de fée, tout l'attirail cher à Jean Lorrain, aux poètes symbolistes et à certains artistes... Il a fallu l'inaltérable bonne santé de Natalie — et son sens pratique d'Américaine — pour résister à ces excès, en sortir intacte, voire embellie. De ces dramatiques amours avec Renée, la séductrice a gagné une réputation de femme fatale. Là encore, Natalie est en avance sur son temps puisque la femme fatale ne connaîtra son plein épanouissement que dans les années 25-30.

Depuis la mort de son père en 1902, Natalie a acquis une large indépendance financière dont elle jouira jusqu'à la fin de ses jours. N'avoir pas à gagner son pain, ne dépendre de personne, Natalie mesure ce privilège. Elle sait qu'elle peut vivre à sa guise et ne s'en prive pas. Si elle ignore les ennuis d'argent, elle s'applique à résoudre, raisonnablement et dans la mesure de ses possibilités, les difficultés financières que connaissent souvent ses favorites. Cette généreuse a horreur du gaspillage. Elle connaît la valeur des choses et, à l'occasion, ne dédaigne pas de marchander avec ses couturières, comme Madeleine Vionnet et surtout les sœurs Callot. Celles-ci gémissent : « Mademoiselle, nous sommes désolées de ne pouvoir vous faire la robe de velours *à votre prix*. » Les sœurs proposent un arrangement : « Avec un peu moins de broderie dans la jupe et une dentelle plus ordinaire, ce modèle de mille trois cents francs sera laissé à neuf cent cinquante francs. » Mademoiselle accepte la transaction.

Natalie a loué une maison à Neuilly, qui, à cette époque, est encore un village où des Parisiens recherchent en été ombrage et fraîcheur. Elle y dispose d'un jardin assez vaste pour y donner des fêtes. Le *Comœdia* du 23 mai 1909 en rend compte : « ... des fêtes de nus très chastes sous les ombrages de son jardin de Neuilly. Miss Eva Palmer, dont la chevelure rousse miraculeuse flamboie dans les toiles d'Aman-Jean et qui vient d'épouser un poète, beau-frère de Raymond Duncan, donna la réplique à Mme Colette Willy. »

Si Eva s'est rangée sous la bannière de la tribu Duncan que régente Isadora, Natalie s'est changée en une véritable Américaine de Paris. (Cette fête a laquelle, comme aux autres, on s'était pressé, avait provoqué la désapprobation de Renée Vivien :

« ... Je me suis enfuie devant Baby Hohenlohe, Mme Mardrus, très femme-de-lettres, et tous ces hommes en costume grec. La viande masculine étalée dans la crudité du plein jour me dégoûte. Enfin, il y avait trop de gens et je vis tant et si bien dans la solitude qu'une réunion de plus de quatre ou cinq personnes m'effraie. »)

« Trop de gens », c'est juste assez pour Natalie qui aime la compagnie. Elle jouit de l'ombrageuse protection de l'arbitre des élégances, de l'auteur des *Hortensias bleus* et autres *Paroles diaprées,* Robert de Montesquiou dont elle épouse parfois les querelles.

Elle a pris son parti *pour* Lucie Delarue-Mardrus *contre* Anna de Noailles.

Lucie, langoureuse beauté brune, est une séductrice comme Natalie. En 1898, à Provins, elle a compté parmi ses victimes le capitaine Philippe Pétain qui a demandé sa main. Lucie et ses parents ont refusé. En guise de consolation, le capitaine a reçu un poème d'adieu qui se termine par : « Je ne pleurerai pas ! Je ne pleurerai pas ! » Et pour cause : Mlle Delarue va épouser le docteur Mardrus, homme à la mode depuis sa traduction des *Mille et Une Nuits.*

Lucie Delarue-Mardrus, dite la princesse Amande, « ainsi surnommée à cause de la blancheur de son corps entièrement épilé », nous a laissé dans ses Mémoires [1] un portrait de cette Natalie 1909 :

« Le teint de pastel, les formes très féminines, les cheveux d'un blond de féerie, l'élégance parisienne de cette Américaine ne laissait qu'au bout d'un moment se révéler le regard d'acier de ses yeux qui voient tout et comprennent tout en une seconde. Et pour mieux accentuer la fausse impression qu'on avait d'abord, elle pouvait, et cela jusqu'à présent lui est resté, rougir parfois comme une novice intimidée. »

Et comme Natalie dut rougir quand le docteur Mardrus, qui voulait garder intacte la beauté de sa princesse Amande, lui proposa cet étrange marché :

« Je veux te faire un enfant qui sera notre enfant à tous les trois. »

Natalie refusa énergiquement pareille proposition. On peut rêver à ce qu'aurait pu être cet enfant de l'Amazone, de la princesse Amande et des *Mille et Une Nuits...*

Ce refus enragea l'ombrageux, le susceptible docteur Mardrus qui bouda pendant huit jours. Puis l'incident fut oublié autour d'un festin composé de melon d'Espagne, de boulettes de viande aromatisée

---

1. *Mes Mémoires,* par Lucie Delarue-Mardrus, Gallimard, p. 144.

et de gâteaux à la cannelle. A défaut d'autres voluptés, le trio savait partager gaiement les plaisirs de la
table.

Entre Natalie et Lucie s'établit un sentiment « qui
oscilla longtemps entre l'amour et l'amitié, puis se
résolut en une amitié à toute épreuve [1] ».

A trente-trois ans, Natalie se livre aux joies de
l'amitié, avec les hommes principalement. Elle est
l'amie de personnages comme Pierre Louÿs, qui est
un familier du jardin de Neuilly où il a composé ce
quatrain pendant une fête certainement grecque :

Ses yeux n'ont pas voulu que je les attendisse
M'a dit l'ombre enlacée au treillis vert du mur.
Ecoute. Ici la flûte expire un air si pur
Qu'une Orphée est ce soir devenue Eurydice.

Le père de Bilitis est pour Natalie un guide
littéraire qui prodigue conseils et encouragements :

« Continuez d'écrire et ayez toutes les ambitions.
Vous serez célèbre, j'en suis sûr. »

Il essaie parfois de résister aux tentations-
invitations de la séductrice :

Chère Mademoiselle,
Comme il n'était personne au monde envers qui
j'eusse plus de remords qu'envers vous, j'ai cru que
votre lettre m'apportait la paix de ma conscience, la fin
de mes insomnies, « le ciel par-dessus le toit... si bleu,
si calme ».
Et moi qui vous croyais bonne, je découvre que vous
êtes le diable. Comment, voici trois mois que je suis en
retraite ! Je me reprends à la foi littéraire de ma
jeunesse ; je ne l'avais pas quittée, mais enfin, je ne
« pratiquais » plus, comme disent les catholiques,
et j'étais accusé de « tiédeur », sinon d'apostasie...
(M. France vous dirait bien ce que signifient ces mots
inconnus à Boston !)

1. Natalie Clifford Barney, *Souvenirs indiscrets*, Flammarion, p. 157.

Et quand je me couche à huit heures du matin, vous m'offrez — sur la montagne — un déjeuner avec vous ! avec Anatole France ! avec Philippe Berthelot !

Autant vous avez eu d'indulgence pour moi, autant je vais vous en vouloir de cette tentation démoniaque. Car je ne peux pas, je ne peux vraiment ni m'éveiller à dix heures, ni déjeuner chez vous sans avoir dormi, ni faire couper mes cheveux d'ermite, ni... que vous dirais-je enfin ? pardonnez-moi ; pardonnez-vous de m'avoir si cruellement tenté.

S'il refuse un déjeuner avec Anatole France, Pierre Louÿs acceptera le dîner que Natalie donne pour son anniversaire, le 31 octobre, « jour des sorcières » aux Etats-Unis.

« Que voulez-vous, je suis née le jour des sorcières », répliquait l'Amazone à ceux qui attribuaient sa séduction à des pratiques de magie pure.

Les dîners soigneusement organisés, les festins improvisés, les récitations de poèmes, les danses se succèdent dans la maison et le jardin de Neuilly où Mata-Hari paraît nue sur un cheval blanc « harnaché de turquoises persanes ».

« Comment pouvais-je penser que cette personne que j'avais déjà vue danser chez Lalique et chez Emma Calvé finirait dans les fossés de Vincennes ? Seules la sveltesse de son corps et la dureté de son visage m'avaient impressionnée », déclarait la Séductrice.

Les délices de Neuilly s'arrêtent net à la mort de Renée Vivien. Maison de Neuilly qui représentait, comme l'Amazone me le confia, les « vieilles rengaines de ma jeunesse, amours, départs, larmes, souvenirs. Et ce frêle bagage suranné de mon cœur de passage : l'oubli ».

Vaillante chercheuse d'oubli, Natalie abandonne la rive droite pour la rive gauche où abondent ses frères et sœurs d'élection, les artistes. En 1909, elle fait l'une des rencontres capitales de sa vie : celle avec le 20, rue Jacob, un pavillon que le maréchal de Saxe édifia pour Adrienne Lecouvreur, agrémenté d'un sous-bois où Racine et la Champmeslé vinrent errer. Caché dans une cour intérieure, un temple à quatre colonnes. Temple de l'Hymen pour les Parisiens qui y célébrèrent la fin de la Terreur, temple de l'Amour pour les romantiques, temple de l'Amitié pour Natalie qui en sera la vestale très entourée. Pavillon, temple, sous-bois constituent le rêve du citadin : un coin de campagne à Paris. On accède à ce paradis perdu au fond d'une cour par un perron de trois marches ombragé d'un lierre qui monte jusqu'aux fenêtres du premier et unique étage. Paradis que Natalie arrachera à un antiquaire avec qui les propriétaires s'étaient déjà engagés :

« C'est Lucie [1] qui m'avait signalé que ce pavillon était à louer libre ou presque. J'ai voulu cette maison et je l'ai eue. Il faut lutter pour aimer les choses. Les meubles sont venus peu à peu, comme par enchantement. D'un trop-plein de ma sœur Laura. D'achats à l'hôtel Drouot de ma mère qui, emballée par le sofa sur lequel j'aime à me reposer, le jugea ensuite trop fantasque et incommode. Quant aux instruments de musique sur le bahut de mon salon, j'ai, à diverses époques, joué de tout cela, depuis la mandoline à la viole d'amour et au violon. Les seuls meubles que je me souviens avoir achetés sont la table gothique à l'entrée du salon et le lustre d'albâtre de ma chambre. Le buffet de la salle à manger me paraît une laide nécessité ainsi que l'incommode table à thé. En entrant ici, on m'a dit : "Les planchers ne sont pas solides, ne dansez pas trop." Alors j'ai donné des réunions plus littéraires. Je n'aime pas les maisons qui ressemblent à des musées. Je peux vivre sans craindre les voleurs. On ne cambriole pas une atmosphère », me disait l'Amazone.

(C'était mieux qu'une atmosphère. C'était un philtre dont les subtilités conduisaient à l'ivresse. L'Amazone avec qui j'essayais de définir cette grise-

1. Delarue-Mardrus, évidemment.

rie termina la discussion par un : « Et pourtant une ivresse est bien plus difficile à partager qu'une sobriété. »)

Quand elle arrive en 1909 au 20, rue Jacob, Natalie fait tendre le salon et la salle à manger qui composent le rez-de-chaussée d'un damas rosé que les années faneront sans parvenir à atténuer sa ressemblance avec le teint d'une joue de jeune fille. Dans l'entrée, Natalie dispose un miroir à trois faces et un coffre espagnol que ferment deux sirènes de cuivre. Aux murs, elle suspend son portrait en nymphe verte par Lévy-Dhurmer et ses deux portraits par Carolus Duran, celui qu'elle aime, *Le Petit Page,* et celui qu'elle n'aime pas et qu'elle m'interdit de regarder : « J'y ai l'air d'une sole. » Une sole aux longs cheveux émergeant d'un fleuve de velours argenté. D'autres visages ornent les murs, ceux des amies de Natalie peints par sa mère. Complète cette décoration une tapisserie persane offerte par Robert de Montesquiou.

La chambre de Natalie est entièrement bleue, y compris le plafond et le lit. Au centre de la pièce, une table de marbre noir qui disparaît sous un désordre d'objets rares : épées en cristal, poisson de jade, papillons. Une peau d'ours blanc, vaste comme une steppe, ne parvient pas à dissimuler les magnifiques entrelacs du parquet. Séparées par la peau d'ours, deux chaises longues Empire, sœurs jumelles de celle sur laquelle Juliette Récamier aimait à se reposer et qui inciteront Natalie à composer son éloge de l'oisiveté : « Si tant de gens font un si mauvais usage de l'oisiveté, c'est qu'ils ne la méritent pas. » Entre deux fenêtres, l'une ouvrant sur la cour, l'autre sur le sous-bois, un secrétaire aux multiples tiroirs qui déborderont vite de lettres et de photos. Aux fenêtres, des rideaux de linon blanc où est brodée cette phrase : « Que nos rideaux fermés nous séparent du monde. »

A la chambre de Natalie succèdent une penderie, une chambre d'amie et deux cabinets de toilette.

« Ma liaison avec le 20, rue Jacob s'est transformée en un durable mariage », constatait l'Amazone.

La tradition populaire veut que les mariages sous la pluie soient des mariages heureux. Jamais union ne débuta par un tel déluge. La Seine déborde. Ses eaux montent jusqu'à la troisième marche du perron, mais n'osent pas franchir le seuil déjà rendu sacré par la présence de Natalie. Pourquoi celle qui dompte les hommes et les femmes ne séduirait-elle pas aussi les éléments ?

Parce qu'elle ne veut pas ajouter aux eaux de cette inondation ou parce qu'elle a écrit : « Les larmes, une maladie des yeux », la séductrice ne pleure pas. Elle se cloître, en ce début de 1910, au 20, rue Jacob. Voilà deux mois que Renée est morte. Deux mois que Natalie emploie à se souvenir et à se recueillir. Elle n'ouvre sa porte qu'à ses deux meilleurs amis du moment : la princesse Amande et son époux, le calife Œil, surnoms donnés aux Mardrus.

Princesse et calife réussissent à entraîner Natalie dans le monde littéraire où ils brillent et où Natalie ne tardera pas à resplendir. Elle rencontre alors Marcel Schwob, Paul Valéry et André Gide. Les admirateurs de la princesse Amande deviennent ses adorateurs, comme André Germain, « le fils du Crédit Lyonnais », c'est-à-dire le fils de celui qui, en 1863, fonda « une banque toute petite qui s'appelait le Crédit Lyonnais ». La banque a grandi et André Germain, l'un des plus riches partis de Paris, a épousé Edmée, la sœur de Lucien et de Léon Daudet. Il aurait sûrement préféré épouser Lucien, qui, de son côté, n'aurait pas dit non. Tout cela s'est terminé par un divorce, des brouilles et des haines. A écouter ces désastres conjugaux, Natalie se réjouit sans retenue de son célibat.

André Germain écrit. Dans deux de ses œuvres, *La Bourgeoisie qui brûle* et *Les Fous de 1900,* Natalie occupe une place de choix. Elle y est, inévitablement, comparée à une prêtresse, à une fée, à une sirène :

« Elle ne se contentait pas de vivre avec intensité,

de semer sous ses pas le désir. Plus capable, je crois, d'inspirer l'amour que de le ressentir. Je me penchai plus d'une fois sur ses victimes et je recueillis les gémissements de celles qui, ayant été par elle merveilleusement comblées, ne vivaient plus ensuite que dans une sorte de veuvage désolé. (...) Mais elle ne se contentait pas de vibrer, de désirer, de charmer, de conquérir et de faire souffrir. Elle tenait à avoir des doctrines, elle se voulait un philosophe de l'amour [1]. »

Cette philosophie de l'amour, de la vie et des arts — les trois sont étroitement liés pour Natalie — est exprimée dans la soixantaine de pages qui composent ses *Eparpillements*. Ce nouveau livre paraît début 1910. On y constate que Natalie possède toutes les subtilités de notre langue et excelle dans un genre typiquement français : les Pensées. Pensées qui semblent avoir été écrites aujourd'hui même. On comprendra que le grand public de 1910 ne fût pas atteint. Seuls quelques élus, les Pierre Louÿs, les Philippe Berthelot, admirèrent et proclamèrent assez haut leur admiration pour que Natalie cesse enfin d'être la riche petite Américaine excentrique, la scandaleuse amie de Liane de Pougy et de Renée Vivien, et fasse figure de philosophe de l'amour, de la vie et des arts dans les milieux intellectuels.

Dans *Eparpillements,* Natalie livre quelques-uns de ses secrets comme : « La vie la plus belle est celle que l'on passe à se créer soi-même, non à procréer », ou : « Moi seule puis me faire rougir. » Certaines pensées, empruntées par les uns, copiées par les autres, sont quasiment tombées dans le domaine public sans que l'on s'en aperçoive. Par exemple : « Le pire chez les arrivistes, c'est qu'ils arrivent »... Il est certain qu'un Cocteau doit beaucoup à certaines phrases du genre : « N'être d'aucune mode. La mode seule se démode. » On y puise aussi, entre autres, des leçons de vie

1. *Les Fous de 1900,* par André Germain, éd. La Palatine, p. 162-163.

(« Vieillir, c'est se montrer » ; « Etre libre quand ce ne serait que pour changer sans cesse d'esclavage »), des conseils de conduite amoureuse (« Je ne limite pas l'amour à un sexe » ; « On aime d'amour ceux qu'on ne peut pas aimer autrement » ; « Aimer ce que l'on a : une façon résignée de ne jamais avoir ce que l'on aime ») et des appels à un individualisme forcené (« Serai-je ce que je cherche ? »).

Le premier de ses livres que me donna Natalie, ce fut précisément ces *Eparpillements,* accompagnés d'une dédicace qui se terminait par ce conseil que je m'efforçais de suivre : « Afin de ne plus vous éparpiller. » J'appris quelques-unes de ces maximes par cœur (« La délicatesse : cette aristocratie de la force..., comme ils doivent en manquer ceux qui la nomment impuissance ! ») et j'y recueillais des armes dont j'avais besoin. Son : « Que de bassesses pour monter », ou son : « Comment vous vouloir du mal ? N'êtes-vous pas ce que j'aurais pu vous souhaiter de pire ? » m'ont fait et continuent à me faire beaucoup d'usage.

Dès sa parution, ce livre, bref comme les livres essentiels, entreprend son cheminement souterrain, gagne d'emblée ces trois cents lecteurs privilégiés que souhaitait Stendhal et parmi lesquels il faut ranger Elisabeth de Gramont. De cette admiration spontanée — et réciproque — naîtra une amitié qui durera pendant un demi-siècle et ne se terminera qu'à la mort de celle que l'Amazone nommait « ma chère Lily ».

On connaît la phrase (un modèle du genre, en une douzaine de mots, tout est dit) de Saint-Simon pour mettre en scène la rencontre de Fénelon et de Mme Guyon dont naîtra le quiétisme : « Il la vit, leur esprit se plut l'un à l'autre, leur sublime s'amalgama. » Il en fut de même pour Natalie Clifford Barney et Elisabeth de Gramont, duchesse de Clermont-Tonnerre. Elles se virent, leur esprit se plut l'un à l'autre et leur sublime s'amalgama. Et pas seulement leur sublime : ces deux réussites humaines ont en commun une même joie de vivre, un même équilibre, le goût de tout ce qui est beau et bon, cuisine ou compagnie, littérature ou musique. Oui, deux réussites humaines, deux parfaits produits d'extrême civilisation :

« Les êtres civilisés sont ceux qui savent tirer davantage de la vie que les autres, ce que les non-civilisés ne peuvent et ne veulent pardonner », dit la « chère Lily » à Natalie qui approuve.

Fille du duc de Gramont et de la princesse de Beauvau-Craon, Elisabeth est née en 1875. (Elle a donc un an de plus que Natalie.) Elle compte parmi ses ancêtres une maîtresse d'Henri IV, la belle Corisande, et le comte d'Orsay, le fameux dandy. « Effroyablement gâtée » par sa grand-mère Gramont, qui fut l'amie d'Elisabeth d'Autriche, la légendaire Sissi, « Lily » n'apprend à lire qu'à sept ans. Elle rattrape vite le temps perdu, est atteinte d'une boulimie de lecture, ce qui, dans sa jeunesse, suffit à la classer parmi les originales, puisque, selon M. Doumic, « une femme qui lit un roman jusqu'au bout n'est déjà plus tout à fait une honnête femme ».

Elisabeth de Gramont épouse en 1896 Philibert, duc de Clermont-Tonnerre, dont elle divorcera en 1920. De cette union naîtront deux filles, Diane et Béatrix.

Dans ses Mémoires [1], Elisabeth se présente à l'époque de sa rencontre avec Natalie comme « une jeune femme avide de connaissances ». Connaissances qui sont déjà immenses. Cette vivante encyclopédie a un teint de rose et des yeux bleus à reflets verts — « tes yeux couleur d'huître », disent ses frères. Elle est souverainement myope et se sert d'un face-à-main. Bref, la duchesse ressemble à un modèle de Gainsborough, mais emporte dans son sac les poèmes de

---

1. Mémoires en quatre volumes : *Au temps des équipages, Les Marronniers en fleurs, Clair de lune et taxi-auto* et *La Treizième Heure* (Grasset, éd.). Réunis en un seul volume sous le titre : *Souvenirs du monde.*

Mallarmé dont elle est fanatique. Comme Natalie, Elisabeth aime les robes blanches, les êtres, sans distinction de race, de fortune ou de naissance, et les fêtes, qu'elle prodigue sans compter dans sa vaste demeure de la rue Raynouard dont les jardins descendent jusqu'à la Seine. Elle y reçoit les grands de ce monde avec qui elle est amie ou apparentée et les grands écrivains du moment, de Maurice Barrès à Anatole France. C'est chez ce dernier qu'elle rencontre Rappoport, un homme politique qui « entraîna la duchesse à croire que le communisme donnerait l'exemple d'un monde meilleur ». Croyance que blâme fortement Natalie. Mais pour le moment, Elisabeth préfère la musique au communisme. Elle a commandé à Honneger un ballet sur un argument de Robert de Montesquiou, *Rose de métal*. Enfin, Elisabeth de Gramont est citée comme un exemple de diplomatie mondaine. N'est-elle pas parvenue à éviter de prendre parti dans les querelles qui, périodiquement, opposent Robert de Montesquiou à Marcel Proust, réussissant à garder l'amitié de l'un et de l'autre ?

(Certains de ses contemporains prétendent que les mots à l'emporte-pièce de la duchesse de Guermantes sont du « pur style Lily » et doivent plus à l'esprit de la duchesse de Clermont-Tonnerre qu'à Mme Greffulhe...)

En 1910, Natalie fait son entrée chez Elisabeth de Gramont, considérée alors comme « le comble du gratin ». Et c'est en cette même année que Liane de Pougy, à son tour, quitte le demi-monde pour le monde en épousant le prince Georges Ghika.

« C'est un être doux et bon, en dehors, au-dessus des besoins matériels, qui ne veut que ce qui reste de bon en moi et qui veut me guérir du reste. Il m'a promis de m'effleurer seulement, de ne jamais me prendre », annonce-t-elle à Natalie dans une lettre qui continue sur le même ton :

Ma Natty, depuis que j'ai rencontré la vraie bonté,

je me sens très bonne. Ma Natty, ma sœur, les temps changent et ça ne sera plus mon sein que tu embrasseras mais mon cœur. Oui, je serai ton amie, ton amie indulgente et douce qui tolère, et toi aussi, tu toléreras.

Nous meublerons nos esprits de jolies choses d'ici, de là, tu iras en avant. Il faut toujours qu'une aille devant, et moi, je te suivrai parce que je veux te suivre.

« Ne cède pas à la volupté que lorsque tu consens à être inférieur à toi-même. » Ces mots de Pythagore sont gravés en mon cerveau. Il ne faut plus. Il ne faut plus. Je veux vivre pure. Je veux, vois-tu, changer ma chambre Louis XV que je me reproche. Tes mots au sujet des bibelots d'inanité sonore[1] *ont été l'écho de mes propres pensées là-dessus. Je ne veux plus de ces guirlandes, de ces roses, de ces courbes, de ce grand lit aux souvenirs odieux. Je ferai un parquet de pierre, des murs froids, grecs, unis, deux ou trois inscriptions dessus, des paroles silencieuses que j'entendrai au plus profond de moi.*

La fenêtre sera haute et large, et ce sera toute la tranquillité d'un cœur tranquille, d'une âme en paix pour le repos des nuits. La fenêtre laissera pénétrer les moonbeam[2]*. Le rideau sera en velours de lin, et le lit Louis XV comme un autel des religions païennes sera vendu. Vendu comme les corps qui se tenaient dedans. Il contient des morts vivants et des vivants plus morts que les morts. Il avait été fait pour cela. Quelle horreur, ma Natty, quelle horreur.*

L'amitié n'a rien de charnel, rien de bestial. L'amitié est la pureté de la pureté, l'âme de l'âme, l'essence des sentiments. Notre amitié sera précieuse et douce et bienfaisante. Ce sera tes cheveux, ma Natty, la fraîcheur de ta source, l'ombre apaisante des clartés

---

1. On reconnaît déjà ici l'influence littéraire de la duchesse de Clermont-Tonnerre. Fanatique de Mallarmé, la duchesse y a converti Natalie qui, à son tour, a dû citer à Liane l'un de ses plus fameux vers : « Aboli bibelot d'inanité sonore. »
2. Les rayons de lune. On se souvient que Liane, au temps de l'*Idylle saphique*, appelait Natalie « Moonbeam ».

violentes. Nous y trouverons tout, nous nous tiendrons par les mains.

P.-S. Je relis ma lettre et je rougis de honte en songeant à la triste vérité de toute cette histoire de lit.

Le mariage de Liane de Pougy avec le prince Georges Ghika tourne à l'événement. *La Vie parisienne,* dans son numéro du 18 juin 1910, annonce :

« La voici princesse. Et ce sera une charmante princesse fort élégante et jolie. Son mariage a été très réussi. Il y eut beaucoup de convives curieux, beaucoup de photographes et une négresse. Le succès fut donc complet. »

Renchérit *Fantasio* dans un article que l'Amazone avait gardé :

« On assure que pendant que nous attendions la fin du monde par voie de comète [1], Mlle Liane de Pougy épousait le jeune prince Georges Ghika. Et c'est là, en une certaine mesure, la fin du demi-monde. Il est en effet certain qu'en adhérant au pacte conjugal, en entrant dans la catégorie des épouses légitimes, Mlle Liane de Pougy se déclasse définitivement. Elle ôte à la délicieuse galerie des grandes courtisanes celle qui en fut en nos temps moroses la plus splendide parure. Aspasie et Laïs, Marion Delorme, Ninon, Manon Lescaut, Cora Pearl et Anna Deslions avaient en Liane une continuatrice aussi belle qu'aucune d'elles ne le fut jamais. Elle maintenait — je n'ose dire le drapeau — mais la bannière des illustres hétaïres et des somptueuses marchandes d'oubli. Elle était une grande figure, la haute personnification d'un idéal éternel. Car si elles sont maudites par les bourgeois et honnies par les professeurs, les grandes courtisanes ont pour elles les poètes et les artistes, ceux qui donnent l'immortalité. Elles sont parfois féroces, parfois avides, il en fut même de grossières, de sanguinaires, d'odieuses. Et

---

1. La comète de Halley, dont l'apparition, cette année-là, s'accompagna des pires prédictions.

Mlle Liane de Pougy renonce à tout cela. Elle donne sa démission de déesse. Elle se perd dans la foule. Elle aborde au mariage comme un beau vaisseau qui vient de courir les mers enchantées et qui, laissant tomber ses belles voilures, rentre au port commercial, se résigne aux bassins poussiéreux, fermés d'écluses, barrés de chaînes, entourés de fonctionnaires. Quelle déchéance ! »

Ce n'était pas l'avis de l'Amazone qui, en relisant cet article, murmura :

« Quel beau commencement pour Liane-ah-ma-Liane ! »

En guise de cadeau de noce, Natalie offre son livre *Je me souviens,* qui contient, on se le rappelle, le récit de ses amours avec Renée Vivien et dont Renée avait lu le manuscrit à Bayreuth. Aux veilles de partir en voyage en Algérie, Liane remercie Natalie :

Merci, jolie Natty, de ce Je me souviens *qui m'a charmée. Cendres et poussières* [1] *chatoyantes et qui réchauffent lorsque vient l'hiver* [2].

Je ne me souviens de rien... que de mes rêves et des contes de fées que les rayons de lune éclairent. Et tu as été à la fois la petite fée merveilleuse et le pâle rayon magique. Et de toi, je me souviens.

Celui qui m'a fait tout oublier aime tes livres. Il voudrait te connaître, mais nous partons en Algérie, et à notre retour, seras-tu en état de répondre à notre désir par le même désir ?

Le mariage de celle à qui elle écrivait : « Liane, tu es la volupté même » porte Natalie à jeter un bref regard sur les dix années qui ont passé. Une seule des passions éveillées en ces dix ans aurait suffi à combler n'importe qui. Natalie a possédé ce qu'il y avait de mieux, une reine du demi-monde et une reine de la

1. Allusion à un recueil de Renée Vivien, *Cendres et poussières.*
2. Hiver très relatif : Liane atteint la quarantaine.

poésie. Mais Natalie n'est pas n'importe qui : elle est fermement décidée à continuer et à mettre en pratique ces deux vers dont elle ignorait l'auteur et qu'elle me citait avec un air de plénitude gourmande :

Le cœur n'est jamais vide : un amour effacé
Par un nouvel amour est toujours remplacé.

En juin 1910, à peine éteintes les clameurs qui ont salué le mariage de Liane-ah-ma-Liane, Natalie commence la plus importante entreprise de séduction de sa vie, la conquête du monarque qui règne sur le Paris intellectuel : Remy de Gourmont.

8

REMY 1912

« Miss Natalie Clifford Barney, sur Remy de Gourmont, eut un pouvoir presque hypnotique, pour ne pas dire surnaturel. »

Maurice MARTIN DU GARD
(Les Mémorables)

« ... Mlle Barney, aiguë dans sa beauté et dans les jeux de ses caprices et de son esprit, connut Remy de Gourmont ; assez originale pour le réveiller dans sa paradoxale composition, et lui donner une sorte d'extase ultime. »

André ROUVEYRE
(Souvenirs de mon commerce)

Je comprends enfin pourquoi Natalie me décon-
seillait la lecture des *Lettres intimes à l'Amazone,* de
Remy de Gourmont :

« Limitez-vous aux *Lettres à l'Amazone.* Ces
Lettres intimes ne peuvent guère vous intéresser.
Gourmont ne m'y parle que de ses rhumes. C'est
l'ennui de ces sortes de correspondances qui consis-
tent en une énumération de malaises ou de contretemps... »

Il n'était pas question pour moi de désobéir à cette
chère Amazone. Je n'ai pas lu alors ces *Lettres
intimes* dans lesquelles Gourmont ne parle pas seulement de ses rhumes, mais de son cœur réduit à néant.
Et même ce néant continue à appeler et à s'appeler
Natalie. Insupportable lecture que je viens de faire
maintenant. On aime, on espère, on souffre avec
Gourmont. Ce sont les « Lettres du Religieux portu-
gais », les déclarations d'un homme perclus et quin-
quagénaire à une Juliette inaccessible sur son balcon
de Gomorrhe. Et à l'impossibilité d'aimer ce Roméo,
Natalie ajoutera d'inconscientes coquetteries dignes
d'une autre Juliette, la Récamier.

Gourmont n'ignore pas la réputation de Natalie.
Malgré cela, il aime. Ou aime-t-il précisément parce
qu'il sait que cet amour ne connaîtra jamais d'accomplissement ? Rien ne sera simple dans les sentiments qui uniront Remy de Gourmont et son
Amazone. Virile d'esprit et féminine de corps, Natalie a tout pour séduire cet homme qui n'a pas réussi
à rencontrer la beauté et l'intelligence en une seule

personne. Avec Natalie, il est comblé, et dès le premier moment, perdu.

En 1910, après *Je me souviens* et *Eparpillements,* Natalie publie un recueil de poèmes, *Actes et entractes,* qu'elle présente ainsi :

« Encore une "œuvre de jeunesse" ; mais réservez votre blâme, car il est probable que je ferai des œuvres de jeunesse toute ma vie. »

Natalie envoie ce recueil à Remy de Gourmont qui, le 6 avril 1910, répond :

Je me suis attardé aux entractes qui ne m'ont pas encore laissé entendre les actes, et j'y ai pris beaucoup de plaisir, pas du tout profane.

Encouragée par cet accueil, Natalie fait parvenir à Gourmont ses *Eparpillements* dont il salue, le 23 juin 1910, « l'esprit délicat et hautain ». Elle s'en réjouit. Le « pape de Lesbos »[1] admire le pape des Lettres. L'admiration est réciproque, tout est donc pour le mieux. Mais l'insatiable Natalie souhaite alors connaître l'écrivain. Ce n'est pas facile. Remy de Gourmont ne reçoit plus que quelques rares intimes comme Apollinaire et André Rouveyre. Les raisons de cette retraite ? Le dégoût de toutes choses, un léger bégaiement qui rend sa conversation malaisée et surtout une sorte de lupus tuberculeux qui a ravagé vers 1891 son visage. Son ami Léautaud trouve qu'il a « l'air d'un gnome et d'un vieillard », et son amie Rachilde, dans ses *Portraits d'hommes*[2], le montre « les yeux bleus, d'un azur fané, des cheveux plats, un peu collés sur sa tête, imitant certaine coiffure de séminariste ». Il n'a pas toujours été ce gnome, ce vieillard, ce séminariste. Il a été jeune, il a été beau, il a valsé. Il a connu assez tardivement l'amour à l'âge de vingt-huit ans, en 1886 et en la personne de Berthe

1. Le mot est de François Mauriac après un déjeuner avec Natalie Barney.
2. Mercure de France, p. 188.

142

de Courrière. Cet ancien modèle, passionnée de littérature et d'occultisme, inspire à Gourmont, pour qui passion et correspondance vont de pair, ses *Lettres à Sixtine*.

Ce « moine de la pensée » vêtu de bure se terre maintenant dans son « grenier » de la rue des Saints-Pères en compagnie d'un chat et d'une multitude de livres. Ce Normand épris de sa Normandie a volontairement limité son univers aux bouquinistes du quai Voltaire, au *café de Flore, Aux Deux Magots* et aux bureaux de la revue *Le Mercure de France* dont il est l'un des fondateurs. Journaliste, critique, romancier, poète, essayiste, philosophe, Gourmont fait autorité sur les auteurs de son temps qui, à l'exemple d'un Henri de Régnier, reconnaissent sa suprématie et clament : « Il est notre Montaigne, il est notre Sainte-Beuve, il est notre Gourmont. » Il est une proie idéale pour Natalie. A cet homme de pensées, elle *veut* apporter la vie et mieux que la vie : une résurrection. Elle piaffe d'impatience et force leur ami commun, l'éditeur Edouard Champion, à s'entremettre. Remy de Gourmont consent enfin à recevoir sa proche voisine. (Entre le 20 de la rue Jacob et le 71 de la rue des Saints-Pères, il y a exactement trois cents pas et dix minutes de trajet. J'ai compté.)

Remy de Gourmont et sa future amazone se rencontrent au début de l'été 1910. Ils échangent ensuite quelques lettres, des cartes postales. En août, étape décisive dans cette entreprise de séduction, Natalie ose ce que personne à Paris n'aurait l'audace de risquer : elle enlève Gourmont à l'emprise de ses livres et de son quartier. Elle arrache l'ermite à sa retraite pour une promenade nocturne au bois de Boulogne, en automobile. Gourmont en revient conquis, grisé, ébloui. Ils ont à peine échangé quelques mots et se sont contentés de contempler les reflets de la lune sur les lacs.

En octobre, nouvelle hardiesse de Natalie : elle envoie à Gourmont des cadeaux, une corbeille indienne, du papier Japon, un coffret en jonc et des fleurs. Même aujourd'hui, il est rare qu'une femme envoie des bouquets à un homme. Alors, en 1910 ! On jase. Natalie et Remy s'en moquent.

Le 28 octobre, Remy de Gourmont ose signer une lettre « votre ami, très ami » et avouer son impatience : il compte les jours jusqu'à dimanche puisque c'est le dimanche, en fin d'après-midi, que Natalie grimpe jusqu'au grenier de la rue des Saints-Pères tapissé de livres et de tentures. Ils ont déjà leurs habitudes. Quand elle arrive, Remy saisit Natalie aux poignets comme s'il l'arrachait à un péril extrême, et quand elle s'en va, Gourmont reste sur le palier à veiller sur la descente de son amie. « Je n'ai jamais vu sa porte se refermer. » Entre cette arrivée et ce départ, ils se sont livrés aux délices des idées échangées à même hauteur et aux simples plaisirs de l'amitié. Gourmont oublie son bégaiement et s'amuse à apprendre à Natalie le refrain d'une chanson populaire :

Tu fais le vent
Tu fais la pluie
Dans les plis de ta mante,
Et tu fais le soleil aussi.

Natalie est devenue son soleil. Le 5 décembre 1910, Remy de Gourmont écrit pour la première fois ce « Je vous aime » qui abondera ensuite à chaque page des *Lettres intimes* :

Votre présence est une douceur dont je reste imprégné tous les jours qui suivent et qui en changent de couleur. Vous me ferez peut-être retrouver à la vie un intérêt que je n'ai plus : si c'est possible cela viendra de vous parce que vous êtes ma véritable amie et que je vous aime.

C'est fait, c'est dit, c'est acquis, et l'un des plus grands esprits de son temps va se conduire comme un

144

très jeune ingénu qui cède aux manies des amoureux. Il invente pour sa bien-aimée un nom que lui seul connaîtra : Natalie sera Natalis.

Et quand il vient au 20, rue Jacob et qu'il voit *Le Petit Page* de Carolus Duran, il improvise ce quatrain :

> *Natalis était déjà page,*
> *Natalis était déjà femme.*
> *Il est resté page et femme,*
> *Elle est restée femme et page.*

Pour Noël, Gourmont reçoit un petit arbre et une brassée de roses. Il ne sait comment remercier pour cette « féerie ». A la fin de l'année, il s'enhardit a exprimer ce souhait : « Jouer avec vos divines mains. » Natalie y consentira... plus tard.

Le 1er janvier 1911, Gourmont s'éveille en pensant à Natalis et en s'émerveillant de ce miracle qui a transformé son être et son existence. En six mois, Natalie s'est changée en « divine amie », « présent du ciel » et « joie de mon triste cœur ». La victoire de la séductrice est complète. Gourmont n'aime plus, il adore. Il s'en inquiète :

« N'aimez-vous pas que je vous adore ? »

Oui, bien sûr, Natalie aime qu'on l'adore. Elle en a l'habitude. Mais cette adoration ne doit pas interrompre sa chasse perpétuelle ni gêner ses conquêtes. Or, Natalie a loué à Fontainebleau une petite maison, une « folie » comme celles que possédaient les aristocrates, au XVIIe siècle, et qui abrite le même genre de folies, des femmes et des chevaux. Les femmes, les chevaux et d'autres plaisirs prennent tout le temps de Natalie, ce qui provoque ce cri de Gourmont :

« Arrachez-vous aux délices de Fontainebleau. »

Natalie réussit à sauvegarder ses fins de dimanche après midi. C'est alors un bref paradis pour Gourmont qui peut captiver entièrement l'esprit de sa

Natalis et s'emparer de ses mains, « blanches hosties qui donnez au croyant votre mystérieux réconfort ».

Natalie fait un voyage à Londres. Gourmont lit des ouvrages sur Londres pour y suivre, par la pensée, son amie. Pour occuper cette absence, il court les graveurs pour en trouver un qui soit digne d'exécuter le cachet qu'il veut offrir à son Insaisissable : d'or au masque de sable. Il prie Apollinaire de parler « comme il convient » dans *L'Intransigeant* d'une exposition de peintures d'Alice Pike Barney. Apollinaire s'exécute et reçoit en remerciement une invitation pour une fête, 20, rue Jacob. Il ne peut pas s'y rendre et s'en excuse par un poème [1] :

> *Ainsi, pardonnez-moi, Madame,*
> *Et que, respectueusement,*
> *Je baise cette main de femme*
> *Qui des lignes sait le tourment*
> *Et des couleurs a trouvé l'âme.*

Natalie, qui ne manque pas une seule des fêtes, nombreuses alors à Paris, en donne aussi, avec son sous-bois et son temple de l'Amitié pour décor. En juillet 1911, costumée en chasseur de lucioles japonais, elle offrira à ses amis un « bal paré et masqué ».

Le plus austère des Parisiens, Gourmont, accoutumé à ne se préoccuper que de poésie latine du Moyen Age ou de culture des idées, devra penser à son costume. Il est perdu, éperdu, tellement que Natalis décide de résoudre elle-même ce problème vestimentaire. Elle revêt Gourmont de sa gandoura préférée et, avec l'un de ses bas en soie verte, elle enturbanne la tête de son ami. On imagine le geste, la brusque intimité, l'émoi qui y succède, la griserie de Gourmont que Natalie ne quittera que deux fois durant la soirée. Une fois pour remercier les acteurs qui ont interprété *Le Ton de Paris* du duc de Lauzun

---

1. Publié intégralement dans *Le Figaro littéraire* du 12 août 1965.

et une autre pour féliciter Wanda Landowska qui a joué du Couperin au clavecin.

Un masque dissimulant son affreux lupus, Gourmont peut, pendant cette mémorable fête, croire qu'il est semblable aux autres hommes et, de plus, aimé de Natalie. Bénie soit l'Amazone pour cette illusion d'une nuit !

A peine est-il remis de son extase que Natalie, toujours désireuse de fuir la routine, décide, en cet été 1911, que les chemins d'eau sont plus agréables que les chemins de terre. Elle veut remonter la Seine en bateau. Qui est chargé de la recherche du bateau ? Remy de Gourmont. Flatté que la sirène puisse le croire doté de telles compétences maritimes, Gourmont se met en quatre, écrit au Havre, apprend que l'on ne trouve pas de remorqueur à moins de cent francs et devient savant sur le mouvement des marées et le fonctionnement des moteurs à pétrole. Mais cette navigation sur la Seine, est-ce bien prudent ? Gourmont meurt d'inquiétude à la pensée d'un possible naufrage. Alors, pour partager ces dangers avec celle qu'il aime, l'ermite-que-rien-ne-pouvait-arracher-à-ses-livres consent à passer quelques jours sur le bateau. Jours de félicité absolue, « petite éternité » employée à écouter Natalie et à la regarder boire, manger, sourire et s'endormir dans un hamac. Il place Natalie « au-dessus de tout ». La voilà une fois de plus installée sur un piédestal. Rude épreuve pour une séductrice qui aime galoper...

Pendant ce voyage, on s'arrête à Saint-Wandrille pour y visiter l'illustre Maeterlinck qui ose chuchoter à l'oreille irritable de Natalie :

« Gourmont, c'est une bouteille à encre. »

L'Amazone sort immédiatement une flèche de son carquois et vise juste :

« Maeterlinck, c'est un mystique à motocyclette », réplique-t-elle.

Gourmont revient dans un Paris estival déserté par sa Natalis. Il en tombe physiquement malade. Seules le soutiennent en cette épreuve les lettres de la

« Divine » dont il déchiffre, avec une avidité méritoire les sinuosités végétales. Purs hiéroglyphes qui semblaient suivre les moindres méandres de la pensée de cette Cléopâtre américaine.

En cette absence, Gourmont se livre aux amours imaginaires, avec tout ce que cela peut comporter d'excès et d'abandon total : « Moi, je ne veux que vous aimer et vous servir. » On a parfois prétendu que la liaison de Gourmont et de son amazone n'a pas été aussi chaste que les deux intéressés le laissaient croire. Quand, au hasard de nos conversations, j'osais interroger l'Amazone là-dessus, elle me répondait par un net, un cruel : « Je n'ai jamais cédé. Quand on veut rendre fou quelqu'un, il ne faut pas céder. »

Natalie n'aura donné à Gourmont que le rare usage de ses mains, et encore :

« Ah ! ne me retirez pas vos mains, que seules j'ose vouloir ! Le charme particulier de notre amitié, c'est qu'elle a un secret ; et ce secret, nos mains seules le connaissent. Souvenez-vous, amie, que ce sont les miennes qui ont obéi aux vôtres », implore-t-il.

« Pauvre Gourmont. Il n'a pas su à quel point j'étais amazone », ne manquait pas de préciser Natalie quand nous parlions de son adorateur. Elle manifestait pour ce « pauvre Gourmont » la tendresse un peu dédaigneuse que toute séductrice nourrit pour celui qu'elle a réussi à rendre « fou d'amour ». Gourmont a certes grandement participé à l'édification de cette folie. Qu'importe ? Il se nourrit, il vit de cette passion. Il aime une Natalie qui se contente d'être aimée. Il sait qu'il a reçu la meilleure part, même si cette part recèle un poison...

A mesure que le temps passe, Natalie se dérobe et ne respecte plus les habitudes du dimanche après midi. Elle invoque des malaises, des impossibilités. Elle envoie à sa place des fleurs, des livres, des gâteaux. Gourmont ne supporte pas ces dérobades. Il en tombe malade. Natalie accourt. Il guérit. C'est un miracle de celle qu'il nomme évidemment « sainte

148

Natalie ». Cette sanctification accomplie, il va faire mieux. Il va en faire son Amazone, son Immortelle.

Quand elle revient du Bois, où elle s'est livrée aux plaisirs de l'équitation, Natalie, vêtue de son costume d'amazone et coiffée d'un « petit chapeau sans bord », s'arrête parfois chez Gourmont. Le bonheur de la surprise épuisé, Gourmont loue le costume, le petit chapeau et celle qui les porte. Puis Natalie se met à questionner. Gourmont répond. Et tous deux parlent, parlent, raffinant à l'infini la métaphysique de leurs sentiments. Quand Natalie est partie, Gourmont continue la conversation. C'est l'origine de ses *Lettres à l'Amazone* [1] qui, de janvier 1912 à octobre 1913, paraîtront en livraison mensuelle dans *Le Mercure de France*.

Dans ses *Lettres* qui passionnent l'Europe intellectuelle, Gourmont traite « de tout et même de rien », c'est-à-dire de l'amour, du mysticisme, de la sensation, de l'ennui, de l'oubli, de l'exaltation, de la nature et autres thèmes avec des trouvailles, des subtilités qui éclatent à chaque page. A chaque page aussi, Natalis est présente. Gourmont n'écrit que pour son Amazone et s'irrite devant les femmes qui, de plus en plus nombreuses, essaient de passer pour telle. A ce nombre croissant, on mesurera le succès des *Lettres* ! Natalie, à son tour, prend au sérieux son rôle d'inspiratrice. Elle suggère à son ami des thèmes qu'il pourrait traiter. Trop heureux de plaire à la séductrice, Gourmont obéit. Récompense suprême, il regarde son Amazone en train de lire les *Lettres* sur épreuves et peut, à son aise, contempler « le cher profil ».

Mon ami,

Je suis un peu courbaturée d'être montée trop à cheval et trop dansé... J'ai également promis à une

---

1. Ces *Lettres à l'Amazone* suivies de *Lettres intimes à l'Amazone* ont enfin été réunies en un seul volume par le Mercure de France en 1988 (npe 1992).

amie avec bronchite de remplacer la visite qu'elle devait faire chez moi par une chez elle. Voulez-vous venir jusque-là avec moi ? Cela nous donnera le temps d'une petite promenade où je lirai la quatrième Lettre. Venez avec l'auto maintenant si vous le pouvez et nous aurons une petite heure à nous au Bois. Venez vers votre amie, écrit Natalie à Gourmont qui abandonne tout pour accourir vers son amazone.

« Petite heure » qu'il sait magnifier en « petite éternité ».

Cette quatrième lettre, sur Verlaine et Rimbaud, qui porte le titre « Chasteté » a été justement écrite à la demande de Natalis. Comme elle a dû en aimer certaines phrases : « La chasteté en amour n'est qu'une espèce d'avarice, une sorte d'égoïsme », ou : « Mais que d'aberrations dans nos prétendues normes. »

Pendant cette « petite heure », l'union entre ces deux esprits est parfaite. Ils sont frères de pensée. Et quand Gourmont écrit : « Il faut tuer beaucoup d'amours pour arriver à l'amour », ou : « L'espoir est un grand embarras », on croit entendre Natalie et ses applaudissements.

« L'ours à écrire », comme il se nomme, délaisse parfois les sommets pour se livrer à de publics aveux plus personnels :

J'aime la volonté de vie, l'appétit de bonheur qu'il y a en vous Amazone. On peut vous faire souffrir on ne détruira pas cet élan qui vous entraîne vers la beauté et vers l'amour. Comme tous les êtres nés pour dominer et en plier d'autres à leur joug vous ne cédez pas devant la déception, qui ne vous accable qu'un moment et votre cœur païen de guerrière s'en trouve renouvelé.

Gourmont célèbre tout en Natalie, même son « merveilleux égoïsme amazonien ». Il en profite, au passage, pour se réjouir de la tendresse qu'il ressent et qui ne ressemble à nulle autre. En janvier 1912,

Natalie s'en va dans le Midi. Elle permet à Gourmont de l'accompagner jusqu'à la gare et l'en avertit par ce billet :

Mon ami,

Le Midi étant venu à moi j'ai retardé jusqu'à dimanche mon départ... Et j'irai vous chercher ce jour vers six heures pour que vous me meniez — puisque tel est votre désir — à la gare. Voyez en attendant quelques guides sur Toulon (la ville la plus proche de la ville où j'habiterai à Agay) et vous conseillerez mon énergie prudente de ce qu'elle doit entreprendre et négliger.

Votre loyale

Natalie.

Le reclus [1] guide, conseille, accompagne. Et quelle récompense ne reçoit-il pas de ses soins ! En partant, la « Loyale » abandonne *exprès* son manchon à Gourmont qui en reste hébété de bonheur sur le quai de la gare. Evidemment, les mains, les chères mains de Natalis manquent, mais un manchon, c'est mieux que rien pour occuper une insupportable absence.

Du Midi, Natalie envoie à son ami des colis de roses. Comme il aime ces bouquets ! Il a l'illusion que son idole est là, dans son grenier, car c'est son parfum. Des pieds à la tête, en effet, Natalie se frictionne avec un alcool de toilette à la rose de Perse, « Ouira », acheté chez Roberts, un pharmacien de la rue de la Paix. (A la fin de sa vie et sur l'intervention de son dernier amour, Natalie sera infidèle à « Ouira » dont elle n'usera plus que pour ses mains. Elle se parfumera alors avec « Fleurs de rocaille ».)

A son retour, Natalie offre à Gourmont une lampe. Ô joie, il ne sera plus éclairé par la « fée Electricité », mais par la « fée Natalie ».

---

1. C'est l'épithète que lui applique André Rouveyre dans son livre sur Gourmont et Gide, *Le Reclus et le retors*. Le retors étant évidemment Gide.

151

Natalie repart. Cette amazone de trente-six ans ne tient pas en place, toujours sur les routes en quête de nouveautés. Et le 15 juillet 1912, c'est l'accident d'automobile dont se font l'écho les journaux de Paris et de Lyon (l'accident s'est produit près de Bourg). Le 16 juillet, on annonce que l'état de miss Barney s'est amélioré, et, le 17, un journaliste rend compte de sa visite aux belles contusionnées :

« Je suis allé ce matin à l'hôtel de France prendre des nouvelles de l'accident d'automobile. Ces blessées sont des Anglo-Saxonnes habitant Paris et appartenant à la haute société. Outre miss Barney, il y a miss Yardley et Mrs. Jac-Marney.

« Cette nuit, la duchesse de Clermont-Tonnerre, amie intime de ces dames, est arrivée à l'hôtel de France auprès des blessées dont l'état est stationnaire. Le corps du malheureux chauffeur a été emmené à Paris. »

Si à l'inquiétude on mesure l'amour, on peut imaginer dans quel enfer se débat Gourmont. Si le chauffeur est mort, est-ce que sa Natalis est encore vraiment en vie ? Déjà, en cette même année, lors du naufrage du *Titanic,* il avait passé une nuit blanche en imaginant que son idole trop voyageuse aurait pu être sur ce bateau... Gourmont ne dort plus, ne mange plus, ne boit plus et respire à peine. Il reçoit enfin un télégramme de Natalie à qui il écrit aussitôt :

Mercredi, 3 heures.
Amie, un mot pour faire suite à mon télégramme. Hier, la première chose que je trouve, la première ! en ouvrant un journal, c'est l'affreuse nouvelle. Je ne puis vous dire la journée et la nuit que j'ai passées. Enfin, votre dépêche me rassure. Je ne puis pas écrire. Je tremble de joie et d'angoisse encore. J'ai envie de pleurer. Si troublé que je ne puis en dire plus long. Mais je veux que vous ayez cette lettre demain.
Jeudi, 8 heures.
Il m'a été impossible de continuer hier, tant mon agitation était extrême. Maintenant je me sens un peu

plus maître de mes nerfs. Le récit des journaux m'avait fait craindre tout. Une dépêche de vous devait donc me calmer... mais il s'en faut que toute inquiétude ait disparu. Comment vous sentez-vous ? Où souffrez-vous ? Ah ! mon amie, c'est à ces moments-là qu'on sent le degré de son affection. Pendant vingt heures, je n'ai pensé qu'à cette voiture brisée que j'imaginais sans cesse sous les yeux, à ma Natalis roulant parmi les débris. Vraiment j'ai beaucoup souffert aussi. Comment va Jacqueline. Quelle était la troisième personne ? Et ce pauvre Achille ! Enfin, quoi qu'il soit advenu, vous m'êtes conservée. Je n'ose vous demander encore qu'un mot par le télégraphe, mais dès que vous pourrez écrire, quel bien me fera la vue de votre écriture.

« Enfin, quoi qu'il soit advenu, vous m'êtes conservée. » Que le monde entier périsse, pourvu que soit épargnée Natalis ! Gourmont n'est pas la seule « victime » de l'accident de son amazone. Liane, qui est en Algérie avec son mari le prince Ghika, s'alarme :

Je lis — et avec combien de peine — la brutalité de ton accident, ma chère Natty, ma petite Flossie.

Je t'en prie, donne-moi des nouvelles de tout ce qui est toi, *de tout ce qui a pu souffrir en toi... Ceci te parviendra tardivement car je vis loin, maintenant, dans ce merveilleux pays où tu devrais venir un jour si tu as besoin de chaleur, de soleil,* d'autres choses !

Le parfum des asphodèles est là... et toute une nature dorée qui embaume et vivifie... C'est si bon de vivre simplement pour vivre, respirer, regarder, et se recueillir.

Chérie, dis-moi que tu n'as pas eu trop de mal, que déjà tu vas mieux et que tu seras prudente désormais avec ces aveugles machines.

Je t'envoie mon anxieuse émotion comme un baiser, comme un souvenir, comme un écho lointain.

Sans le savoir, Liane de Pougy et Remy de Gourmont, la courtisane et le penseur impénitent, communient dans le même culte de « sainte Natalie »...

Rassuré, Gourmont peut achever sa treizième *Lettre à l'Amazone,* intitulée « Mécanismes », et la conclure par cette phrase : « Une Amazone blessée est toujours une Amazone. »

En 1913, les absences de Natalie se multiplient et Gourmont en tombe à nouveau malade « à force d'énervement ». Il a des hallucinations et croit apercevoir son Adorée « dans une voiture à deux chevaux ». Ce n'est pas elle, hélas ! et il regagne tristement son grenier et ses livres.

Peu après cette vision, Gourmont consent à recevoir la princesse Bibesco et la duchesse de Clermont-Tonnerre en compagnie de Natalie à une condition : cela ne comptera pas pour une visite. Natalie promet que cela ne comptera pas pour... une visite de Natalie. Atroce et pitoyable comptabilité. Et le nombre de fois où il attend dans son grenier ou dans le sous-bois de la rue Jacob une Natalie qui ne vient pas, où il espère, vainement, « les miettes de vos visites » comme le pauvre de l'Evangile attendait les miettes de pain du festin des riches !

« Pauvre Gourmont ! » Il est de plus en plus malade. Il suit un régime :

C'est ma seule chance de salut et je ne veux pas la perdre. Je ne tiens pas beaucoup à la vie, mais je tiens beaucoup à vous qui en êtes le soleil. Mon amie, je vous vois comme mon dernier bonheur et la récompense de toute ma vie. Vous en êtes le principe et votre existence seule me la ferait supporter. Tout ce que vous me donnerez par surcroît est une pure bénédiction devant laquelle je me mets à genoux.

A ses amis qui s'inquiètent des effets de cet esclavage sentimental, Gourmont réplique hautement qu'il n'est pas à plaindre puisqu'il aime. Il ne demande plus rien à l'Amazone, sauf une chose :

Suivez votre destinée où elle vous requiert, mais que ce soit sans m'oublier et sans douter de moi.

Même si elle le voulait, Natalie ne pourrait plus oublier Gourmont. Elle est prise au piège de la célébrité. Elle est pour tous et sera pour toujours *l'amazone-de-Remy-de-Gourmont*. Anatole France s'incline devant cette renommée et dit :

« Amazone, je baise vos mains avec une terreur sacrée. »

Renommée qui inquiète Alice Pike Barney. Elle interroge Natalie :

« Dites-moi, ma chère enfant, comment avez-vous fait, depuis vos relations avec ce vieux monsieur, pour qu'on parle ainsi de vous dans toute l'Europe [1] ? »

Gourmont avait vu juste quand il prophétisait à son amie :

Car vous êtes l'Amazone et vous resterez l'Amazone tant que cela ne vous ennuiera pas, et peut-être même plus tard, dans mon cœur en cendres.

A rapprocher du serment de Renée Vivien : « La poussière que je serai dans le tombeau sera tienne. » Cœur en cendres et poussière du tombeau, la séductrice sait étendre sa possession au-delà de la vie. On finit par comprendre la « terreur sacrée » d'un Anatole France ! Ce qui n'empêche pas Gourmont, le 1er janvier 1914, d'assurer inlassablement à son idole :

« Vous êtes venue et vous m'avez ressuscité. »

Il renouvelle ses protestations d'entière soumission et ses : « Faites de moi ce que vous voudrez. » L'Amazone ne s'en prive pas. Cruelle ? Non. Elle suit sa nature qui la porte vers les belles jeunes femmes et non vers les hommes, et surtout pas les hommes qui ont l'air de vieillards, de gnomes, de séminaristes. Le lucide Gourmont ne s'y est pas trompé :

Vous, Amazone, vous ne croyez qu'à l'amour et ne respectez que l'amour. Sans lui, l'existence n'est rien

---

1. Paroles rapportées par Léautaud dans son *Journal*.

pour vous. « Plutôt la mort que la mort de mon plaisir. » Ainsi, votre vie est une perpétuelle tragédie, avec l'absolu pour alternative.

Perpétuelle tragédie ? Gourmont est mal renseigné. La vie de son Amazone, en ce moment, est une perpétuelle comédie qui a pour personnage principal Ilse Deslandes, un dandy femelle de l'espèce rare. Une fée récemment conquise par la sirène Natalie.

« Je suis une fée », répète Ilse sans arrêt, et on finit par la croire. Elle s'applique à porter l'uniforme : tunique en lamé or et hennin bleu. Elle a soigneusement organisé le décor de sa féerie : boules de cristal, biches en marbre noir, crapaud de bronze, licorne en bois peint. Burne-Jones a peint son portrait en Vierge préraphaélite. Car elle est obstinément vierge en dépit de deux mariages et d'une maternité. Elle persiste à affirmer sereinement :

« Un enfant ? J'ignore comment cela se produit. »

Peut-être dit-elle la vérité ? Elevée par sa grand-mère dans la plus complète des ignorances, comme la plupart des jeunes filles de son époque, Ilse n'a qu'un cri, le soir de ses premières noces, quand son mari se présente pompeusement dans toute sa gloire :

« Oh ! c'est affreux, mon ami, vous auriez dû prévenir ma grand-mère que vous aviez ce genre de maladie. »

Ilse se refusera d'admettre ce « genre de maladie ». Elle finira par rompre avec Maurice Barrès dont elle est, pendant un temps, l'égérie parce qu'il avait « la rage de porter d'insupportables caleçons mauves ».

Comment Remy de Gourmont pourrait-il rivaliser avec une fée aussi délicate ? Et pourquoi rivaliser ? Si Natalie aime changer d'amour, et la Deslandes passera comme les autres, Gourmont n'ignore pas qu'en amitié, son Amazone fait preuve d'une constance qu'elle explique de cette façon :

« Je suis en amitié une grande paresseuse. Quand je la donne, je ne la reprends pas. »

Il est vrai que Natalie est une amie incomparable.

Ne s'est-elle pas avisé de retrouver chez les bouquinistes les premiers ouvrages de Gourmont, oubliés par leur auteur ? Touché par cette attention, l'auteur inscrit cette dédicace sur *Le Pèlerin du silence*, paru en 1890 :

« A Natalis, toutes ces choses qui lui doivent d'avoir reverdi et refleuri, ces choses qu'elle a fait revivre en les aimant, je ne les lui donne pas. C'est elle qui me les a données. Elle, "joie de mon triste cœur". »

Si Natalie se considère comme la vestale du temple de l'Amitié, Gourmont en est le grand prêtre. Regarder vivre son amie suffit encore à le maintenir en vie. Et avec quelles ardeurs Natalie dévore tout ce que la vie peut offrir, y compris le tango qui commence à être à la mode et qu'il faut apprendre vite, toutes affaires cessantes. Consulté, Gourmont, qui fut un brillant valseur, conseille comme professeur son ami, l'écrivain et caricaturiste André Rouveyre. Dans *Souvenirs de mon commerce* [1], Rouveyre raconte qu'il conduisit « les pas incertains de Mlle Barney (...) à cette danse sacrée ».

Satisfaite de ses leçons, Natalie écrit à son professeur improvisé :

... nous perfectionnerons mes pas et mes idées hésitantes — ainsi que ceux de la baronne Deslandes, qui aura pris quelques leçons avec vous pour me rattraper en attendant.

Gourmont se réjouit des progrès en tango de son Amazone. Il est heureux aussi de venir dîner au 20, rue Jacob en compagnie de la duchesse de Clermont-Tonnerre. Il racontera l'événement dans un « sonnet énigmatique » où il célébrera leurs trois « libres cœurs ».

A Ilse Deslandes et au tango, succèdent Armen

1. Crès, éd.

Ohanian et ses danses persanes. Conquise, Armen prend la couleur de Natalie, se voue au blanc, se cravate de perles et se jette aux pieds d'Anatole France « pour lui témoigner un respect prêt à tous les sacrifices ». Quand elle se relève, l'intellectuelle et passionnée Armen a obtenu du maître une préface pour le livre de souvenirs qu'elle est en train de terminer, *La Danseuse de Shamakha*.

Accompagnée d'Armen, Natalie va souvent déjeuner à Saint-Cloud chez Anatole France. Elle se plaît à servir d'« agent de liaison » entre France et Gourmont. Ces deux montagnes littéraires de leur époque s'observent, s'estiment sans oser se rencontrer. Natalie ose à leur place. Elle décide Gourmont à rendre visite à France, qui, cérémonieusement, rendra sa visite à Gourmont. L'Amazone aura le plaisir de voir rougir son dévot sous les louanges de l'auteur de *Thaïs*.

Cette mission accomplie, l'Amazone, avec son goût inné de protéger, s'applique à « lancer » sa danseuse persane. En son honneur, la duchesse de Clermont-Tonnerre donne une soirée où se presse le Paris des arts et des lettres, y compris Paul Claudel qui note dans son *Journal* « le bruit de mort et de feuilles sèches » que font les bracelets aux pieds d'Armen Ohanian. Armen dansera aussi dans le salon de l'Amazone. Depuis 1913, comme toutes les dames de son époque, Natalie a pris un jour, le vendredi, et tient salon.

Le vendredi après midi, vers quatre heures et demie, cinq heures, Natalie reçoit « tous les arrivages anglo-saxons de Londres et d'Amérique », qui font connaissance avec les habitués, des peintres, des acteurs, des musiciens, des écrivains, des belles sans profession, des érudits comme Salomon Reinach [1].

---

1. Attaché à la direction du musée des Antiquités nationales de Saint-Germain. Auteur d'une *Histoire générale des arts plastiques* et d'une *Histoire générale des religions*. Fervent admirateur des œuvres de Renée Vivien.

Ce dernier idolâtre aussi Natalie qu'il a baptisée « l'Unique ». C'est un vendredi, dans le salon de l'Amazone, qu'il énonce sa définition de la religion : « Un ensemble de scrupules qui met obstacle au libre exercice de nos facultés. » Définition que Remy de Gourmont a citée dans l'une de ses *Lettres*.

Gourmont n'assiste que rarement à ces réunions du vendredi. Il a horreur de cette foule cosmopolite qui assiège son Amazone, qui, elle, est fière de cette multitude et de son internationalisme. Natalie comprend les répugnances de son ami, n'insiste pas et promet de venir dimanche prochain. Promesse qu'elle tient de moins en moins. A ce manque, elle essaie de suppléer par d'autres invitations :

Quelques amis que vous connaissez bien en grande partie dînent chez moi demain samedi. Ne viendrez-vous pas un peu vers neuf heures quarante-cinq ? Vous trouverez Henry de Groux [1], André Rouveyre, je ne vous nomme que les plus sympathiques pour vous attirer, et puis ne suis-je pas là pour vous faire prendre plaisir — ou oublier les autres, écrit-elle à Gourmont.

Gourmont vient « un peu » et repart la mort dans l'âme et dans son corps atteint par une séquelle de maux. Il a perdu son Amazone qui n'a plus le temps d'accomplir son œuvre de résurrection. Sa séductrice court les bals, les réceptions, écrit un poème à la gloire de Florence, *La Cité des fleurs,* et rompt avec Armen Ohanian, trop avide de gloire, trop impatiente d'en acquérir, et qui, de plus, appelait Natalie, avec un lyrisme trop oriental, « mon petit pot de miel ». Comparaison qu'une amazone ne peut pas supporter !

Entre une rupture et un bal, Natalie apprend que, le 2 août 1914, la guerre vient d'éclater. Elle est sommée de regagner les Etats-Unis. Elle refuse

1. Peintre belge à qui l'Amazone avait commandé le portrait de Gourmont.

courageusement d'abandonner son pays d'élection, la France, ses amours et son ami Gourmont « qui a besoin de moi ». Pas pour longtemps. L'Amazone recevra bientôt une dernière lettre qui s'achève sur cet aveu bouleversant :

Il me semble que je viens à vous les mains vides ! Quelle peine au milieu de ma joie [1]. Pourtant, il y a quelque chose que je puis vous offrir, c'est l'amour accumulé jour par jour dans mon cœur.

Gourmont, qui souffre de sclérose cardio-rénale, meurt d'une congestion cérébrale le 27 septembre 1915 à l'hôpital Boucicault.

On a beaucoup reproché à l'Amazone d'avoir laissé mourir Gourmont dans une complète solitude [2]. Une amazone, ce n'est pas une sœur de charité. Gourmont l'a appris à ses dépens. Pygmalion malheureux, il a vu sa créature s'enfuir vers d'autres admirateurs précisément attirés par cette gloire qu'il avait tant contribué à établir. « Pauvre Gourmont, il n'a pas su à quel point j'étais amazone. » Il est à craindre, hélas ! qu'il ne s'en soit que trop aperçu.

Natalis n'assistera pas à l'enterrement. Elle réclamera au frère de Remy, Jean de Gourmont, la lampe qu'elle lui avait offerte et qu'elle placera, rue Jacob, dans sa chambre, sur son bureau.

Selon sa coutume, l'Amazone portera ce deuil dans son cœur. Un cœur destiné à ne jamais rester vide et qui ne bat plus maintenant que pour le peintre Romaine Brooks, « Mon-Ange ».

---

1. Joie provoquée par une visite inattendue de Natalie.
2. Pas aussi complète que la légende le veut, comme le prouve cette « visite inattendue » effectuée à la veille de la mort de Gourmont (npe 1992).

9

ROMAINE 1914-1918

A Romaine, à l'artiste unique et solitaire.
Chaque être en ses portraits confesse son mystère ;
Sa vision tient de l'ange — un ange à caractère !
Grâce à notre amitié, à mes amours premières,
Je revis mon passé de feu puis de lumière.

Natalie CLIFFORD BARNEY
(Souvenirs indiscrets)

Succéder à Liane de Pougy et à Renée Vivien — les Ilse Deslandes et les Armen Ohanian n'ont été que des intermèdes —, telle est la rude tâche qui attend Romaine Brooks et dont elle viendra victorieusement à bout. Cette lutteuse en a vu d'autres. Elle a connu ce que Natalie ignore — et ignorera toujours : la peur, l'abandon, la faim. Tant d'épreuves ont donné à Romaine une minceur de nomade, une brusquerie hiératique de samouraï souvent irrité et une élégance austère. Cette hypersensible se réfugie volontiers dans le monde des livres et des couleurs. Le noir, le blanc, le gris prédominent dans ses vêtements, dans ses tableaux et jusque sur les murs de son appartement de Passy. Cette sobriété à l'époque des Ballets russes et de leurs flamboiements fascine. On dit de Romaine : « C'est une étrangère partout. » C'est un « ange égaré à Paris », « Mon-Ange », dont Natalie apprécie et chante les qualités : « Elle est d'une intégrité, d'une blancheur morale telle qu'elle fait ressortir les taches d'autrui. »

Américaine comme Natalie, Romaine, née en 1874, est la fille d'Ella Waterman et du major Harry Goddard. Le major n'est guère un « homme de foyer » et se désintéresse complètement de sa progéniture. Ella n'aime que le frère de Romaine, un malade mental, un incurable qu'elle décide d'emmener en Europe. Romaine, qui a six ans, est abandonnée à New York aux soins d'une blanchisseuse. A sept ans, elle vend des journaux dans les rues et fait ses premiers dessins. On est loin de l'enfance dorée d'une Natalie...

Recueillie par une tante, mise en pension, opprimée, voire persécutée par sa mère, Romaine échoue à Paris en 1895. Elle vit dans une chambre du quartier des Ternes et se nourrit de café au lait et de croissants quand elle peut. Elle étudie le chant, qu'elle abandonne pour la peinture. Elle s'en va étudier à Rome dans les académies et les musées. Elle passe un été à Capri dans une pauvreté voisine du dénuement, et un autre été en Suisse où elle se remet lentement d'une pneumonie. En 1902, sa mère meurt, enfin. Délivrée de cette servitude, Romaine tombe dans une autre oppression, celle du mariage. Elle épouse un pianiste, John Ellingham Brooks. Ils se sépareront vite, mais elle gardera le nom de ce très éphémère mari.

Romaine s'installe en Cornouailles dans un village de pêcheurs. Elle y peint dans une solitude complète. En 1905, elle revient à Paris dont elle accomplit la rapide conquête. Elle exécute les portraits — et sans complaisance — des dames à la mode : la princesse Lucien Murat, Mme Errazuris ou Mme Legrand. Sa sévérité vaut parfois à Romaine les reproches de ses modèles habituées aux flatteries d'un Boldini. La marquise Casati, changée en moderne Gorgone, proteste :

« Vous ne m'avez pas embellie.

— Je vous ai ennoblie », répond Romaine.

En 1910, son exposition chez Durand-Ruel est un succès. *Le Figaro* parle de révélation, d'originalité et de charme. *Le Gil Blas* annonce que « depuis Cecilia Beaux et Mary Cassat, le nom de Romaine Brooks est, parmi ceux d'outre-mer, le seul à retenir ». Enfin, dans *L'Intransigeant,* Guillaume Apollinaire :

« Ce peintre peint avec fermeté, mais avec tristesse, oui, vraiment trop de tristesse. »

Une tristesse que seule Natalie saura abolir et que Romaine projette dans certains de ses portraits, celui de Jean Cocteau, par exemple, ou celui de Gabriele D'Annunzio, avec qui elle eut une brève liaison. D'Annunzio réplique par un portrait-sonnet où les grands yeux de Romaine et ses cheveux couronnés par « le vent du courage immortel » sont liés à des envols qui se veulent prophétiques :

Nul sort ne domptera, ni par fer ni par flamme,
Le secret diamant de ton cœur ingénu.
Debout entre le ciel morne et le flot chenu,
Tu ne crains pas le choc de la dixième lame.

Si elle ne craint pas le choc de cette dixième lame, Romaine n'en est pas moins effrayée par le revolver dont la menace la maîtresse en titre de Gabriele, Mme de Goloubev, une Russe exaltée. Romaine quittera D'Annunzio et sa trop vindicative maîtresse. Elle reprendra le chemin de son atelier où elle continuera à broyer du noir, du blanc et du gris.

Romaine est entrée en peinture « comme on s'enferme dans un couvent ». Cette nonne qui « cambriole les âmes » fuit le monde, la société et les hommes. Elle n'aimera plus qu'une femme, Natalie, et cela pendant un demi-siècle. Natalie aimera Romaine dans la mesure de ses possibilités. L'idéal de l'Amazone, c'est un grand amour agrémenté de petites aventures. Romaine incarnera ce grand amour que ne parviendront pas à amoindrir les petites aventures de sa séductrice. A condition que cette séductrice ne connaisse que des passades ou de peu durables passions...

Romaine est aussi indépendante que Natalie. Leur union sera celle de deux indépendances. Où se sont-elles rencontrées ? Chez la princesse Lucien Murat ? Ou chez la plus parisienne des Anglaises, lady Anglesy, « dont la survivante beauté atteste la cour de la reine Victoria et reproduit le nez impeccable de la princesse Eugénie » ? Quand se sont-elles rencontrées ? En 1912 ou en 1915 ? Avant ou après la mort de Gourmont, qui servait de repère à l'Amazone ? Ni Natalie ni Romaine ne s'en souvenaient avec exactitude. J'évitais de mettre la conversation sur ce sujet : ces deux nonagénaires se livraient alors à d'interminables et stériles discussions.

« Juste avant la guerre, disait l'une.

— Non, pendant », disait l'autre.

L'une et l'autre tombaient d'accord sur un seul point : la plénitude de leur amour avait coïncidé avec celle de leur quarantième année. Du haut de leur quarantaine, Natalie et Romaine peuvent savourer les fruits de leur belle saison. Chacune offre les ressources d'une maturité préservée, pleine de possibilités diverses. Il n'est pas question de faire une fin. Pour Natalie, le mot « fin » est complètement dépourvu de signification. Cette femme de commencement ne cesse d'entreprendre et d'inventer. Dès août 1914, elle applique un des principes de Mai 68 ; « Faites l'amour, et pas la guerre », ce qui, traduit dans son langage, donne : « Allons à l'amour comme ils vont à la guerre. »

Pendant l'hiver 1914-1915, tout le monde se croit obligé, à sa façon, de participer à la bataille. Il y aura un snobisme de l'hôpital auquel Natalie ne cédera pas. Natalie et Romaine seront les deux seules Américaines de Paris à ne pas conduire une ambulance.

Chaque grande dame a son infirmerie et son ouvroir. Lily de Clermont-Tonnerre n'a pas échappé à la contagion. Le temps de saluer en Romaine un « peintre essentiel », et Lily s'est engagée à la Croix-Rouge. A la gare d'Aubervilliers-La Courneuve, elle est chargée de recevoir les blessés qui arrivent du front. Terrible épreuve. Leurs cris, l'odeur de la gangrène, leurs souffrances bouleversent la duchesse. Natalie conseille à la descendante de la belle Corisande de se rendre « vraiment utile » en organisant des galas au profit de ses blessés. Conseil suivi avec succès puisque Claude Debussy consent à accompagner au piano la chanteuse Ninon Vallin.

Pour oublier les horreurs d'Aubervilliers-La Courneuve, Lily accompagne Natalie à Chartres où est mobilisé leur ami, Edouard Champion, l'éditeur qui présida à la première rencontre de Gourmont et de l'Amazone. Le cher Edouard est méconnaissable :

166

« A ce nourrisson des muses, élevé dans le coton et la soie, était échue la plus antique capote du régiment, flottante comme un drapeau, mais sale comme un torchon de cuisine [1]. »

La « promenade » de Natalie et de Lily sera imitée et constituera pour certaines dames un sport. L'équipée de la princesse de Bormes dans *Thomas l'imposteur* n'est pas une invention romanesque de Jean Cocteau, mais l'expression d'une réalité héroïco-mondaine.

On se bat partout, sauf dans le salon de l'Amazone. Mieux, on y combat la guerre. On y dénonce les boucheries inutiles comme celle où Mario, le fils de Liane, a succombé. Dès qu'elle apprend la nouvelle, Natalie écrit à Liane qui, réfugiée en Bretagne avec son mari, répond :

Ton mot m'est arrivé, doux et adoucissant. J'ai bien du chagrin. Je ne vis plus avec des saintes, mais avec des fantômes.

Sur le sort des armes et les intrigues des belligérants, Natalie est l'une des personnes les mieux informées de Paris. En effet, une grande amitié lie cette pacifiste à Philippe Berthelot, secrétaire général des Affaires étrangères depuis 1913, et qui, pendant presque toute la durée de la guerre, exercera un pouvoir absolu. Cet amateur de soies de Chine, de chats persans et de poésie savoure auprès de l'Amazone un refuge de discrétion et de compréhension. Il est invité à venir écouter au temple de l'Amitié le poète polonais Milosz qui y lira sa traduction du *Faust* de Goethe. Un bombardement ne suffira pas à interrompre cette lecture que l'on poursuivra à la lueur d'une chandelle.

Milosz, qualifié par l'Amazone de « seul mystique réussi que je connaisse », a succombé aux envoûte-

---

1. *Quand Paris était un paradis,* par Maurice de Waleffe, Denoël, p. 325.

ments de la séductrice. Il termine immanquablement ses lettres par : « J'embrasse les ailes de mon ange. » Il admire l'œuvre de Renée Vivien, et c'est peut-être sous l'influence de Natalie qu'il commence l'un de ses plus beaux poèmes, *Nihumin,* par :

Quarante ans.
Pour apprendre à parler sans mépris de la femme.
Ô amour !

Il n'a pas de secret pour son « ange » à qui il avoue que *Nihumin* débute par un... mensonge.

« Voici ma situation militaire : réserviste rhumatisant du deuxième ban de l'armée russe territoriale, année 1898. J'ai donc trente-neuf ans, et *Nihumin,* le plus vrai de mes ouvrages, s'ouvre par un mensonge en m'en prêtant quarante », dit-il à l'Amazone, pour qui, on le sait, les problèmes de date ne comptent pas. Elle s'applique à servir le poète et à propager son œuvre qu'elle envoie à Liane qui, depuis la mort de son fils, a, elle aussi, tendance à sombrer dans le mysticisme, sans en oublier pour autant ses attachements terrestres :

Ma Natty,
Je te remercie de m'avoir fait connaître Milosz. Je le relis, je ne cesse de le relire. Georges a lu Le Cantique, *il me l'a apporté en me disant : « Cela ressemble à du Claudel ! ! ! »*
C'est bien beau, mais comme Milosz a dû souffrir, ses mots sont imprégnés des plus grandes souffrances.
Toi, jamais tu ne me déçois, même quand tu parles avec affection de personnes que je n'aime pas. Je ne t'en admire que davantage ensuite.
Et quand je t'ai revue, je ne comprends pas que ceux qui t'approchent — ou toi-même — doutent de l'existence de Dieu.

Au fond, Natalie reçoit les plus beaux aveux de

Liane quand leur idylle est complètement terminée et que demeure la certitude d'avoir aimé et — ou — d'aimer encore.

L'hiver de 1916 est glacial. Natalie a mal à la gorge et Liane s'en alarme :

Je n'aime pas à savoir que tu as mal. Donne-moi ou fais-moi donner de tes nouvelles. Je ne pensais à t'écrire ce soir et c'est Georges qui m'a dit de le faire. Lui non plus n'aime pas te savoir malade.

Tout est si splendidement vivant en toi ! Nous deux, nous sommes habitués à souffrir et à nous soigner mutuellement... et à penser la même chose. J'ai dû lui verser ce qui, en moi, pour toi déborde : ma tendresse.

Il est rare que la passion se change en une durable tendresse. C'est un « cadeau du ciel » dont Natalie et Liane savent pleinement profiter.

Après son petit déjeuner immuablement servi à huit heures et immuablement composé de thé et de toasts, Natalie occupe ses matinées, au lit, à lire les lettres qu'elle reçoit et à y répondre. Elle entretient une correspondance qu'elle s'efforce de maintenir dans des bornes strictement littéraires avec un jeune aide-major au 31e bataillon de chasseurs à pied, Pasteur Vallery-Radot. A quarante ans, Natalie, dont le corps s'est légèrement épaissi, reste fort belle, et l'aide-major s'enflamme. L'Amazone exigea que je détruise sous ses yeux le résultat de tant de rêveries solitaires et passionnées.

« Ces lettres sont trop brûlantes. On a beau savoir que je n'ai aimé que les femmes, ma réputation pourrait en être ternie », me dit-elle.

Avec le consentement de l'Amazone, je parvins à en sauver deux, fort belles, dans lesquelles, en pleine tuerie, Pasteur Vallery-Radot prévoyait déjà l'établissement des Etats-Unis d'Europe. Sa veuve n'a pas cru bon d'en autoriser la publication dans le présent volume. Refus que Natalie aurait prévu et dont elle a dû s'amuser outre-tombe.

Le 21 février 1916, l'attaque allemande sur Verdun

est déclenchée. On craint, on s'alarme, on résiste. Imperturbable, Natalie continue à se livrer à ses occupations favorites : aimer Romaine, conseiller Lily, protéger Milosz, écrire et recevoir le vendredi après midi dans son salon, l'une des rares oasis de paix à Paris. Le 25 décembre 1916, dans son *Journal d'un attaché d'ambassade* [1], Paul Morand note :

« Chez Miss Barney. Une vieille maison dans le feuillage d'une cour de la rue Jacob. Lumignons, meubles Renaissance et courtines de velours italien, très Fiesole 1895. Une centaine de personnes inconnues, des têtes « improbables » comme on dit dans le monde, des esthètes en costume de secrétaire de la 20e section, le sourire usé d'un vieux faune des lettres comme Paul Leclerc. Enfin le doux Chalupt avec sa grosse tête de Martien sur un corps glorieux, Mme Vernon, Yvonne Sabini, Johnson, de l'ambassade d'Angleterre, Emilio Terry, Mme de Goloubev (sans lévriers), Mme Berthelot. Darius Milhaud joue du Debussy sur clavecin ; solo de flûte, etc. »

On remarquera l'absence de Romaine provoquée — qui sait ? — par la présence de son ancienne rivale, Mme de Goloubev. A moins que Romaine ne soit à Venise où elle exécute son deuxième portrait de D'Annunzio qui pose en *commendatore* ?

Natalie cède à l'engouement du moment : consulter les cartomanciennes et les faiseurs d'horoscope. C'est à qui prédira la date exacte de la fin de la guerre. Précision qui, certes, intéresse Natalie, sans pour autant la détourner de son but : mieux connaître Natalie. L'Amazone avait gardé l'un de ses horoscopes qu'elle me tendit un jour avec un moqueur : « Voilà ce que j'étais à quarante ans ou ce qu'un monsieur Nostradamus prétendait que j'étais » :

« Vous êtes douée d'un tempérament, et partant d'un caractère parfaitement homogène et bien équi-

---

1. Gallimard, p. 115.

libré. Et cela, parce que, dès votre adolescence et pendant les années de votre jeunesse, vous avez réussi à développer en vous une grande force d'ascendant et de maîtrise de soi. De sorte que, tout ce qu'il peut y avoir dans le cours de votre vie d'écarts, de soubresauts, de curiosités, de lubies et de fantaisies passagères, toujours par vous a été *voulu et fait avec délibération*. Avec une grande fougue de jet et d'élan, vous parveniez à agir avec calme et sang-froid. *You keep your animal in reins.*

« C'est que dans votre corps de femme s'est incarné un esprit très viril et très évolué. Vous voyez venir de loin, largement et profondément. Vous êtes franche et sincère et parfois un peu brusque, mais sans petites mesquines angulosités de caractère et d'allure. Vous n'êtes pas encore ce que vous devez et voudriez être, ce que vous pouvez devenir. Et vous le savez. »

Elle le sait et s'applique à mettre en pratique l'un de ses plus chers — et nietzschéens — axiomes : « Devenez ce que vous êtes. »

L'Amazone profite de la guerre pour faire la paix avec d'anciennes amies-ennemies comme Mme Aurel. Son profil de médaille grecque dont elle abuse et sa blondeur savamment entretenue ont autrefois attiré Natalie. Celle-ci n'a pas réussi à conquérir Aurel, une Junon bariolée, qui reçoit tous les jeudis, n'importe qui et n'importe comment, dans son salon, rue du Printemps. Féministe acharnée, cette précieuse 1900 a un mari, une réputation, une œuvre à défendre. Pas question de perdre une minute à succomber aux envois de fleurs et de flacons de Lalique prodigués par la séductrice. Habilement, Aurel noie Natalie sous une pluie de compliments, de « lumineuse amie » par-ci, de « vous êtes royalement femme » par-là. Elle élève le débat jusqu'aux plus hautes sphères où Natalie refuse de la suivre.

« Vous êtes trop artiste, c'est ce qui vous isole et nous défend de trop chercher à vous comprendre. Etant la grâce incarnée, vous n'êtes pas la vie, si baroque et mal accordée. Et je suis moi, hélas ! la vie banale comme la terre, si je suis insaisissable comme le vent », dit Aurel à Natalie, qui ne perdra pas son temps à atteindre le vent !

Les deux femmes se rencontrent dans les salons, participent à des querelles littéraires, tantôt comme alliées, souvent comme adversaires. Depuis 1915, Aurel a ouvert grand son salon aux « poètes permissionnaires ». Deux ans plus tard, l'Amazone fait le premier pas vers une réconciliation :

Aurel, puis-je toujours prétendre à la belle ténacité de votre rancune — cette seule fidélité ? Aussi mes pensées si proches des vôtres parfois me font au moins une sœur ennemie. Et parmi tant de sœurs indifférentes ou tièdes, vous m'êtes une consolation.

Votre admiration jamais acquise définitivement à rien vaut tellement mieux que l'inattention des louanges amicales. Il n'y a que le pas-ressemblant de vraiment offensant. Il faut remettre les êtres qui le méritent sans cesse en question.

J'écris bien souvent pour vous, contre vous, autour de vous. C'est ma façon de présenter mes hommages. Et mon épée est toujours prête à croiser la vôtre — ou à se rendre.

Aurel se rend et reprend le chemin de la rue Jacob. La réconciliation avec Aurel marque en ce printemps de 1917 les débuts de Natalie comme militante. Son pays natal étant sur le point d'entrer en guerre, Natalie milite pour la paix. Elle dit tout haut ce que l'on commence à penser tout bas de cette horrible et interminable guerre. Elle s'en indigne par des aphorismes vengeurs comme : « La guerre, cette justification de la bêtise humaine », ou : « Cette terre insatiable de sang qu'on nomme la patrie. » Elle s'étonne et s'interroge :

« Cependant, qui eût cru que la petite civilisation, si mal ajustée, dont nous pâtissions et jouissions si médiocrement, aurait un jour la force d'un élément pour s'anéantir ? » Elle soupire : « Tant de morts n'ont-ils pas mérité la mort du militarisme ? » Elle lance aux « jusqu'au-boutistes » :

« C'est parce que vous n'aimez pas la vie — la vie qu'il faut travailler comme une belle matière ingrate — que la guerre vous enchante. »

Elle est sans illusion sur les hommes politiques :

« Les hommes politiques sont trop souvent incompétents dans les grandes circonstances parce que, étant limités par le quotidien de leur profession, ils ne trouvent plus en eux l'envergure d'une improvisation, histrions et non créateurs des premiers rôles. »

Dans cette généralité n'est pas compris, évidemment, son ami Philippe Berthelot. Aucune illusion non plus sur les héros : « S'exposer est souvent un manque de prévoyance plutôt qu'un signe de courage : ne pas craindre un obus sur la tête prouve une atrophie de l'imagination. »

Aussi, elle refuse de céder à la mode qui commande d'avoir des « filleuls » au front. Elle en donne froidement la raison :

« Marraine d'un inconnu ? J'aurais trop peur de ne pouvoir le négliger comme un ami. »

Natalie n'est que sarcasmes pour Lily de Clermont-Tonnerre et Lucie Delarue-Mardrus qui persistent à s'employer comme infirmières plus ou moins compétentes. Elle traite ses deux amies, qui, connaissant leur Amazone, ne s'en offusquent pas, de « mouches d'ambulance ». Natalie se déchaîne :

« J'exulte de n'être d'aucune utilité ! »

Elle se résigne — mal — aux privations. Mais elle sait ne pas se plaindre, et quand le très bon vin dont elle consent à boire quelques gorgées se fait rare, elle dit :

« Etant née ivre, je ne bois que de l'eau. »

Natalie se résigne — mal aussi — à apprendre un vocabulaire nouveau comme le « théâtre de la guerre », « sauf-conduits », « télégrammes visés », « réquisitions », et s'entend avec stupeur participer à des conversations où il n'est question que de l'évacuation de Przemysl ou de progressions en Woëvre et en Argonne... Elle enrage et ne s'en cache pas pendant ses réceptions, le vendredi, et pendant les autres jours de la semaine...

Magdeleine Wauthier, dans sa présentation de l'un des livres de Natalie Barney, *Traits et portraits* [1], témoigne des activités pacifistes du salon de la rue Jacob pendant ces années de guerre :

« Les villes connaissaient le début de l'ère policière qui se poursuit aujourd'hui, et toute vérité n'était pas bonne à dire. Autour du fronton Directoire du petit temple de l'Amitié, caché dans le jardin, il était permis de trouver que la guerre était chose cruelle, affreuse, et que les erreurs politiques qui la prolongeaient étaient des erreurs impardonnables. Cela ne servait à rien, mais cela soulageait.

« J'y rencontrai Séverine, Barbusse aussi, dont *Le Feu* révélait, dans un langage qui m'était bien nouveau, les horreurs sanglantes d'une guerre interminable... »

Lasse de prêcher dans le désert, l'Amazone réunit au printemps 1917 un congrès de femmes toutes animées par un même désir de paix. Au 20, rue Jacob, pendant plusieurs semaines, se pressent Marie Lénéru, Lucie Delarue-Mardrus, Rachilde, Séverine, Lara (de la Comédie-Française) et d'autres dames qui multiplient déclarations et discussions. Natalie écoute ces palabreuses en pensant : « Il est prudent de croire au mystère de la femme, cela lui en donne un. »

Le congrès de la rue Jacob se retire, sans aucun résultat et sur cette proposition de Natalie : « Il faut créer une croix civile pour ceux qui n'ont ni recherché, ni fui trop ardemment le danger, pour tous ceux qui ont supporté la guerre avec un ahurissement sombre et sans paroles. En attendant que l'humanité redevienne humaine, le rester ; garder un équilibre

1. Mercure de France, éd.

174

civil et personnel, dans le désarroi et l'ennui, est faire acte de bon citoyen, ce qui, égalant une croix de fer ou de bois, est une distinction en soi. »

Sa proposition n'est pas entendue. Natalie ne militera plus. Et le temple de l'Amitié n'abritera plus que des lectures de Milosz ou des prédictions d'un théosophe de passage qui annonce que l'après-guerre sera caractérisé par « une puissante poussée d'inversion sexuelle et intellectuelle ». Natalie écoute sans sourciller. Comblée par l'amour — immense — de Romaine, elle peut affronter avenir, présent et passé. Ce passé qui surgit sous la forme d'un ouvrage posthume de Renée Vivien, *Vagabondages* — des poèmes en prose que Natalie ne manque pas de donner à Liane :

Natty, moonbeam, cher être aussi, je te remercie d'avoir pensé à m'envoyer ce petit recueil que je connaissais par fragments. Tu étais la muse de ce grand talent qui n'est plus mais qui existera toujours. Mon mari l'admire pleinement. Mon mari est une chère chose grave qui n'aime que la perfection. Je suis la seule exception.

Que tu es jeune d'avoir encore des espoirs... Je n'attends plus rien. Toi, peut-être ! Viendras-tu ? Es-tu jamais partie vraiment ? Tu vois bien que non. Que le Destin te préserve de tout mal, chère petite poésie vivante.

Natalie délaisse ces tendres sommets poétiques pour s'occuper des finances de Lily de Clermont-Tonnerre qui, le 20 du mois, s'aperçoit qu'elle ne possède plus que quatorze francs quatre-vingt-sept centimes. C'est peu. Lily se lance avec succès dans la brocante et vend « une tapisserie, quelques meubles et des perles [1] ». Sur les conseils de Natalie, la duchesse louera son trop vaste et trop onéreux hôtel

---

1. Mémoires d'Elisabeth de Gramont, *Clair de lune et taxi-auto,* Grasset, p. 168.

de la rue Raynouard et logera dans un pavillon de Passy. Puisque Passy abrite Romaine et Lily, Natalie quitte la rue Jacob pour passer la fin de l'année 1917 dans un appartement de la rue des Vignes. Le 28 décembre, elle y reçoit une lettre de la romancière Rachilde qu'elle savoure paragraphe par paragraphe. Rachilde, une puissance dans le monde des lettres, y traite Natalie comme une égale, une amie, une déesse :

... Vous ne connaissez pas les obligations de ces jours de fêtes. qu'on voudrait de détente des nerfs, et qui sont toujours la corvée de famille ? (Je ne parle pas des enfants, Robert et Gaby qui sont gentils et sages) mais la théorie des parents pauvres qui sont devenus vos parents parce que vous leur semblez quelque chose comme la bête curieuse sinon... le veau d'Or. Et alors, ces jours de congés sont perdus pour l'esprit. On fait si gracieusement bonne figure à mauvais jeu.

Alors, les tables chauffantes seraient-elles devenues... des tables tournantes ? perdus pour l'Esprit. Quelle drôle de vie tout de même.

J'ai fait, hier, des soupes pour les enfants qui voulaient du sucre dedans à toute force. Moi, je continue miss Belle, à ne pas me chauffer : c'est un sport, un délice, je me roule dans le froid... comme un soir de Noël, il y a de cela bien longtemps, où avec une douzaine de jeunes gens, j'allais courir le bois de Boulogne, en robe décolletée, souliers de satin, et où je fais le pari, tellement je tenais à la vie, de me coucher dans la neige, pieds nus, bras nus. Ils faisaient cercle comme des loups, avec des pardessus garnis de fourrures. Ils avaient peur. On entendait leur souffle rauque et on voyait leurs yeux briller. Mais comme ils étaient beaucoup, ils n'étaient pas à la noce. Et moi, ça m'amusait tellement parce que je portais des boutons de fleurs d'oranger dans les cheveux (c'était ma fleur de bal puisque personne, vraiment, n'osait ça, je l'osais, naturellement). Je demeure avec la neige sur mes cheveux, comme ce soir-là, presque insensible à la température. Et le dernier loup, M. Valette [1], me regarde, stupéfait, en éternuant, car il a une sainte horreur du froid.

Miss Natalie, je suis une dinde de m'être privée si longtemps de votre intelligence. Avez-vous remarqué comme *on se redoute entre intelligences et comme on est bête de ne pas se mieux entendre, malgré deux caractères ombrageux.*

Mais quoi ? Vous arrivez, moi, je pars. Miss Barney, verrons-nous donc mourir Byzance avant nous-mêmes ? (Ce serait à souhaiter.) Je n'ai aucun esprit, ma chère déesse, je sais seulement rire énormément de bêtises. Et c'est ce qui vous amuse, vous, dont le mot tombe généralement juste, clair, pour apporter l'essentiel à la discussion, tellement oiseuse... toutes les discussions, hein ?

Judith Gautier est morte hier. Voilà une figure de moins dans la ronde des Muses. Pourquoi se consacrait-elle toujours à la Chine et l'inventait-elle que pour en faire des relations moins chinoises qu'historiques ? Je n'aime ni sa littérature ni sa vie mais lui pardonne tout à cause de son premier époux qui fut Catulle Mendès. Qu'une femme puisse avoir aimé ou toléré ce Juif dépourvu de tout, puisque la seule chose qui lui manquait était le génie, me semble la diminuer.

Je ne m'échapperai pas mardi prochain à cause d'un cousin. Je vous souhaite... quoi ? Ne souhaitons rien. Demeurons immobiles. Tâchons d'opposer l'indifférence à tout ce qui n'est pas éternel... et l'éternité, c'est la minute d'un beau geste, l'éclair de pensée et puis aussi d'une violence contre la barbarie, contre toutes les barbaries des peuples... ou de l'imbécile embusqué au tournant de nos libertés. Je vous serre les mains tendrement.

A ces étrennes épistolaires de Rachilde succèdent celles de Paul Valéry qui offre à Natalie le manuscrit

---

1. Directeur du *Mercure de France* et époux de Rachilde.

de *L'Insinuant* et *Aurore,* qu'il accompagne de cette dédicace :

> *Quoi ! C'est le chemin des Vignes*
> *Qu'à la faveur des hivers*
> *Vous prenez pour fuir mes vers ?*
> *Mais quoique de vous indignes*
> *Les voici, chœur acharné*
> *A chanter pour miss Barney.*

Chaque fois qu'une guerre s'exaspère, la poésie devient le plus sûr des refuges. Natalie et ses amies se rassemblent à l'abri de la gare du chemin de fer de ceinture de Boulainvilliers pour y entendre Francis de Miomandre lire *La Jeune Parque.*

Natalie regagne la rue Jacob. En janvier 1918, les Gothas ne cessent pas de survoler Paris en lâchant leurs bombes. Dans le temple de l'Amitié, bravement, Natalie écoute le dernier poème de Milosz et les commérages apportés par le peintre Henry de Groux, comme l'arrestation du politicien communiste Charles Rappoport, accusé de défaitisme, et libéré sur intervention d'Anatole France et de Séverine.

Les obus de la Grosse Bertha tombent sur Paris et terrifient les populations, sauf Natalie que Philippe Berthelot rassure : « La Bertha n'est pas plus dangereuse que l'autobus, les statistiques le prouvent. »

Le chic en ce printemps 1918, c'est d'avoir un amant aviateur. Chic que Natalie décline. Elle se contente de noter les signes avant-coureurs de la paix : on recommence à donner des dîners, à fonder des revues et une nouvelle danse apparaît : le fox-trot.

Arrive le 11 novembre 1918. C'est l'armistice, la paix si ardemment désirée par l'Amazone. Elle n'assistera pas au défilé. Elle ne quittera pas son pavillon de la rue Jacob. Il fait assez beau pour se promener tranquillement, loin de la foule, dans son sous-bois. A la fin du jour, Milosz vient y rejoindre son amie.

Milosz, lui, a assisté au défilé et à la marée humaine qu'il engendra. Il a été le seul à ne pas participer à l'allégresse générale. Visionnaire, il annonce à Natalie le relèvement de l'Allemagne, les horreurs de la prochaine guerre, et n'a qu'un mot pour désigner les festivités de ce jour : « Carnaval ! »

10

NATALIE 1925

« Nous allâmes un après-midi chez
Natalie Barney. Il y avait là... »

Gertrude STEIN
(Autobiographie d'Alice B. Toklas)

Natalie a gagné, à sa façon, la guerre. Les canons se sont tus, remplacés par le bruit des discours. Comme une suzeraine, l'Amazone reçoit l'hommage public de ses rivales et de ses amies, hommage qui prend les allures d'une fête que préside Lucie Delarue-Mardrus. On se presse au 20, rue Jacob pour assister au couronnement de Natalie et à la consécration de son salon international. Et comme Marie-Antoinette embrassa en la personne de Josuah Barney le Nouveau Monde, on embrasse en Natalie la représentante « la plus distinguée » de nos alliées, les Etats-Unis. C'est Aurel qui ouvre le feu des déclarations :

« Mais où avez-vous pris, chère anarchiste, cette rectitude du trait si gouverné, cette discipline du mot, et surtout la divine négligence qui vous fait si légère à lire quand vous écrivez de tels mots : "Le genre humain, un genre que je déplore", "La dame, une femme expurgée". »

Aurel, dont l'esprit a mis neuf ans à se laisser conquérir par les séductions verbales de Natalie, s'efforce de rattraper ce temps perdu par des hyperboles et des comparaisons qui ont dû provoquer les sourires de sa séductrice : « chenille d'or », « princesse de la dissolution », « Mme Frisson », « ange trop élégant de l'art et de la fièvre », « fausse déçue », « juge et contemplatrice de la bonne tempête », « beau chimiste du cœur », et j'en passe.

Dans cette joute, il s'agit maintenant pour Lucie Delarue-Mardrus de surpasser Aurel. Elle y parvient, dès les premiers mots de son panégyrique :

« Miss Barney. Voilà un nom qui éveille les visages. Sourire franc-maçonnique chez ceux qui la connaissent, lueur d'avide curiosité chez ceux qui ne la connaissent pas. »

Les définitions — « nuage vaporeux derrière lequel se cache un solide roc » — succèdent à une bourrasque d'adjectifs — « courageuse, dédaigneuse, mystérieuse, nuancée, grande, sophistique, sardonique, aristocratique » — et aux précisions sur le salon de l'Amazone — « lieu de réunion de toutes les originalités de Paris. Il ne faudrait pas s'y tromper pourtant. Il n'y a pas aux vendredis de miss Barney que des phénomènes. On ne va pas chez elle comme au Jardin d'acclimatation, pour y voir une collection de numéros hors série. On y va aussi pour y rencontrer des *valeurs* ».

Valeurs et originalités s'unissent pour applaudir Lucie Delarue-Mardrus qui, à bout d'arguments, définit Natalie comme « un chic type ».

Oui, vraiment, Natalie a gagné la guerre et n'a pas perdu son temps ! Pendant ces quatre années de luttes et de larmes, cette fausse oisive a composé, une à une, ses *Pensées d'une Amazone* qui paraissent chez Emile-Paul aux lendemains de l'armistice. On y retrouve, dix ans après, la justesse de *penser* des *Eparpillements*. On y assiste à la naissance de ce cynisme sensuel qui sera celui des années folles qui commencent. La séductrice y reparle inlassablement de la seule chose qui l'intéresse au monde, l'amour :

« L'amour, cette gloire personnelle. »

« Aimer, c'est jouer juste pour l'autre. »

« Taire cet autre nom de l'amour : insuffisance. »

« A chaque amour, plus loin que l'amour. »

« Amour, lyrisme des sens. »

« Amour : église pour deux — où nous restons seuls. »

Avec une audace superbe pour l'époque, encore engoncée dans des préjugés qui s'effaceront lentement, Natalie n'y cache pas ses goûts qui l'emportent vers la femme, avec passion, quoique sans aveuglement : « Ces femmes atteintes de leur maturité comme d'une maladie incurable. »

Autre audace : à l'éloge de Sappho, Natalie ose unir celui de Corydon. Avec conviction et érudition, elle plaide la cause des amis-amants et commence sa plaidoirie par cette admirable boutade : « Si le péché originel avait été un péché original ! »

Une dernière fois, Natalie règle ses comptes avec la guerre, « immense Magic-City se terminant par son grotesque jeu de massacre », et prophétise : « Le Français est en effet distrait ; il a subi la guerre ; il a également subi la victoire, et dédaignera même d'en tirer profit. » Elle n'épargne rien, ni personne, traite les missionnaires de « cannibales spirituels qui enseignent à manger la chair et à boire le sang de leur Dieu ». Et de railler : « Le catholicisme menacé songe même à un retour au catholicisme. »

La richissime Natalie s'offre le luxe d'un éloge de la pauvreté telle que la pratiquent aujourd'hui les marginaux :

« Cette rage de posséder m'étonne. Quelle sagesse de n'être propriétaire de rien. On possède simplement parce qu'on sait regarder, parce qu'on sent bien ce que l'on peut faire vivre en soi. »

L'Amazone termine ses *Pensées* par un « testament » dont la brièveté efface la minutie et la multitude d'opales de son premier testament :

« Je n'ai rien à laisser après moi, je me suis dépensée et j'ai dépensé l'existence largement, outre mesure. J'en ai tiré tout ce que j'ai pu, j'en ai tiré plus qu'elle ne contient. »

Dès la parution des *Pensées d'une Amazone,* les éloges pleuvent dru : « Un La Rochefoucauld en jupons » ; « A chaque page on s'arrête pour méditer » ; « Elle enrichit notre littérature française. » Dans *L'Eclair,* Edmond Jaloux écrit :

« Nous ne manquons pas de penseurs, les uns délayant Pascal, les autres démarquant Montaigne ; mais il n'y a pas, dans toutes leurs emphatiques périodes, le quart de l'observation réelle que je trouve dans ces formules de Natalie Clifford Barney, si brèves et presque toujours elliptiques. »

Une seule fausse note dans ce concert d'éloges : un article, ou plutôt un apologue de Paul Valéry qui imagine Hercule rencontrant l'Amazone :

« Tu penses ? dit Hercule, donc je fuis ! »

Natalie ne tiendra pas trop rigueur, pour le moment, à Valéry de ce mauvais calembour puisqu'elle s'emploiera à traduire en anglais la *Soirée avec monsieur Teste.*

Voilà donc l'Amazone placée sur des sommets dont elle ne bougera plus. A la fin de sa vie, elle en aura une éclatante confirmation. Le biographe de Marcel Proust, George D. Painter, placera Natalie Barney parmi les quatre grands écrivains féminins français du XXe siècle, les trois autres étant Colette, Anna de Noailles et Marthe Bibesco. L'Amazone n'en tirera aucune vanité et m'écrira alors : « Painter me porte aux nues d'où je redescends pour vous embrasser. »

En 1919, Natalie retourne aux Etats-Unis et passe l'été en famille à Bar Harbour. Sa mère qui, en 1911, s'était remariée avec un trop beau garçon, Christian Hemmik, en a divorcé. Natalie en tire cette conclusion : « Ne nous laissons pas choir à la légère, l'étreinte égalise. »

Cet intermède familial terminé, Natalie retrouve sa Romaine et sa rue Jacob. Cette Eve de quarante-trois ans s'attendrit au spectacle de son paradis terrestre et parisien :

« Cette oasis pour autrui, petite Egypte aux sept fléaux pour moi, où pas une fleur ne se plaît à pousser. Il y a pourtant de l'ombre et du clair de lune sur la douce herbe, vierge chaque année. J'y ai parfois trempé mes pieds pendant les rosées de juin. De mon hamac tâchant d'entendre monter la sève le long des arbres. Mais les divers rendez-vous quotidiens viennent m'enlever à ces rendez-vous délicats. Ce morceau de nature, enserré entre les maisons, grand appartement d'arbres, à ciel ouvert comme d'une lucarne, laisse à peine filtrer les saisons. »

Ces « sept fléaux » qui ne suffisent pas à gâter cet éden, ce sont les fourmis, les chenilles, la suie, le « duvet tenace » des tilleuls du Japon, les fumées d'une imprimerie voisine, la scie du « photographe sur métaux » et le lierre qui envahit tout. Mais une séductrice sait se défendre contre n'importe quelle invasion, y compris celle du lierre.

En 1920, l'Amazone publie un bref recueil de poésies, *Poems et Poèmes, autres alliances,* simultanément à Paris, chez Emile-Paul, et à New York, chez George H. Doran. En anglais comme en français, en alexandrins ou en octosyllabes, elle y célèbre imperturbablement les femmes et la femme, « source et brûlure ».

La folie d'innovation qui marque les années 25 n'atteint pas la vestale du temple de l'Amitié. Mais dans la rue, Natalie déplore l'apparition des premières jupes courtes :

« Ces jupes courtes : autant de jambes de femmes qui montrent sans être sollicitées leurs colonnes torses insoupçonnées. Pauvres jambes rencontrées dans les rues, cagneuses, sans rembourrage ni entraînement. Qu'est devenue cette danse, cette cadence : la démarche ? »

Jupes courtes qui exigent des cheveux courts. Natalie doit se résigner au sacrifice, et ses « rayons de lune », chéris par Liane de Pougy, Renée Vivien et quelques autres, tombent sous les ciseaux du coiffeur. L'événement sera salué plus tard par Colette dans son *Etoile Vesper* :

« Mes cheveux d'un mètre cinquante-huit, la paille d'argent qui couronnait le front de l'Amazone, que de moissons fauchées par caprice, par mode. »

Tout change autour de Natalie qui contemple, avec son habituelle curiosité, ces nouveautés, cette jeunesse « momifiée par les drogues ou conservée comme un fœtus par l'alcool, dans le bocal des bars ». Les « petites fleurs de morbidité exquises » sont définitivement remplacées par de robustes garçonnes qui savent conduire des torpédos et jurer aussi bien que des mécaniciens en colère.

C'est le règne de Paul Poiret. Natalie s'y soumet. Avec ce grand couturier, il n'est pas question de marchander comme avec les sœurs Callot. Natalie paie sans rechigner cette note du 30 mai 1922 dont le montant s'élève à trois mille six cent vingt-six francs et cinquante centimes. Pour cette somme, la séductrice pourra se draper dans « une cape Des Grieux fulgurante noire », se glisser dans une « robe Annam crêpe marocain noir doublé de vert » ou dans cette « robe Nirvana fulgurante noire » et surprendre par le port d'un « gilet crêpe Georgette blanc ». Quand je demandais à l'Amazone en quoi consistait ce Nirvana noir et fulgurant de Paul Poiret, elle ne s'en souvenait plus et se contentait de rêver à ses élégances passées...

C'est le règne de la camaraderie. La femme qui se veut l'égale de l'homme ne montre plus ses bijoux mais ses muscles. La sportive Natalie n'a pas attendu les années 25 pour chevaucher, nager, pratiquer la gymnastique suédoise ou se mettre nue quand elle en avait envie sous le seul regard des arbres, des vagues et d'une autre nymphe attentive...

C'est le règne des boîtes. Natalie n'y mettra pas les pieds. Elle aime trop se coucher tôt. Louable habitude qui lui coûtera pourtant « une aventure de l'esprit » avec Marcel Proust. Ce dernier souhaite une rencontre avec cette amazone que ses amours avec Liane de Pougy et Renée Vivien, et la passion de Gourmont, ont rendue légendaire. Il charge leur ami commun Paul Morand d'en faire la demande. Au bal des Petits Lits blancs de 1921, Paul Morand s'arrête un instant de danser avec Cécile Sorel, « huppée en oiseau de paradis », pour informer l'Amazone de la mission dont il est chargé. Les négociations se révèlent difficiles. Natalie se couche quand Marcel se lève. Comme la lune et le soleil, ces deux astres ont peu de chances de se voir face à face. On transige. Proust viendra à minuit au 20, rue Jacob.

Natalie attend. Elle essaie de ne pas s'endormir en lisant et en veillant à ce que la température de la pièce atteigne bien les vingt-deux degrés exigés par le visiteur qui arrive, ponctuel. Sodome et Gomorrhe sont face à face et découvrent qu'ils n'ont rien à se dire. Alors Marcel Proust se livre à son numéro mondain jusqu'à l'aurore. Figée dans sa chasuble d'hermine, Natalie écoute et juge sans l'interrompre, sévèrement, le numéro. Un demi-siècle plus tard, l'Amazone en était encore transie d'indignation :

« Une nuit blanche pour m'entendre dire que mon rire ressemblait à celui de madame Greffulhe ! »

Ils ne se verront plus, et c'est dommage. On peut rêver aux fruits qu'aurait donnés une amitié entre Marcel Proust et Natalie Barney, à la correspondance échangée. Dans la demi-douzaine de lettres qui avait été nécessaire pour fixer ce rendez-vous de minuit, Proust espérait que cette amitié serait inéluctable et prévoyait :

« ... après, quand on se connaîtra mieux, nous déciderons d'un commun accord qui nous jugeons digne de notre entente [1]. »

L'entente ne se fit pas et Natalie étendra son blâme jusqu'à ce *Sodome et Gomorrhe* dont le deuxième volume paraît et dont elle estime, en experte, les Gomorrhéennes « invraisemblables ».

La mort de Proust, en 1922, n'en marque pas moins la véritable fin d'un monde qui a été celui des premières jeunesses de Natalie. Des empires se sont effondrés, des républiques naissent, des duchesses tiennent boutique, des vendeuses épousent des rajahs. Bouleversements qui n'affectent guère Natalie qui reste résolument « l'amie des hommes et l'amant des femmes ». L'amie d'hommes aussi divers que Max Jacob ou Paul Valéry, ce Valéry dont elle

---

1. Cité par Natalie Clifford Barney dans ses *Aventures de l'esprit,* Emile-Paul, p. 66.

veut résoudre les embarras financiers et propager l'œuvre aux Etats-Unis. Elle renonce à cette double tâche dès que M. Teste consent à être la proie des académiciens et des mondains :

« André Gide mène ses vices avec plus de tenue que Paul Valéry sa gloire », dit-elle.

Elle rangera les lettres de Valéry dans l'un des tiroirs de son secrétaire et, de temps en temps. exhumera celle où s'est glissé, entre deux formules de remerciement, ce bizarre aveu :

Ah ! que je voudrais donc être aussi une amazone. Je me suis brûlé les deux seins ; je croyais que de les consumer profiterait à mes cerveaux [1] !

Ah ! Les seins de femme, comme ils obsèdent l'Amazone. En leur faveur, en 1924, elle n'hésite pas à partir en croisade et à pourfendre un de leurs détracteurs, Ramon Gomez de la Serna. Ce jeune écrivain espagnol, dans un livre qu'il a consacré aux seins, a osé les comparer à des « outres » et à des « cataplasmes ». L'Amazone bondit et compose une réponse qu'elle dédie « à l'homme, ce mal sevré ». Cette connaisseuse réfute point par point les erreurs commises par Gomez de la Serna. Avec lyrisme et précision, elle loue « ces cimes difficiles réservées aux élus » et qui « déterminent la qualité et la race d'un amant bien mieux que ces jeux du bas-ventre ». Elle termine sa plaidoirie par un magnifique : « En défendant les seins contre vos erreurs et vos incompréhensions masculines, il me semble défendre en quelque sorte ma patrie ! »

Au cours d'un banquet, Ramon Gomez de la Serna reconnaît sa défaite et propose d'élever une statue de l'Amazone « sur l'Artémison de Paris ». Projet qui n'aura pas de suite. C'est dommage. Ce

---

1. Cité par Natalie Clifford Barney dans ses *Aventures de l'esprit,* Emile-Paul, p. 145.

monument serait certainement aujourd'hui le rendez-vous des amazones de la capitale...

Pour se reposer des fatigues de cette croisade en faveur des seins, Natalie s'enfuit en été avec Romaine vers ces rivages provençaux que ses compatriotes — comme Scott Fitzgerald ou Franck Jay-Gould — ont découverts. Sur la plage de Beauvallon, elle rencontre son amie Colette venue en voisine de Saint-Tropez. Natalie et Colette nagent ensemble. La première s'impatiente et gronde la seconde :

« Tu tournes en rond ! Tu n'avances pas !

— Et où voudrais-tu donc que j'aille ? »

Même quand elle nage, une séductrice sait où elle va.

Natalie se laisse ensuite entraîner par Romaine en Italie. Les deux amies rendent visite à Gabriele D'Annunzio qui a lu les *Pensées d'une Amazone* et en a rempli les marges « des signes bleus de l'admiration ». D'Annunzio offre à Natalie sa *Contemplation de la mort* qu'il accompagne de cette dédicace : « A Natalie qui ne contemple la mort que pour forger la vie. »

Natalie a non seulement forgé sa vie, mais aussi sa légende. Légende qui va inspirer à Radclyffe Hall la Valérie Seymour de son roman *Le Puits de solitude* [1], qui paraît en Angleterre en 1928. Ce livre, voué aux amours purement lesbiennes, cause un scandale sans pareil, mais sans parvenir à troubler l'Amazone, habituée à son rôle de muse, et qui lit paisiblement :

« ... la vie même de Valérie était très osée... Elle était (...) une sorte de pionnier dont le nom resterait probablement dans l'histoire. (...) Ses aventures amoureuses auraient pu remplir trois volumes, même après avoir été expurgées. De grands hommes l'avaient aimée, de grands écrivains l'avaient chantée, l'un d'eux, disait-on, était mort parce qu'elle

1. Gallimard, éd.

l'avait refusé, mais Valérie n'était pas attirée vers les hommes... »

Ces écrivains, hommes ou femmes, Natalie Barney les a réunis dans un volume publié en 1929 par Emile-Paul, *Aventures de l'esprit*. De tous ses livres, c'est celui que l'Amazone préfère. C'est son bilan de vingt ans de flirts intellectuels et de passions littéraires, son musée très personnel, le panthéon de ses grandes admirations et de ses petits dégoûts. C'est la preuve tangible de la réussite de ses séductions, depuis Remy de Gourmont, « faune monacal en robe monacale », « trop lucide pour être ambitieux », jusqu'à Anatole France, avec son « incorrigible, charmante et timide politesse », de Pierre Louÿs, « ce violateur des mœurs », à Rainer Maria Rilke, « cet être à contretemps ».

Côté femmes, Romaine Brooks, qui, « à défaut d'amis supportables, n'a pas eu les ennemis qu'elle mérite », voisine avec Renée Vivien, qui « recherchait la gloire (mais à force de désespérer de l'amour) ». Djuna Barnes, « intègre, intacte et fruste », côtoie Colette, qui aime « un homme à la fois pour assurer son esclavage ». Elisabeth de Gramont, « digne en toute circonstance d'une nature qui est le talisman du *vrai* savoir-vivre ». Lucie Delarue-Mardrus, Anne Wickham, Gertrude Stein, et d'autres encore, complètent cette remarquable, cette irremplaçable galerie de portraits qui pourrait porter en exergue cet aphorisme de l'Amazone : « L'indiscrétion m'a toujours semblé un des privilèges du tact. »

A travers ces *Aventures de l'esprit,* l'Amazone trace l'histoire de son salon, sa création, son enfant, et chéri comme tel. Aussi demanda-t-elle à Romaine une illustration qui représenterait les célébrités qui ont défilé depuis vingt ans au 20, rue Jacob. Romaine démontre à Natalie l'impossibilité d'accéder à pareille demande.

« Pourquoi n'essaierais-tu pas toi-même ? Ce serait plus amusant », conseille Romaine.

Le dessin est peut-être une des rares choses pour

lesquelles Natalie ne soit pas douée. Péniblement, elle trace les quatre colonnes de son temple, et sur les marches fait figurer l'Amazone et Remy de Gourmont. Puis, autour d'une table où de simples ronds représentent les tasses à thé, elle écrit une multitude de noms. Avec le temps, cette liste a atteint la beauté de certaines énumérations trouvées dans les pyramides : Jean du Breuil de Saint-Germain, José de Charmoy, Apollinaire, Isadora Duncan, Armande de Polignac, Bonnefon, d'Humières, Rodin, Ford Madox Ford, Arthur Symonds, Aman-Jan, Vallette, Supervielle, Louise Weiss, Pierre Louÿs, William Carlos Williams, lady Westmacott, Edouard Herriot, Catherine Pozzi, Tagore, Sylvia Beach, Porto-Riche, Van Dongen, Lucie Delarue-Mardrus, J.-C. Mardrus, Salomon Reinach, Dolly Wilde, Jaloux, Darius Milhaud, Géraldy, Seignobos, les Arnoux, Middleton, Blaise Cendrars, Max Jacob, Cassou, Miomandre, Henry de Groux, Pasteur Vallery-Radot, Paul Valéry, Madeleine Marx, Séverine, Jean de Gourmont, Montesquiou, Marie Lénéru, Berthe Bady, France, Guy de Pourtalès, Alfred Fabre-Luce, Esther Murphy, les Bradley, Gertrude Stein, Alice Toklas, Saint-Léger, Benda, Colette, Moreno, Greta Prozon, Laura Dreyfus Barney, Hélène Berthelot et Philippe, Gomez de la Serna, Milosz, baronne de Brimont, Sinclair Lewis, Olga de Bononska, Larbaud, Porel, Fargue, Ezra Pound, Paul Fort, André Germain, Antonia Addison, Alestair, Soupault, Radcliffe Hall, lady Troubridge, sir James et lady Fraser, Suzanne Heudebert, Marie Laurencin, Morand, René Crevel, Eileen Grey, Dr Couchoud, les Pierre Mille, Mario Meunier, Pr Tchou, princesse Bibesco, D'Annunzio, R. de Rothschild, Elisabeth de Gramont, Barbusse, Drieu La Rochelle, Virgil Thompson, Florent Schmidt, Honneger, Wanda Landowska, Gide, Eve Francis, Rouveyre, Grasset, les Frachon, Henri Albert, Ilse Deslandes, Edouard de Max, Rilke, Armen Ohanian, Emma Calvé, Léon Barthou, Claudel,

Adrienne Monnier, Betsy Gautrat, Eyre de Lanux, Georgette Leblanc, Rachilde, B. Crémieux, Romaine Brooks, Mme d'Anglesy, Lugné-Poe, Dr et Mme Desjardins, Miriam Harry, comtesse de la Béraudière, Noémie Renan, prince et princesse Bassiano, Aurel, la Casati, Arthur Symonds, Adrienne de Lautrec, Mme du Boot, Chalupt, Manuel, Marcel Herrand, Géniat, Yonnel Dupin, Augustus et Raymond Duncan, Richard de la Galienne, James Joyce, Hélène Dufau, une belle de jour, une des désenchantées, un groupe de mondains et, dans un coin, à gauche comme il se doit, Aragon.

11

NATALIE 1930

« Sublime et humaine amie. Sublime
et l'on vous admire ; humaine et l'on
vous aime. »,

(Max JACOB à Natalie BARNEY,
le 23 novembre 1936)

A sept ans, dans
son Amérique natale,
Natalie Clifford Barney se révèle une précoce amazone qui dompte
ses poneys et ses cousins. Des jeux, des voyages, des études,
elle s'applique à parler français avec sa gouvernante française
et à lire les œuvres de la comtesse de Ségur, tout contribue
à l'épanouissement de Natalie qui, déjà, se plaît uniquement
dans la compagnie de ses semblables,
« les plus semblables possible »,
et qui connaît une première passion pour sa mère.
Collection de l'auteur

*L*a mère de Natalie est belle, blonde, élégante. Peintre, elle a pour maître Whistler. Mécène, elle apprend à sa fille à aimer les arts et à protéger les artistes. Alice Pike Barney lui enseigne aussi à suivre sa devise : « Vivre et laisser vivre ».

Collection de l'auteur

*L*e père de Natalie est beau, blond, élégant. Il jouit d'une grande fortune et compte parmi ses ancêtres le commodore Joshua Barney, qui vint à Versailles où il fut présenté à Marie-Antoinette. Albert Clifford Barney apprend à sa fille à ne pas voir certaines choses…

Collection de l'auteur

*N*atalie a trois ans de plus que sa sœur, Laura Dreyfus Barney. Laura est mystique. Natalie est païenne. Laura prend un époux. Natalie est la sultane d'un harem aux nombreuses favorites. On ne peut imaginer sœurs plus dissemblables, ce qui ne les empêche pas de rester unies leur vie durant.

Collection de l'auteur

Quand, dans ses *Cinq petits dialogues grecs*, Natalie évoque Sapho — « elle fut irrésistible comme toutes celles qui ont suivi leur nature. Elle est irrésistible comme toutes celles qui ont osé vivre » —, c'est certainement à elle-même qu'elle pense, elle qui, à l'exemple de Sapho, a osé vivre en suivant sa nature profonde.

Collection de l'auteur

Natalie refuse de débuter à la cour de Saint-James, dans cette Angleterre où, prétend-elle, « rien n'est prévu pour les femmes, même pas les hommes ». En robe de Worth, elle débute donc à Washington, y triomphe, récoltant des soupirants qui, à force d'être aimablement mais inexorablement éconduits, la surnomment « la Sapho de Washington ».

Collection de l'auteur

*N*atalie a posé ainsi
pour Lévy-Dhurmer
qui a dû être sensible à
l'extraordinaire blondeur
de son modèle. Blondeur
que les amoureuses de
Natalie, pour une fois
unanimes, comparent
à un rayon de lune.

Collection de l'auteur

*E*n cette Natalie
de vingt-cinq ans,
Pierre Louÿs voit
« une jeune fille de
la société future ».

Collection de l'auteur

*N*atalie commande chez Landolf un costume de page en velours vert. Dans cette tenue, elle a l'audace de se rendre pour la première fois chez Liane de Pougy « qui me considéra avec gentillesse d'un regard ambigu et me proposa de l'accompagner au Bois. Dans la voiture, je serais encore assise à ses pieds, à la façon d'un page. »

Collection de l'auteur

*N*atalie Barney semble défier le monde, et particulièrement le monde des Lettres, qui va s'emparer de son personnage. En effet, Natalie sera la Flossie des *Claudine* de Colette, la Valérie Seymour du *Puits de solitude* de Radclyffe Hall, l'Evangeline Musset de *L'Almanach des dames* de Djuna Barnes, la Laurette de *L'Ange et les pervers* de Lucie Delarue-Mardrus.

Collection de l'auteur

La rousse Eva Palmer n'aime que le grec. Par amour du grec et d'Eva, Natalie se lance, à seize ans, dans Platon et entraîne sa compagne en vacances à Bar Harbour où M. et Mme Barney ont une maison de campagne qui avoisine celle des Vanderbilt et des Rockefeller. Dans cette île des Monts-Déserts, Natalie et Eva connaissent, entre autres voluptés, celle « d'être nues parmi les sources et sur les mousses des sous-bois ».

Collection de l'auteur

Un après-midi de mai 1897, Natalie doit se rendre au Bazar de la Charité. Elle fuit ce devoir pour le plaisir d'être dans les bras d'une Carmen, modèle à l'Académie Jullian. Cet après-midi-là, le Bazar brûle. Natalie, qui ne compte évidemment pas parmi les victimes de l'incendie, résume son choix, ou sa chance, en une admirable formule : « J'ai toujours été sauvée par mes plaisirs. »

Collection de l'auteur

*B*elle des
belles et reine
du demi-monde
où sa seule rivale est
Caroline Otero. En sa
personne, Liane de Pougy préfigure les États-Unis d'Europe de la
galanterie. Cette courtisane compte parmi ses conquêtes des rois,
des princes, des ducs. Elle préfère pourtant les femmes, et Natalie en
particulier. L'histoire de cette préférence se reflète dans son roman,
Idylle saphique, et dans les lettres qu'elle écrit à Natalie pendant
l'été 1899 : « Des mots, des caresses, des effleurements,
cela, c'est nous deux. »

Photo : DR

*N*atalie Barney inspire à Pauline
Tarn, dite Renée Vivien, un
recueil de poèmes, *Études
et préludes*, et un roman,
Une femme m'apparut.
Natalie n'aime que la
vie. Renée n'aime que
la mort. Leur entente
est des plus difficiles
et leur liaison trouve
son accomplissement,
et le commencement
de sa fin, à l'île
même de Lesbos…

Collection de l'auteur

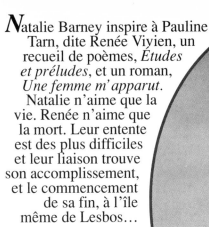

*E*lisabeth de Gramont,
duchesse de Clermont-
Tonnerre, ressemble à
un modèle de
Gainsborough. C'est
une fanatique de
Mallarmé. C'est aussi
une fanatique de
Natalie, pour qui elle
devient la « Chère
Lily ». Chacune
affirme que l'autre est
une parfaite « réussite
humaine ».

Collection de l'auteur

«*U*ne ravissante Chinoise, en costume de satin noir, colonelle dans l'armée céleste », voilà Nadine Hwang qui, dans les années trente, représente, pour les favorites du 20 rue Jacob, le péril jaune…
Collection de l'auteur

*N*atalie est vouée à la famille Wilde. Enfant, elle a sauté sur les genoux d'Oscar ; jeune fille, elle aurait pu épouser l'amant d'Oscar, Lord Alfred Douglas, mais c'est finalement la nièce d'Oscar, Dolly, qui obtient les complets suffrages de sa maturité.
Collection de l'auteur

*L*ucie Delarue-Mardrus, auteur fécond, forme avec son époux, le docteur Mardrus, traducteur des *Mille et une nuits*, un couple à la mode. Entre Natalie et Lucie s'établit un sentiment « qui oscilla longtemps entre l'amour et l'amitié ». Lucie a enclos leurs amours en une plaquette de poèmes, *Nos secrètes amours*, qui paraît sans nom d'auteur ni d'éditeur, ce dernier n'étant autre que Natalie !

Collection de l'auteur

*C*olette Willy appartient à ce que Natalie Barney nommait ses « demi-liaisons ». La jeune Mme Willy avouait à la jeune Miss Barney : « Mes yeux avaient oublié ce qu'est une créature, jolie des pieds à la tête, comme toi. » De cette demi-liaison naquit une entière amitié.

Photo : G. Namur Lalance

*H*enriette Roggers figure dans les « aventures » de Natalie Barney et dans un paragraphe de ses *Souvenirs indiscrets* : « Afin de fuir mon déménagement, je rejoignis cette actrice que j'avais pourtant laissé partir avec soulagement. Dès mon arrivée à Saint-Pétersbourg, j'appris que j'étais évincée, d'abord par un attaché de l'ambassade de France, puis par un colonel russe. » Pour se consoler de son « infortune », pendant le voyage qui la ramène à Paris, Natalie lit *Candide* de Voltaire.

Collection de l'auteur

*R*omaine Brooks est aussi indépendante que Natalie Barney.
Leur union qui, avec bien des traverses, dure de 1915 à 1958, est
celle de deux indépendances. « Tu es tout mon amour », dit Romaine
à Natalie, qui ne peut en dire autant puisqu'elle a résumé sa
profession de foi amoureuse en une phrase : « En amour, je n'aime
que les commencements. » Leur union ne résistera pas, en 1958, à la
dernière passion de Natalie, Gisèle.

Collection de l'auteur

*T*elle apparaissait à Remy de Gourmont Natalie Barney revenant d'une chevauchée au bois de Boulogne. De cette resplendissante cavalière, Remy de Gourmont fait son Amazone, à qui il déclare : « Car vous êtes l'Amazone et vous resterez l'Amazone tant que cela ne vous ennuiera pas, et peut-être même plus tard dans mon cœur en cendres. »

Collection de l'auteur

*E*n 1910, quand il rencontre Natalie Barney, Remy de Gourmont est au sommet de sa gloire. Il perd complètement la tête et le cœur pour celle qu'il baptise « Natalis » et à qui il ne cesse de répéter : « Vous êtes ma véritable amie et je vous aime. »

Dessin de Rouveyre. Photo : G. Namur Lalance

André Rouveyre est, après Remy de Gourmont, le deuxième homme de la vie de Natalie Barney. Cet écrivain a connu Gourmont et vénère son Amazone. « Sainte Natalie » et « Frère André » s'entendent en tout et s'amusent à jouer les « spécialistes en tout ».

Collection de l'auteur

Ces cinquante printemps constituent l'apogée d'une Natalie résolue à ignorer cette banalité : le déclin. Habituée aux sommets, elle savoure longtemps les privilèges de sa maturité.

Collection de l'auteur

*C*aché dans une cour intérieure du 20 rue Jacob, le Temple de l'Amitié édifié par Maurice de Saxe, arrière-grand-père de George Sand, pour Adrienne Lecouvreur. Natalie Barney en devint la vestale et y mit une pancarte qui portait cet avertissement :
« Danger ».
Photo : DR

*D*ominé par le portrait de Gourmont, le salon de l'Amazone. C'est là que Natalie Barney a reçu, chaque vendredi après-midi, et vécu ses
« aventures » de l'esprit pendant soixante ans. Le secret d'une aussi longue réussite ?
« Je n'ai jamais eu de salon. Je n'ai eu que des tête-à-tête », répondait-elle.
Photo : Connaissance des Arts

*É*pistolière née, l'Amazone savait transformer un simple billet d'invitation en une page pleine de trouvailles. Ce billet à Jean Chalon, « mon Jean », qui annule leur traditionnel déjeuner du mercredi, « notre jour », pour une soirée improvisée en l'honneur de Mary MacCarthy, en est la preuve, avec son « ou quelque autre jour qui vous plaira si vous avez le temps de vous plaire ? En hâte et affection, votre Natalie ».

Collection de l'auteur. Publiée avec l'autorisation de M. François Chapon.

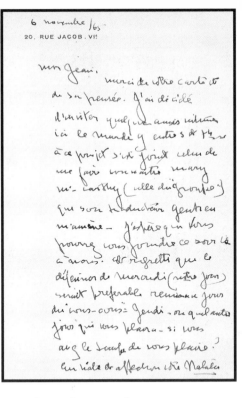

*N*atalie Barney et Jean Chalon, un jour de réception au 20 rue Jacob, à l'automne 1964, un an après leur première rencontre. Natalie aimait particulièrement cette photo, qu'elle évoque dans une lettre à son ami et futur biographe : « ma main sur votre épaule, mon cher chevalier. »
Photo : Michèle Brabo

A la fin de ses jours, Natalie peut dresser un bilan positif de sa vie,
à sa façon, exemplaire : « J'aime ma vie. D'abord parce que j'ai su
la garder libre pour mieux la donner. Guidée par l'amour — celui qui
nous oblige à nous dépasser —, j'ai aimé avec ferveur mes
semblables, les plus semblables possible [...]. Presque personne
ne vit sa vraie vie, ne s'occupe de la seule chose qui me semble
essentielle : l'amour. » Jusqu'à son dernier soupir, le 2 février 1972,
Natalie Clifford Barney a vécu selon la meilleure définition qu'elle
ait donnée d'elle-même : « une mystique de l'amour ».

Photo : Gisèle Freund

On ne manquera pas de se demander comment Natalie peut aussi pleinement consacrer ses jours aux aventures de son esprit et ses nuits à d'autres voluptés. Quoi, vraiment, aucune préoccupation n'entrave la poursuite de ses plaisirs ? Aucune. Même la fameuse crise de 1929 qui voit choir tant de fortunes américaines n'entame par la « fabuleuse fortune des Barney ».

Natalie, sa mère et sa sœur continuent à recevoir les très importantes rentes que verse cet inépuisable trust de Washington dont j'ai renoncé, du vivant de l'Amazone, à comprendre les rouages. Je n'ai pas la cervelle financière.

Un déluge mensuel de dollars permet à Natalie de mener le train de vie de son choix. Pour satisfaire à ses moindres désirs, au 20 de la rue Jacob, une tribu s'affaire : une gouvernante, un chauffeur, une femme de chambre, deux Indochinois, tour à tour cuisiniers et maîtres d'hôtel. Petit monde qui ne va pas sans drames, et dont pâtit souvent Mademoiselle. Il est vrai que Mademoiselle est tellement exigeante. Mademoiselle veut que tout soit parfait. Comme personne ne l'est, gouvernante, femme de chambre, chauffeur et cuisinier défilent sans arrêt. Enfin, le 8 juin 1927, tombe du ciel une perfection qui se nomme Berthe. Ce n'est d'ailleurs pas le ciel qui envoie cette perle née en Bourgogne, mais une amie de Mademoiselle, la romancière Djuna Barnes, qui a remarqué la gaieté de cette vendeuse de vingt-trois ans dans un magasin de produits anglo-américains.

Berthe n'aime que les voyages. Et Mademoiselle

voyage beaucoup. Berthe se laisse engager comme simple femme de chambre. Pendant les quarante-cinq ans qui suivront, celle qui aime les voyages ne quittera pratiquement plus le temple de l'Amitié, sauf pour de brèves escapades en Provence et en Italie où elle accompagnera Mademoiselle.

L'honnêteté de Berthe, son bon sens de fille de la campagne réussissent en deux ans à conquérir la maison et le quartier. Sa vivacité aux yeux bleus et aux cheveux bouclés séduisent Henri Cleyrergue, employé dans une imprimerie voisine. Berthe et Henri se marient. Le couple s'installe dans un appartement situé au-dessus de la voûte d'entrée du 20, rue Jacob. Ainsi, Berthe n'a que la cour à traverser pour accomplir ses fonctions résumées par Mademoiselle en une dédicace qui date de 1929 :

A Berthe, ma bibliothécaire, gérante, téléphoniste, garde-malade, homme de peine, de cuisine, femme de chambre et de confiance, compagne de mes hivers et de tous les ennuis qu'elle m'aide à aplanir — afin qu'il me reste un peu de temps pour écrire les poèmes que voici.
Sa souvent irritable et toujours affectionnée :
Natalie Clifford Barney.

Les débuts n'ont pas été faciles. Berthe ignorait « ces choses » qu'elle apprend par les racontars d'office et que confirme la concierge d'un implacable : « Mademoiselle est une femme à femmes. » Berthe pleure. Berthe veut partir. Berthe se croit en enfer. Mais les flammes de cet enfer-là ne peuvent rien contre la droiture de cette salamandre. Avec une simplicité exemplaire et un tact inné, Berthe traversera les mille et une intrigues de ce sérail.

Comment Berthe est-elle parvenue à se changer à la fois en grand vizir et en amie ? Un mot, un seul, de son vocabulaire personnel l'explique : « Je me suis *dégrouillée.* » C'est-à-dire qu'elle s'est débrouillée. Elle est montée au dernier étage implorer d'une vieille Maria ses secrets de cuisine, elle a appris à évincer les importuns et à comprendre sur un regard de Mademoiselle ce que Mademoiselle souhaite.

Enfin, « j'ai pris les intérêts de Mademoiselle comme si c'était les miens », dit Berthe. Les livres de comptes sont impeccablement tenus comme le reste de la maison. La renommée de Berthe se répand rapidement dans le clan Barney. Quand Lucie Delarue-Mardrus publie un roman, et Dieu sait si elle en publie, elle en envoie un exemplaire à Natalie et un autre à Berthe. Son exemple est suivi par Colette. Celle-ci écoute avec plaisir l'accent bourguignon de Berthe qui ressemble au sien, admire ses compétences et conseille à Natalie :

« Celle-là, tâche de la garder ! »

Un seul et dernier orage opposera Berthe et Mademoiselle en 1929. Berthe, qui prépare les bagages de l'Amazone, « a cru bien faire » en glissant dans une valise « du fil, des boutons, des aiguilles ». Mademoiselle pâlit sous cette involontaire insulte et dit : « Berthe, ne recommencez plus. » Et elle explique à la Perle étonnée qu'une Amazone ne manie pas le fil et les aiguilles et qu'il y a des gens pour cela. Berthe ne recommencera plus.

Berthe délivre Mademoiselle de tout souci domestique. Elle s'intègre parfaitement à cette société et à ce décor installé depuis vingt ans par miss Barney. Rien n'a changé. Au rez-de-chaussée, les tableaux de Carolus Duran et d'Alice Pike Barney ont acquis une indispensable patine. Dans la salle à manger, deux nouveautés seulement, deux portraits par Romaine Brooks, celui de la maîtresse de maison qui assure ainsi sa présence, même quand elle n'est pas là, et celui de la duchesse de Clermont-Tonnerre.

Le premier tableau, peint en 1920, montre une amazone rêveuse sur fond de neige. A son cou, le collier de saphirs offert par Romaine. Le deuxième, qui date de 1924, présente une duchesse fermement décidée à affronter avec un égal courage l'échafaud, l'exil, un dîner en ville ou une réunion politique. La « chère Lily » penche vers le communisme. On l'a surnommée la Duchesse rouge. Deux voyages en Russie seront nécessaires pour que la duchesse renonce à cette couleur. Aux veilles du Front populaire, elle garde encore ses illusions, ce qui ne l'empêche pas de se fâcher contre sa femme de chambre avec une telle violence de langage que celle-ci se rebiffe :

« Madame la duchesse n'osera plus me parler sur ce ton quand on défilera dans les rues avec le drapeau rouge.

— Eh bien, c'est ce qui vous trompe, ma fille, parce que le drapeau rouge, c'est moi qui le porterai. »

Réplique qui suffit à peindre un personnage assuré d'être toujours à sa place : la première. La duchesse ne portera pas le drapeau rouge, mais participera aux défilés du Front populaire, le poing tendu. Réflexion de Natalie :

« Le poing tendu ? Pourquoi, chérie ? Était-ce confortable au moins ? N'avais-tu pas mal au bras ? »

Quand elle ne défile pas, la duchesse brille dans les derniers salons et dans les boutiques d'antiquaires où elle déniche une sculpture de Carpeaux, la statue de Watteau. Près des deux portraits de Romaine Brooks, juché sur une colonne de marbre rose, Watteau semble veiller aux embarquements pour Cythère dont il est le témoin.

La séductrice entend profiter de tous les atouts de ses cinquante printemps. C'est une jeune fille de cinquante ans, un peu alourdie par un abus de poulet à la crème et de vacherin glacé. Elle porte des cols hauts, des foulards blancs ou noirs, destinés à masquer un début de flétrissure du cou. Elle a grande allure, car elle appartient à cette génération dont le mot d'ordre était : « Se tenir droit ! » Jamais je ne verrai l'Amazone reposer les fatigues de l'âge contre le dossier d'un fauteuil. Elle possédera jusqu'à son dernier jour un maintien que pourraient envier nombre de nos adolescentes avachies.

Cette cinquantaine privilégiée constitue l'apogée d'une Natalie résolue à éviter un déclin semblable à celui que connaît Liane. Son ancienne amoureuse, sa toujours amoureuse, a vieilli et ses lettres tournent au bulletin de santé :

Cher Moonbeam,

Me voici encore souffrante. Je suis condamnée au lit, à la gelée de coing et au riz. J'ai eu très mal et Georges a eu très peur, car on a craint l'appendicite cette nuit. Il n'en est rien.

Je ne pourrai pas sortir avant samedi. Je vois que le temple de l'Amitié ne s'ouvrira pas pour moi encore ces jours-ci. Qu'importe. La tendresse est là qui joint la mienne par-dessus tant d'êtres et tant de choses.

Je pars lundi pour Saint-Germain. J'irai en Rolls-Royce parce que je suis très faible et que je veux y transporter dans mes bras un petit bureau en laque rouge qui fait mes délices. Il faut se faire partout des petits plaisirs pour voiler les grandes peines. Toi, tu es un grand et rare plaisir, cher Moonbeam d'autrefois et de sans cesse. Reviens vite. Amène Romaine, elle nous plaît, mais pas l'autre [1], qui aurait pu être polie et qui m'a dit que je soignais les petits enfants nègres.

Que tu es bien restée toi-même, cher petit, avec ton indulgence attendrie et souriante qui s'étend des petits aux vieillards et qui les dépasse tous. Viens, reviens, surviens, mon subtil rayon.

Oui. Liane a raison, Natalie est restée elle-même. Elle n'a pas cédé à la tentation de n'être qu'une femme de lettres ou de confondre son histoire avec celle de son salon. Elle a préféré succomber aux multiples tentations de l'amour. Elle en a oublié de vieillir. C'est l'exercice quotidien du plaisir qui retient la jeunesse et non les régimes, la gymnastique ou les bains d'algues. Le plaisir accorde à sa dévote le

1. Impossible d'identifier cette « autre ».

privilège d'éternelle séduction qui fut celui d'une Ninon de Lenclos. On ne compte plus, pendant l'entre-deux-guerres, les victimes de cette Ninon de Lesbos. Son naturel désir de conquête s'appuie maintenant sur une soigneuse stratégie, celle qui ménage les lenteurs d'un affût délectable et les surprises d'une attaque sans merci... Et comme elle sait attaquer, cette chasseresse ! Quand la chasse dure trop, Romaine en prend ombrage. Du harem de Natalie, Romaine sait qu'elle est la sultane. En bonne sultane, elle n'aime guère les favorites d'une ou de mille nuits.

La paix, la « paix végétale » du 20, rue Jacob est parfois troublée par les querelles sentimentales qu'engendrent les frasques de Natalie. Attention : ces dissensions ne peuvent se comprendre que placées sous le signe de la plus implacable des courtoisies. On est entre dames « bien élevées » dont l'irrémédiable bonne éducation ne supporterait pas les éclats, les cris, les coups. Quand une favorite entreprend de se suicider, elle a le tact de se laisser sauver au dernier moment. Et surtout, pas de scènes à table, à une table où sultane et favorisées sont obligées de voisiner et de se sourire. Rien ne doit troubler la digestion de Natalie et le cérémonial d'un monde — le sien — où changer d'assiette à chaque plat n'est pas un événement et où il est normal de lire le nom de ses ancêtres sur les plaques de rues.

Natalie la Bien-Aimée n'aurait pas supporté les insolences d'une du Barry. Ce n'est pas snobisme de sa part, puisque, entre une princesse du sang et une reine du charme, Natalie ne fait pas de différence. Encore faut-il que princesse et reine se plient à l'étiquette de la séductrice. Pour plaire à Natalie, il faut savoir parler à voix basse, savoir se taire aussi, servir le thé, et, en ces années de tumultes et de folies, garder une fragilité de vierge 1898. Natalie est fidèle à son idéal de beauté incarné par Liane la bien-nommée. On voit peu de garçonnes dans le salon et entre les bras de l'Amazone. Par leur allure et leurs propos, les garçonnes épouvanteraient les fées distinguées, les Liane 1930 empressées autour de leur reine !

Ordre et beauté, luxe, calme et volupté, Natalie a entendu la leçon de Baudelaire. La beauté, le luxe, le calme, la volupté — et un certain désordre — marquent alors la vie de Natalie et son symbole de pierre, le temple de l'Amitié. Ses colonnes doriques et son fronton triangulaire abritent deux principales favorites, Dolly Wilde, « cette brillante nièce d'Oscar », et Schewan de Erne. (Pour cette dernière, j'ai choisi un pseudonyme qui respecte les bizarres consonances des nom et prénom de cette dame qui doit finir tranquillement son existence en compagnie de son époux.) Vivent-ils aujourd'hui de la façon que l'Amazone stigmatisa ?

« C'était un ménage qui comprenait mal les lois du jeu, des responsabilités et politesses réciproques. Un couple vivant de prétentions non justifiées et de l'initiative de ma seule amitié, source, hélas ! tarissable. Schewan était une beauté déjà déclinante et qui cependant servait d'enseigne au ménage. Elle s'usait et s'abîmait dans des besognes pour lesquelles elle était mal faite afin de sauvegarder l'oisiveté improductive de son époux. Quant à lui, l'époux, c'était un petit animal à la voix cassée — ses ancêtres avaient dû attraper la syphilis. Il aimait les soldats de plomb et les entretiens sur la politique et sur l'art. Evidemment, il n'entendait rien à la politique, ni à l'art. Un soldat de plomb, Schewan avait épousé un soldat de plomb, mais d'une espèce nouvelle. Ce soldat partageait tous les bienfaits rendus à sa femme. Mais il défendait ses droits conjugaux et veillait à ce que la marchandise ne soit pas livrée », m'expliqua Natalie, avec sa verve coutumière.

La — très belle — marchandise est pourtant « livrée ». Une passion s'ensuit, assez forte pour inquiéter Romaine et alarmer Dolly. Schewan masque son absence de tempérament en se livrant à de faciles déchaînements. Des lettres empreintes du rouge de ses lèvres témoignent de ses prétendus emportements. Natalie s'y laisse prendre. Mais on ne trompe pas longtemps une séductrice avisée. Et l'Amazone me résuma leur désaccord en deux phrases :

« Elle se fichait du plaisir. Moi non. »

Mari trop intéressé et femme pas assez intéressante sont chassés du paradis de la rue Jacob. Romaine respire et Dolly consent à ce que l'on referme ses veines qu'elle avait commencé à entrouvrir... Dolly souffre de la même insuffisance que Schewan : elle préfère le mot à mot au corps à corps. Le charme de ce Wilde féminin est tel que Natalie ferme les yeux sur cette faiblesse majeure. Elle ne manifeste pas autant d'aveuglement pour les penchants de Dolly à la boisson et à la drogue. Penchants combattus vainement. Impossible guérison. A chaque infidélité de Natalie, Dolly s'enferme dans sa chambre d'hôtel en compagnie de ses livres, de ses bouteilles et de ses poudres. Devant ces désordres, Romaine hausse les épaules, lève les yeux au ciel et reproche à Natalie d'avoir *encore* mal choisi...

Cette absence de lucidité sentimentale tant critiquée par Romaine justifie un aveu que me fit un jour l'Amazone à qui j'avais demandé, par jeu, de choisir, pour une existence future, entre les quatre dons dont elle avait été comblée en cette vie présente : beauté, esprit, santé, fortune. Sans hésiter, l'Amazone me répondit :

« Le discernement. »

Je ne pense pas que Natalie ait complètement manqué de discernement dans ses aventures amoureuses. Du portrait de Dolly qu'elle trace en 1931 émane un charme auquel on est encore sensible. Qui aurait pu résister à cette « créatrice d'enchantements imaginaires » qui possède, outre sa beauté d'Irlandaise, tout l'esprit des Wilde ? Et qui, comme Renée Vivien, s'en va, dos courbé et tête baissée ? « Dolly, tout hérissée de sensibilité (...), a un tempérament d'artiste plutôt que de mondaine ; vous pourriez m'objecter que c'est une artiste sans œuvre ? Non pas, elle écrit (en grande dépensière qu'elle est) à même la vie : chaque jour est la page blanche où elle inscrit ses impressions, ses plaisirs, ses angoisses. Ces dernières sont au plus grand nombre », écrira Natalie Barney dans son *In Memory of Dorothy Ierne Wilde* qu'elle composera dans les années 50. Et plus loin, l'Amazone ajoutera : « Elle est comme toute jeunesse à présent dans l'incapacité d'avoir un but — ou de s'en passer. Il en résulte un malaise, un détraquement... »

Malaise et détraquement que Natalie comprend de moins en moins et qu'elle se résigne à mettre sur le compte de la différence de générations :

« Dolly est du temps des automobiles, et moi, du temps des équipages », dit cette séductrice du haut de son demi-siècle de séduction, et qui se rend compte que les années, comme les équipages, se sont enfuies...

Natalie admire chez Dolly « sa facilité à s'amuser de tout » et à divertir les autres, comme son oncle Oscar. Dolly est l'organisatrice de fêtes improvisées, le boute-en-train de la petite bande qui, chaque été, se réunit à Beauvallon.

En 1928, Natalie et Romaine ont fait construire à Beauvallon une maison, *Le Trait d'Union,* où elles espèrent vieillir ensemble. Elles ont soigneusement partagé la maison en deux, veillant à ce que l'indépendance de chacune soit respectée. Natalie peut y recevoir à son aise ses fidèles. Romaine, qui n'aime pas le monde, peut y peindre, sans voir personne, si tel est son désir. Les deux amies ont un terrain d'entente et de rencontre, la salle à manger, qui sert de trait d'union et justifie le nom de la maison.

Natalie aime le monde. Romaine préfère la solitude. C'est l'un de leurs drames. A Beauvallon, comme à Paris, Dolly porte ombrage à Romaine. Il arrive que la sultane et la favorite, sans se consulter et également à bout de patience, se fâchent en même temps avec Natalie qui envoie alors Berthe en ambassadrice, en porteuse de lettres de réconciliation.

« Madame Brooks ne veut pas qu'on la dérange. Elle peint, répondent les domestiques.

— Dites que c'est pour Berthe », insiste la messagère.

Romaine consent à recevoir Berthe, « parce que c'est Berthe », et à lire la lettre. Elle refuse d'y répondre.

« Madame Brooks, si vous n'y répondez pas, Mademoiselle va m'attraper. »

De guerre lasse, Mme Brooks consent à tracer quelques mots sur une feuille, tout en précisant :

« Berthe, dites bien à Mademoiselle que si je réponds, c'est pour vous faire plaisir à vous. Ce n'est pas pour *elle*. »

Même dialogue et même comédie chez Dolly. Berthe rapporte triomphalement ses deux réponses. « Elle » est contente et félicite la diplomate improvisée. D'orages en réconciliations, l'été passe et les autres saisons aussi.

Les bourrasques sensuelles et les tempêtes sentimentales n'empêchent pas Natalie d'écrire. En 1930, elle publie à Londres un roman, *The One Who is Legion (Celle qui est légion* [1]), avec deux illustrations de Romaine Brooks. Renée de Brimont en rend compte dans la revue *Le Manuscrit autographe* :

« L'ouvrage, que son auteur conçut en anglais, et dont une traduction — souhaitable d'ailleurs [2] — ne rendrait qu'à demi l'accent rythmique, n'est en somme rien de moins que le drame de la mort. L'être multiple se dissocie, cherche dans le dépouillement du pluriel, en lui rassemblé, son unité propre, son *individualité,* en ce qu'il laissera d'intangible, en un mot, quand s'éloignent d'éphémères mirages et que les fantômes dont il fut le mécène se disperseront un à un... »

Ce drame de la mort mis en roman, Natalie s'en explique de cette façon :

1. Eric Partridge, éd.
2. Mais qui n'a pas encore été faite.

« Durant des années, je fus obsédée par ce désir d'orchestrer les voix intérieures qui nous parlent à l'unisson. Il me fallait ainsi composer un roman dont les héros ne seraient pas ceux du dehors, mais ceux du dedans. Car n'avons-nous pas plusieurs moi ? Une histoire ne peut-elle se dégager de nos conflits et de nos harmonies cachées ? »

Dans un autre numéro du *Manuscrit autographe,* Natalie publie deux chapitres d'un roman inédit. Une fois de plus, elle y condamne le couple, et sous la transparente initiale de N... y trace sa propre justification :

« N... appartient à une catégorie d'êtres dont l'espèce deviendra peut-être moins rare lorsque le vieux couple terrestre, définitivement discrédité, permettra à chacun de garder ou de retrouver son entité.

« A ce moment de l'évolution humaine, il n'y aura plus de "mariages", mais seulement des associations de la tendresse et de la passion. Des antennes infiniment plus délicates mèneront le jeu des affinités. Ces allées et venues remueront de l'espace. Pour apporter quelque chose, il faut venir d'ailleurs.

« L'arrêt dans la fidélité, ce point mort de l'union, sera remplacé par un perpétuel devenir. »

Que devaient penser Romaine, Dolly et quelques autres en lisant ces lignes ? Et comme elles devaient reconnaître leur amie dans cette profession de foi, dans cet autoportrait :

« Epicurienne aux sens hypertrophiés, et douée pour cette qualité de joie qui ne peut éviter le martyre, elle souffre à l'écart avec rage et patience.

« Etonnée, meurtrie et refoulée toujours de la même façon. Imaginative, confiante et trop prêtée à autrui pour l'observer avec profit, les ruses et les mobiles lui échappent. Sincère jusqu'au sadisme, tendre, subtile et fervente avec pudeur, disciplinée et polie, jusqu'à la lâcheté, personne ne l'a jamais vu souffrir, personne ne l'a jamais plainte ni secourue.

« D'ailleurs qui s'approcherait à un tel moment

207

aurait vite emporté une pelletée de sarcasmes et une impression de cynisme plutôt que de chagrin.

« (...) Un faible cœur tenace. Des duretés insoupçonnées. Des nerfs d'un métal intraitable. Sociable mais invivable. Servile envers les étrangers, brutale envers ses proches. Une assez bonne opinion de soi pour se passer de flatterie. Absence d'humilité, goût de la réclame que sa paresse l'empêche de poursuivre. Peu d'êtres ou de choses lui sont sacrés. Elle foule aux pieds les maladroits ; ce traitement de négrier les rend encore plus maladroits. Sans conviction, son point de vue varie selon ce qu'elle y trouve. Elle apprécie la droiture moins en soi que comme loi du jeu. Souple et sophistique, elle méprise la justice autant que ceux qui en font profession. Son jugement est signe de vengeance. Elle se plaît à dominer et se lasse vite de ce qu'elle domine.

« Nature de proie mais qui ne cherche aucun profit. On la croit avare, prenant pour de l'avarice la faculté de gérer ses affaires et celles des autres de façon à n'y plus penser. On la trouve au besoin mais on la trouve sagace [1]. »

Telle est exactement Natalie à cinquante-quatre ans. Dans ce même numéro, le directeur du *Manuscrit autographe,* Jean Royère, un dévot de Gourmont, en profite pour signaler tout ce que les *Lettres à l'Amazone* doivent... à l'Amazone, « dans son double rôle d'inspiratrice et d'actrice du bonheur ». Voilà qui fait un peu oublier à Natalie le personnage de Laurette Wells qu'elle a inspiré à Lucie Delarue-Mardrus dans son roman *L'Ange et les pervers* qui paraît alors [2]. Lucie n'a rien oublié, même pas la couverture d'hermine dont Natalie se couvre pendant sa sieste ! La « chevelure fée » et les « yeux en lame d'épée » sont, évidemment, mentionnés et décrits. Ce n'est pas tout. Laurette Wells y est

1. Texte que Natalie Barney reprendra dans *Traits et portraits,* Mercure de France.
2. Ferenczi, éd.

208

montrée comme « perverse, dissolvante, égoïste, injuste, têtue. (...) Mais vous êtes une vraie révoltée. (...) En dedans de vous-même un chic type ».

Ces deux concessions finales, « vraie révoltée » et ce « chic type » — expressions que Lucie avait déjà employées, on s'en souvient, pour clore son discours d'hommage à Natalie — atténuent les rigueurs du début.

Lucie Delarue-Mardrus s'est, selon son habitude, donné le beau rôle dans le personnage de Marion Hervin qui a « tout lu, tout étudié » et qui en profite pour faire le procès de Laurette Wells-Barney :

« Car vous êtes terriblement américaine, malgré vos airs de n'être de nulle part. Vingt-cinq rendez-vous dans tous les quartiers de Paris à la même heure, sans compter cinq minutes au théâtre et un quart d'heure au concert, la bougeotte maladive, quoi ! qui vous vient des paquebots, des trains et des hôtels où vous avez été trimballée trop tôt, comme tous les petits Yankees trop riches. »

Reproches qui ne surprennent guère Natalie. Elle a l'habitude des intransigeances de Lucie et de ses critiques. Quand je relisais ce portrait de Laurette Wells à l'Amazone, elle s'en moquait et s'exclamait :

« Vingt-cinq rendez-vous, Lucie exagérait. Dix-huit, peut-être...

— Dix-huit sûrement. A cette époque, Mademoiselle n'arrêtait pas, renchérissait Berthe. Que Mademoiselle se rappelle : elle se changeait quatre fois par jour : pour son tennis du matin, pour son déjeuner, pour son après-midi et pour sa soirée. »

Mademoiselle se rappelait et jetait un regard de brève mélancolie vers son étincelante cinquantaine quand elle avait dix-huit rendez-vous par heure et changeait de toilette quatre fois par jour, et une cinquième fois, pour la nuit...

Dans *L'Ange et les pervers,* Lucie-Marion s'attribue le rôle d'ambassadrice qu'Eva Palmer fut amenée à jouer dans l'affaire Renée Vivien. On reconnaît Renée transposée en Aimée de Lagres, et la

Brioche, en comtesse Taillard. On croit entendre une dernière fois « la muse aux violettes » quand Aimée de Lagres déclare :

« Je ne quitterai jamais la comtesse. C'est une amie absolument parfaite. Elle a été si bonne pour moi quand j'étais prête au suicide (faut-il être bête !) à cause de la Wells. »

Aimée de Lagres perd ensuite toute ressemblance avec Renée Vivien en devenant... enceinte d'un amant de passage. Horreur de la Wells, de la comtesse et des autres « perverses ». Dévouement de Marion-Lucie qui élève l'enfant de Lesbos. Toujours le beau rôle. Soixante ans plus tard, l'Amazone se moquait de cet absurde dénouement :

« Renée enceinte, il n'y avait que Lucie pour imaginer des choses pareilles ! Au fond, Lucie était jalouse de Renée. »

Je renonçais à faire le compte des jalousies suscitées par l'Amazone qui répétait gaiement ce refrain : « Je n'ai jamais connu la jalousie, mais j'ai toujours souffert de la jalousie des autres. »

Les jalouses observent une trêve sacrée le vendredi après midi. De quatre heures et demie à huit heures, Natalie peut tenir salon sans craindre d'inopportunes remontrances. Ensuite, tout recommence, et les jalouses s'entre-déchirent pour les beaux yeux de l'Amazone.

Avec l'avènement de Berthe, le style des réceptions a changé. Berthe transforme chaque vendredi après midi en un éphémère chef-d'œuvre, en une vraie fête de fleurs et de fruits. En digne fille de la Bourgogne, elle veille sur l'excellence des nourritures terrestres. Ses fraises au sucre, ses sandwiches au poulet, ses gâteaux à l'orange et au chocolat ont leurs fervents et leurs admiratrices. A l'intérêt purement intellectuel du salon s'ajoute un agrément gastronomique dont Natalie feint de s'alarmer :

« Berthe, mon salon ne doit pas devenir une salle à manger ! »

Là, une bonne centaine de personnes s'abreuve de

thé et d'esprit. Berthe a organisé un savant mouvement de rotation autour de miss Barney qui, selon l'intérêt du personnage, garde pendant cinq ou dix minutes l'heureux élu qui doit ensuite céder sa place. Ce qui portera l'Amazone à dire :

« Je n'ai pas eu de salon. Je n'ai eu que des tête-à-tête. »

Trônant dans son fauteuil, vêtue de blanc comme une Immaculée, couronnée d'une chevelure dont la blondeur tend maintenant vers la grisaille, Natalie accueille ses amies et ses admirateurs en un immuable sourire où les sourires du Sphinx et de la Joconde se sont unis. Le professeur Seignobos arrive le premier. « Le professeur historien Seignobos y faisait souvent une véritable conférence », y note Gabriel-Louis Pringué qui s'est glissé là en observateur. Dans ses *Trente Ans de dîners en ville* [1], Pringué trace cette esquisse des vendredis 1930 de l'Amazone :

« Des jeunes Anglais apolloniens et littéraires ressemblaient à de grandes fleurs souples, penchés avidement vers l'intelligence, des Américains très instruits y disputaient avec autorité, mais toujours sur ce mode mineur, le bruit n'entrant pas dans ce salon du repos moral. Mme Katy Fenwick, si étourdissante de verve, y parlait plus bas. (...) On retrouvait, dans cette ambiance de paix, l'écrivain américain Gertrude Stein, avec son caniche blanc, qui semblait ripoliné tant il était bien apprêté, l'honorable Patrick Balfour, type du très jeune aristocrate anglais lettré, la pianiste italienne Renata Borgatti, qui, avec sa mante et sa coiffure, ressemblait à Franz Liszt, Mme Romaine Brooks (...), la romancière Mme Lucie Delarue-Mardrus, la poétesse baronne Renée de Brimont, la spirituelle et fantaisiste comtesse de la Béraudière, la duchesse de Clermont-Tonnerre, l'auteur des *Mémoires* célèbres, la musicienne comtesse de Chabannes, née princesse

1. Edition revue *Adam*.

Armande de Polignac, si douce et paisible ; l'auteur de pièces sensationnelles, Mlle Germaine Lefranc ; la belle Mme Gentien, précédée de ses deux lévriers couleur de soufre rosé (on disait qu'elle ressemblait à la statue de Diane chasseresse)... »

Il est vrai que les Dianes, chasseresses ou non, abondent. Les plus belles femmes de Paris sont là, de la blonde comédienne Rachel Berendt à la brune actrice de cinéma Marcelle Chantal. Celles qui aiment les femmes et celles qui aiment les hommes. Ces dernières justifiant ici leur présence comme une preuve de libéralisme et d'intelligence. Celles qui aiment les femmes et celles qui aiment les hommes rivalisent d'élégance, de beauté et d'esprit : le salon de l'Amazone tourne parfois à la présentation de mode et ressemble à ces comptes rendus de *Vogue* qui font rêver les provinciales de Brest et les bourgeoises d'Atlanta. Et on peut rêver indéfiniment à ces réunions du vendredi, à ces réussites célestes qui égalent les fêtes des petites cours italiennes de la Renaissance où belles et artistes s'exaltaient, sur fond d'anges descendus du ciel ou des proches collines. Les anges de Natalie Barney sentent le « numéro 5 » de Chanel et se laissent courtiser par Max Jacob, Ezra Pound et autres faunes intellectuels.

Le mondain Pringué n'a vu que ses semblables mondains. Mais les « musiciennes baronnes » ou les « poétesses baronnes » voisinent avec de vrais musiciens et d'authentiques poètes, comme l'Anglaise Mina Loy, qui récite sa dernière œuvre : *La Veuve et le jazz,* et dont Natalie a traduit l'*Apologie du génie* :

Nous sommes les pitres sacerdotaux nourris d'air et
[d'étoiles.

Aux pâturages de pauvreté
Nos volontés
Se forment à de curieuses disciplines
Au-delà de vos lois.

Infatigable sourcière, Natalie sait détecter le talent et ne ménage pas sa peine pour aider, traduire, présenter, propager. A la fin de la réception, si l'épuisement l'emporte, l'Amazone réclame une tasse de thé, « ce parfum qui se boit », ou un verre d'orangeade, mange un morceau de gâteau au chocolat mis de côté par Berthe et monte se coucher. C'est rare. Le plus souvent, la séductrice garde à dîner quelques intimes, Lily de Clermont-Tonnerre, Dolly, Romaine, André Rouveyre, dit « frère André », « libertin raisonneur », « cavalier seul, au beau visage », et surtout ami de Remy de Gourmont. Celui-ci pria « frère André », qui dessinait avec talent, de faire un croquis de son amazone. En résulta, une Natalie à la lippe boudeuse et au nez trop busqué. Gourmont frôla la syncope et ne pardonna jamais cette caricature de son idole. L'Amazone fut plus clémente envers celui qui était aussi un ami de Liane. Après la mort de Gourmont, Rouveyre illustra une édition des *Lettres intimes*. Une amitié véritable s'établit entre Natalie et André, fondée sur une estime réciproque et le goût des amusements de longue haleine. Pendant des heures et des heures, ils s'occupent à jeter les fondations d'un cabinet de consultations à l'enseigne évocatrice : *Spécialistes en tout...*

Au quatuor formé par Lily, Romaine, Dolly et André, s'ajoute une cinquième figure, Mme Eloui-Bey. Beauté aussi circassienne qu'inaccessible, et qu'assiégera, sans succès, la séductrice. Nimet Eloui-Bey a été la dernière amie de Rainer Maria Rilke, à qui Natalie en voulait « d'être malade hors de propos. Ne pas dominer son organisme m'a toujours semblé presque une inconvenance ». A la mort de Rilke, l'Amazone regrettera sa dureté avec « celui qui me ressemblait comme un frère » et fit profiter Nimet de ses regrets. « D'une extraordinaire et naturelle élégance », la beauté de Mme Eloui-Bey supportait la comparaison avec celle de Marlène Dietrich. A un bal masqué, elle choisit de paraître en Marlène dans

Morocco. A ce bal, Dolly était déguisée en oncle Oscar.

Pour faire plaisir à la duchesse, Natalie retient à dîner Charles Rappoport, devenu député communiste. Ce qui est méritoire, la politique n'intéressant guère l'Amazone. Elle affrontera, à sa façon, le péril jaune, dont on parle tant, en la personne de Nadine la Chinoise.

Dans le numéro du 8 juin 1934 de *A Paris,* on signale que, à la garden-party de M. et Mme Fauchier Magnan, « la comtesse de With bavardait avec Natalie Clifford Barney qui pilotait une ravissante Chinoise, en costume de satin noir, colonelle dans l'armée céleste ».

Cette colonelle avait suffisamment l'air d'un beau colonel pour faire illusion et enflammer pendant une soirée André Germain qui multiplia les déclarations. L'Amazone, qui s'amusait royalement, ne détrompa « le fils du Crédit Lyonnais » qu'en fin de soirée. André Germain sut attendre vingt ans pour se venger de cette tromperie, et d'une façon telle que l'Amazone dut regretter son divertissement...

Natalie est éprise de sa Chinoise dont « les moindres mouvements, même sa façon précise de replier la pelure de l'orange qu'elle vient de manger si délicatement d'une petite bouche presque hermétique, expriment toute une civilisation ». Et dans « les deux gouttes de café de ses deux yeux remontés », la séductrice trop séduite apprend « à déchiffrer chaque nuance de joie ou de détresse ». Preuve de son attachement, Natalie suit des yeux Nadine lorsqu'elle part « son teint doré se confond avec les reflets de son manteau de chat-tigre et elle prend des allures de fauve ».

Fauve que la redoutable amazone saura apprivoiser complètement. Pour rendre supportable l'intronisation de ce félin au 20, rue Jacob, Dolly Wilde vide une bouteille de gin en lisant des livres empruntés au cabinet de lecture de Sylvia Beach dont elle est l'une des meilleures clientes. Elle aura encore la force de téléphoner à son ami Jean Bourgoint — qui a servi de modèle à Jean Cocteau pour le Paul des *Enfants terribles* — et de se plaindre longuement de la nouvelle infidélité de Natalie.

Romaine évite ce genre de plaintes. Elle boude, silencieuse. Elle s'enferme dans son atelier et peint en attendant que le péril jaune soit conjuré, effacé comme les autres périls qui n'ont cessé de menacer — sans l'atteindre — son amour pour « Natty ».

Pour oublier son échec avec Nimet Eloui-Bey, ses complications avec Dolly et les bouderies de Romaine, l'Amazone va se promener avec sa compatriote et voisine, l'écrivain Gertrude Stein, qui donne avec son amie Alice Toklas le spectacle d'une constante et paisible fidélité.

Gertrude accueille Natalie d'un : « Comment pouvez-vous être aussi radieusement lointaine ? » qui reste généralement sans réponse. Ces deux solides marcheuses errent, le soir de préférence, à travers leur quartier, avec le caniche Baskett à qui Alice a chuchoté maintes recommandations, ce qui ne l'empêche pas d'errer à sa guise. Les rues ne sont pas encore changées en dangereux parkings. Un chien peut y courir sans laisse, et deux femmes y poursuivre une conversation comme dans leur salon. « Les sortilèges nocturnes rendaient nos conversations aussi légères, irisées, bondissantes, que des bulles de savon ; mais elles s'évaporaient aussi facilement pour peu qu'on y touchât », rapportera Natalie dans ses *Traits et portraits*.

« Gertrude, c'était une pagode vivante », me disait l'Amazone. Cette pagode adore les gâteaux et, pour satisfaire cette passion, entraîne Natalie rue de Rivoli, chez *Rumpelmayer*.

La littérature n'étant pas leur unique sujet d'entretien, Gertrude et Natalie, entre un éclair au chocolat et un puits d'amour, discutent de gastronomie et prennent pour arbitre la duchesse de Clermont-Tonnerre, qui publie *L'Almanach des bonnes choses de France*, dédié à Natalie et à son ancêtre Epicure.

Epicure, Natalie et Gertrude ont dû être bien étonnés par certaines prophéties contenues dans cet *Almanach,* comme : « Il est probable que, dans le monde socialiste de demain, les adolescents très bien soignés de quinze à vingt ans seront commis au service des laits »... (?) La duchesse oublie ses obsessions de socialisme et de communisme pour faire l'éloge de cet œuf de vanneau que, traditionnellement, à chaque 1er Mai, elle déguste en compagnie de Natalie : « L'œuf lui-même est un jade pâle et transparent entourant un cœur orange. Cette gelée fondante se gobe et possède la saveur quintessenciée de l'œuf. » Coutume qui donne bien des tourments à Berthe qui doit parfois commander en Angleterre cette « gelée fondante ». On ignore si Gertrude Stein fut initiée aux joies de l'œuf de vanneau.

Natalie envie un peu les chevaliers servants de Gertrude, les Thornton Wilder, les Scott Fitzgerald et les Max White. Elle en fait l'aveu dans *Traits et portraits,* et comprend dans sa liste Hemingway. Elle qui ne pouvait pas entendre ce nom sans soupirer aussitôt : « Comme Hemingway était mal élevé ! »

Hemingway fut amené au 20, rue Jacob par Ezra Pound. Ezra avait été séduit par un vieux projet de Natalie qui voulait fonder une société de bibliophiles pour ôter tout souci financier à Paul Valéry. Les bibliophiles auraient versé une rente annuelle et reçu en échange les livres de Valéry « en format spécial ». Projet qui fut abandonné. Ezra Pound souhaite en faire profiter T. S. Eliot qui peinait alors dans une banque. Hemingway aida au recrutement des fonds qu'il joua — et perdit — aux courses d'Enghien [1], conduite que Natalie trouvait « indigne d'un gentleman ».

L'admiration qu'il éprouve pour Natalie aveugle Ezra Pound. Il se croit obligé de drainer au 20, rue Jacob les nombreuses célébrités anglo-saxonnes qu'il

1. Hemingway, *Paris est une fête,* Gallimard, « Folio », p. 130.

connaît. Son choix n'est pas toujours des plus opportuns, tel William Carlos Williams, qui est vite exaspéré par ces bandes de « toutes sortes de femmes [2] » et manifeste son exaspération en allant uriner dans le sous-bois. Le ciel épargne à Natalie la vision d'un tel spectacle !

Les Américaines des années 30 sont restées des prudes pour qui Natalie demeure l'incarnation du péché. Natalie l'a parfaitement compris en fuyant, dès la fin du siècle dernier, son pays où elle n'aurait été, en dépit de sa fortune, qu'une paria, une Sappho de Washington. Aussi évite-t-elle les trop longs séjours dans sa patrie. Elle y passe cependant l'hiver 1934-1935.

A la mort de sa mère Alice Pike Barney [3], elle n'avait pas quitté Paris, laissant le soin des obsèques à sa sœur Laura. Phobie des enterrements et mépris pour ses compatriotes qui ont inventé ce mot abominable : *sex-appeal.*

« L'attrait, ce mot bien français, cédera-t-il la place à *sex-appeal,* l'affreuse conjonction par laquelle les Américains puritains sans pudeur — débâillonnés par Freud — voudraient le remplacer ? » proteste-t-elle.

Autre sujet de protestation, l'apparition des premières femmes maigres que la mode impose : « Maigre, toujours plus maigre, à force de courir après ce squelette qui est en elle », écrit-elle. Et elle me disait : « Méfiez-vous des gens maigres, ils n'ont pas de cœur. »

Natalie est invinciblement attachée à un certain romantisme :

« Qu'y a-t-il de si fortement ancré dans notre cœur de 1900 ? Ni les guerres, ni les révolutions, ni la lutte des classes n'ont pu nous en débarrasser. Faut-il voir dans cette persistance romantique un stimulant de

2. William Carlos Williams, *Autobiographie,* Gallimard, p. 268.
3. En 1931, à Los Angeles.

toute heure, le seul qui ne soit jamais dépourvu d'une sensation ? »

Natalie suit avec obstination ce conseil de Gourmont : « Ecrire avec sa vie. » Elle écrit avec sa vie qu'elle considère comme « un pèlerinage vers soi ». Pèlerinage immobile qui se double de nombreux voyages en Italie, en Espagne et dans ce qu'elle nomme « les pays déguisés » : l'Afrique du Nord où la surprend un avril marocain, « merveilleux montreur de tapis à fleurs jetés sur tout un paysage ».

Elle ne s'illusionne aucunement sur ses capacités de voyageuse :

« Je voyage aussi mal qu'un panier de framboises. »

Elle ne s'en va jamais seule. Elle ne voit les paysages qu'à travers les yeux de sa compagne, généralement Romaine. Dolly et la Chinoise sont alors promues à la garde du temple de l'Amitié.

Au retour de l'un de ses voyages, Natalie apprend que le plus parfait des ménages, celui que forme Liane et Georges Ghika, risque d'être détruit. Menace que confirme Max Jacob : « Les Ghika sont les héros d'un roman psychologique compliqué : j'aimerais mieux qu'ils en fussent tout simplement les auteurs [1]. » Liane a eu l'imprudence d'introduire sous son toit « une jeune amie », une Manon. L'inévitable s'est produit, et pire : Georges souhaiterait un « ménage à trois ». Désir qui fait tellement horreur à Liane-ah-ma-Liane qu'elle en abandonne le foyer conjugal pour se réfugier auprès de « Natalie-mon-rayon-de-lune ».

La séductrice réconforte, console, réconcilie, et le ménage Ghika redevient le plus parfait des ménages, Manon ayant été chassée. Natalie est vraiment une « spécialiste en tout ». Elle s'affirme comme une experte en affaires sentimentales, sensuelles, financières, intellectuelles. De plus, elle s'occupe beaucoup

---

1. Natalie Clifford Barney, *Aventures de l'esprit,* Emile-Paul, p. 107.

des œuvres des autres et fort peu des siennes. Insuffisamment célèbre comme auteur « à cause de son parfait détachement, de sa bonté, de sa fidélité à ses grands morts et de son dédain aristocratique de la gloire [1] », Natalie se contente d'être reconnue et appréciée par ses pairs. Un Max Jacob ne s'y trompe pas qui, le 23 novembre 1936, écrit à l'Amazone :

Chère amie,

S'il est des sots qui crient « à la redite », c'est qu'ils auront besoin de montrer leur sottise. Les mêmes redemanderaient à La Rochefoucauld de ses noirceurs jansénistes. Mais quels gens qui n'aiment pas d'autres feux d'artifice se plaindraient d'avoir encore de vos cristaux irisés et pointus. Sublime et humaine amie. Sublime et l'on vous admire ; humaine et l'on vous aime. Ne nous privez pas de ces cahiers, trois ou quatre, dites-vous ? quatre, je vous en prie. N'y choisissez pas car sur votre échelle de perfection si naturellement calligraphique, qu'importe quelques degrés.

Natalie suivra le conseil de Max Jacob et publiera ces cahiers qui constituent *Les Nouvelles Pensées de l'Amazone* [2]. A leur lecture, cri d'admiration du même Max Jacob : « Quel enchantement que vos enchantements et vos désenchantements. »

Les enchantements approchent de leur fin. *Les Nouvelles Pensées de l'Amazone* paraissent au printemps de 1939. Le bruit des armes empêchera d'entendre ces chapitres qui s'intitulent « Féminités », « Bel-esprit », « Sensualités », « Habitudes », « Douces cruautés ». Est-ce à dire que Natalie s'est laissé surprendre par les événements ? Que non ! Dans *Les Nouvelles Pensées*, l'Amazone a consacré un chapitre à cette chose qu'aime tant Lily de Clermont-Tonnerre : la politique. Quelles significations

1. Jean Royère, dans *Le Manuscrit autographe*, 1932.
2. Mercure de France, éd.

pouvaient avoir ces lignes quand on les a lues, si on a eu le temps de les lire, au printemps 1939 ?

« Les peuples acceptent l'inévitable pour n'avoir pas su favoriser l'évitable. »

« Le pire, quant à l'épée de Damoclès, c'est qu'elle se rouille. »

« Les pouvoirs démocratiques ne seraient-ils efficaces que lorsqu'ils nomment un dictateur pour les sauver d'eux-mêmes ? »

« L'amour est l'unique communisme auquel je crois. »

Inaltérable Natalie de soixante-trois ans pour qui « aimer, c'est prendre le voile », et qui s'écrie : « Est-ce Dieu qui créa l'Amour, ou l'Amour qui créa Dieu ? J'incline à croire que le premier agenouillement se fit au pied d'un lit d'où l'amour avait fui. »

Il est plus urgent maintenant de fuir les Allemands. Et ce n'est pas facile de persuader une amazone de fuir, elle qui ne recule devant rien, ni personne. Le chœur des amis, Paul Géraldy en tête, supplie au téléphone ; Milosz prédit une apocalypse qui n'épargnera personne, et surtout pas Natalie qui ne cache pas certaine ascendance :

« Vous ne savez donc pas que ma grand-mère a épousé un Juif ? J'ai donc un quart de votre sang dans mes veines, et par instant, il se montre même le plus fort de tous [1]. »

Natalie se résigne à comprendre que la guerre de 1939 qui commence ne ressemblera pas à celle de 14-18. Il n'est pas question de rester à Paris. Laura, qui a épousé un israélite, Hippolyte Dreyfus, supplie sa sœur de la suivre aux Etats-Unis. Natalie refuse. Elle préfère rejoindre à Florence sa Romaine qui a « la conviction d'être à l'abri dans une Italie neutre ».

Les adieux des favorites sont déchirants. Il s'agit bien d'adieux. La belle Dolly et la belle Chinoise ne reverront plus leur Natalie qui, elle, persiste à ne pas

---

1. Natalie Clifford Barney, *Aventures de l'esprit,* p. 90.

croire à l'imminence du danger et considère l'Italie comme « le meilleur endroit pour y finir l'été ». Elle ignore qu'elle abandonne, et pour longtemps, sa maison, son salon, le temple de l'Amitié, sa Berthe, ses amis, ses habitudes, et, pour toujours, ses deux amoureuses. Le dernier visage dont elle emporte le souvenir, gare de Lyon, est celui, éploré, de Dolly.

Berthe accompagne à la gare Dolly qui regagne l'Angleterre. Dolly descend de son compartiment pour embrasser Berthe et lui dire :

« Vous voyez, quand il y a une guerre, il vaut mieux que chacun retourne dans son pays. Quoi qu'il arrive, ma chère Berthe, promettez-moi de ne pas quitter miss Barney. »

Berthe promet et tiendra sa promesse.

12

FLORENCE 1940

« ... Qu'avez-vous donc dit à propos
de missions naturelles ? Je me
demande si ce serait manquer à la
mienne que de m'installer à Florence ?
— La mission naturelle d'une
femme est de demeurer où l'on sait le
mieux l'apprécier. »

Henry JAMES
(Un portrait de femme)

Parmi les nombreux dons du ciel qui ne cessent d'embellir l'existence de cette séductrice, comme si le ciel cherchait à combler l'une de ses créatures qu'il offre exceptionnellement au monde trois ou quatre fois par siècle, Natalie reçoit le privilège de traverser sans encombre, et même agréablement, cette nouvelle guerre, la plus atroce de toutes, pour le moment.

De 1940 à 1946, chez Romaine, à Florence, villa *Sant'Agnese,* via San Leonardo, les jours et les nuits coulent pour Natalie en une longue douceur uniforme. L'Europe est à feu et à sang, mais les calamités semblent épargner les collines de Florence, de même que le gouvernement de Mussolini laisse en paix ces deux Américaines uniquement préoccupées d'art et de littérature. Deux excellentes amies de Gabriele D'Annunzio, qui, mort en mars 1938, demeure l'un des « grands hommes » du régime du Duce.

« La courtoisie italienne a été parfaite à notre égard », écrira Natalie à Berthe le 7 août 1943.

Courtoisie mutuelle, sans plus, comme celle que pratiquent Gertrude Stein et Alice Toklas avec les deux Allemands qu'elles sont forcées d'héberger dans la maison où elles se sont réfugiées à Culoz, dans l'Ain.

Natalie a soixante-quatre ans, Ma-Romaine, soixante-six. Enfin réunies ! Sans Dolly ! Sans Chinoise ! Sans favorite ! Dans leur retraite forcée, Natalie et Mon-Ange goûtent à une quiétude sentimentale que rien ne peut troubler. Elles ne sont pas les seules à Florence à bâtir un égoïste paradis. Leur ami, l'historien de l'art Bernard Berenson, que l'Amazone a connu en 1915 chez Salomon Reinach et pour qui elle a ressenti un « coup de foudre de l'amitié » — coup de foudre partagé — continue à recevoir à l'heure du thé dans sa villa *I Tatti,* aux environs de Florence. « Il n'y manque ni conversations savoureuses, ni, comme dans la *Vita nuova* de Dante, le récit des dames "douées d'intelligence en amour", ni érudition, ni cercle à la Décameron devant ces pelouses et fontaines [1]... »

On ne manque de rien, sauf de l'irremplaçable atmosphère de la rue Jacob et des non moins irremplaçables amies restées en France comme Lily de Clermont-Tonnerre et Lucie Delarue-Mardrus. De rien, sauf de ces filets impalpables qui servent à domestiquer sa chevelure que Natalie a laissé repousser au mépris de la mode.

Au début de l'été 1940, c'est le drame : Natalie n'a plus de filets. Par télégrammes et lettres express, elle conjure Berthe :

« *Berthe, à quoi pensez-vous ? Vite, mes filets, je vous prie..* »

Cramponnée au guidon de sa bicyclette, Berthe ne pense qu'à pédaler à perdre haleine sur les routes de l'exode.

Natalie, pour une fois, ne verra pas ses désirs immédiatement exaucés et devra attendre jusqu'en février 1941 pour recevoir *un* filet — et quel filet ! — qui provoque sa rage et sa désolation :

24 février 1941. Ma chère Berthe, je reçois votre lettre du 13 et regrette bien que vous ayez pris ainsi ma lettre qui ne représentait que la colère d'un instant : en recevant, après tant de demandes de filets, un raide et petit pour taille enfant de dix ans. Cette fâcherie était, comme si souvent entre nous, l'éclair d'un instant et que vous avez eu tort de prendre à cœur, et de reprendre en la communiquant à votre excellent époux,

1. Natalie Barney, *Traits et portraits*, Mercure de France, p. 41.

226

sans explication de mon caractère parfois vif mais toujours reconnaissant... de ce que vous faites et pouvez faire pour moi.

Enfin les filets arrivent, mais... Natalie en voudrait d'autres :

23 mars 1941. Ma chère Berthe, j'attends de nouveau des filets comme les trois derniers qui étaient parfaits. Aussi les livres demandés ; deux volumes poèmes de Renée Vivien, collection Lemerre passage Choiseul qui me manquent, mais plus de Nouvelles Pensées de l'Amazone, *j'en ai trop à présent.*

Quand reverrai-je ma maison, mes amies de France ? Je reste le plus près possible, en attendant, et fais la sourde oreille aux dépêches de ma sœur me priant de la rejoindre dans notre pays. Mon pays d'élection me tient trop à cœur pour que je m'en éloigne outre mesure, à moins d'y être obligée.

Dans sa béatitude florentine, Natalie ne se rend pas compte que la France occupée meurt de faim, de froid et d'humiliation. Comment pourrait-elle le savoir ? Les lettres sont rares et, quand elles arrivent, censurées. Comme d'habitude, ce sont les mauvaises nouvelles qui arrivent sans retard : Natalie apprend que Dolly Wilde est morte à Londres le 9 avril 1941. Chagrin suivi d'angoisse : il faut retrouver — mais où est-il ? — le testament que Dolly avait établi en faveur de Natalie, en présence de Laura Dreyfus Barney. Toujours à court d'argent, Dolly empruntait de fortes sommes à son amie, sans parvenir à les rendre. Aussi, le 11 juillet 1932, avait-elle institué Natalie son héritière, bien que cette dernière fût nettement plus âgée qu'elle...

L'année 1941 se passera presque tout entière à la recherche du testament de Dolly Wilde. Mais où est-il ? Natalie ne s'en souvient plus et recommande à Berthe de « faire diligence » et d'occuper à cette recherche « tous ses après-midi ». Berthe fait diligence, sans résultat.

21 juillet 1941. Ma chère Berthe, je reçois à l'instant votre gentille lettre du 6 courant, et une autre de Mlle Le Roux, gardienne de la villa Trait d'Union (aussi chauffeuse et jardinière au besoin) et elle a cherché dans un sac à Beauvallon pour ce malheureux testament : inutilement comme bien je le pensais. Il faudra recommencer vos recherches avec Mme Gautrat [1] *qui lit bien l'anglais (mais qu'elle ne mette pas de désordre dans mes papiers s'il vous plaît). C'est une feuille écrite en anglais de la main de miss Wilde, chez Mme Dreyfus, au 74, rue Raynouard. Je croyais que Mme Dreyfus l'y avait conservé, mais elle m'a assuré que non. Si Yvonne* [2] *y est, peut-être, et si elle a les clefs de l'armoire de la chambre de madame, pourrait-elle revoir cela avec vous, et avec une lettre-échantillon de miss Wilde ?*

Berthe, je ne veux pas que vous vous priviez pour rien au monde. Prenez dix, quinze ou vingt francs par jour selon ce que vous faites, vous et votre gentil époux du travail rue Jacob dans la maison ou le jardin (qui en a aussi besoin). Les heures de libre en plus, passez-les rue Raynouard au 67 à aider Mme de Clermont-Tonnerre (qui est toujours si mal servie). Cela me ferait plaisir de vous savoir auprès de cette amie, la plus chère qui me reste. Allez-y et qu'elle y consente au moins deux après-midi ou matins par semaine, n'est-ce pas ? Trouvez et apportez-lui quelque chose d'utile, de nourrissant ou d'agréable. Cela me remplacera un peu en attendant que je puisse revenir.

Espoir de revenir en France que chaque saison déçoit et que chaque saison renouvelle. Pour tromper son attente du testament, Natalie se préoccupe et s'occupe du sort de ses amies à qui n'est pas échu un paradis florentin. Elle envoie à Lucie Delarue-Mardrus, réfugiée à Château-Gontier, des cigarettes

1. Amie de Natalie depuis 1918. Epouse de Me Gautrat, qui fut l'avocat de Marie Besnard.
2. Gouvernante de Laura Dreyfus Barney.

(« Tes cigarettes arrivées en foule, cent petits bonheurs à distribuer le long des journées ») et de l'argent. Le 11 septembre 1941, Lucie écrit :

Natli, j'espère que nos lettres se sont croisées et que tu es en possession de ma réponse, te remerciant de ton envoi (...) avec lequel j'ai payé mon séjour au couvent de l'Espérance. Et merci, les larmes aux yeux, pour ta sollicitude inquiète à travers les distances et les événements. (...)

Tu me dis, toi, bien peu de choses de ta vie florentine. J'espère que « tu ne manques de rien » selon la magnifique phrase d'une de tes lettres.

Et Liane ? Natalie sait que Liane est en Suisse et en sécurité avec son mari. Rassurée sur le sort de ses amies, Natalie reprend mentalement de plus belle ses recherches du testament de Dolly Wilde. Mais où est-il ? Illumination : puisque le testament n'est pas dans la maison de la rue Jacob, ni dans celle de Beauvallon, il ne peut être que dans le coffre que l'Amazone possède au Crédit Lyonnais. Comment faire ouvrir en pleine guerre le coffre d'une Américaine qui a un grand-père juif ? Au mépris de toute prudence, Berthe multiplie les démarches. Elle est convoquée à la Kommandantur où pendant trois heures elle doit répondre à la même question : « Miss Barney est-elle juive, oui ou non ? » A bout d'argument, Berthe lance :

« Mademoiselle ne peut pas être juive puisque Mademoiselle est intime avec Mussolini. »

Cette intimité n'existe que dans l'esprit de Berthe. Mais cet argument énoncé avec une conviction bourguignonne porte. Berthe obtient l'autorisation d'ouvrir le coffre de miss Barney. Sous la surveillance de sept Allemands et d'un interprète, on ouvre. Roulent à terre, les bijoux, les pièces d'or et cinquante épingles à cheveux également en or. Au fond, le testament de Dolly Wilde. Berthe prend le testament, ramasse les bijoux et les cinquante épingles. Elle n'aura pas à ramasser les pièces qui sont déjà dans les poches des Allemands.

26 octobre 1941. Ma chère Berthe, je suis bien contente et reconnaissante aux chercheuses pleines de zèle (dont surtout vous-même) que le testament de miss Wilde ait été enfin retrouvé.

4 novembre 1941. Ici, nous sommes gâtées en attendant que cela se gâte, et alors il nous resterait la Suisse, sinon la France que je ne désespère pas de revoir bientôt ainsi que mes amies si chères de Paris et ma chère Berthe.

(Les lettres à Berthe constituent un extraordinaire journal des préoccupations domestiques, affectives et politiques de Natalie, qui s'inquiète autant de la santé de Lily de Clermont-Tonnerre que du sort de ses tapisseries : « Du camphre dans mes tapisseries, Berthe, du camphre, je vous en conjure. »)

Le 6 novembre 1941, Natalie reçoit une copie du testament. Aussitôt, elle recommande à Berthe :

Ne laissez pas ces deux précieux documents, le cliché et le testament, même un jour de plus, ensemble. Cela est trop risqué dans une maison inhabitée et, susceptible d'être séquestrée si mon pays devient belligérant, ce qui est à craindre en ce moment.

Crainte justifiée. En 1942, les Allemands veulent occuper le pavillon du 20, rue Jacob, que Berthe défend « comme une lionne ». Une nouvelle fois, son invraisemblable et tenace argument : « Mademoiselle est intime avec Mussolini » porte ses fruits. Le pavillon ne sera pas réquisitionné.

Berthe s'efforce de secourir les amis de Mademoiselle. Son mari, Henri Cleyrergue, possède une ferme dans les environs de Paris. Chaque dimanche, Berthe en ramène des œufs, de la viande, du fromage qu'elle distribue généreusement à Elisabeth de Clermont-

Tonnerre ou à André Rouveyre, à la grande satisfaction de Mademoiselle. Berthe par-ci, Berthe par-là, comme Figaro, Berthe s'épuise en courses et en démarches. Elle n'a plus le temps d'écrire à Mademoiselle qui s'en plaint :

Ma chère Berthe,
J'écris deux lettres pour une seule des vôtres : lorsque cela devrait être le contraire. Surtout que j'attends des précisions sur le silence et l'état de santé de Mme Lucie Delarue-Mardrus avec qui je correspondais régulièrement et dont subitement, et depuis octobre dernier, je n'ai plus aucune nouvelle. Veuillez m'en procurer (...) aussi par le docteur Mardrus qui, je sais, échange avec elle souvent des lettres en arabe qui lui servent de leçons afin qu'elle n'oublie pas cette langue. Veuillez le voir dès le reçu de ce mot et tirez cela au clair en me rassurant par retour expresso *si possible. Et dans la même lettre et par la même occasion demandez au docteur de ma part la belle citation de Montesquieu qui se trouve soit dans ses* Lettres persanes, *soit dans* L'Esprit des lois, *et que le docteur se plaisait souvent à me citer : cela commence par quelque chose de hautement moral comme : « Si l'on me proposait une chose à mon avantage mais qui puisse nuire à mon voisin, je la refuserais (...). » Je voudrais la citation exacte (...).*
14 juillet 1943. (...) Je me porte bien moralement et physiquement si ce n'était pour l'inquiétude que me causent mon pays d'élection et les chères amitiés de France dont je suis privée depuis déjà si longtemps ainsi que ma maison dont je vous suis reconnaissante d'être la gardienne fidèle.

En août 1943, Natalie a l'espoir d'aller en Suisse : « et la possibilité de revoir là-bas mes amies de France me console un peu de laisser pour ce temps ce bel endroit... »

4 septembre 1943. Ma chère Berthe, je suis épouvantée que le quartier de la duchesse de Clermont-

Tonnerre et de mes autres amies, ainsi que le vôtre, ont été atteints. Vite des nouvelles par express. On ne vit plus, on survit, et cela devient de plus en plus redoutable. Que faire ? Où aller ? « N'importe où hors du monde », où l'on trouverait un peu de tranquillité et de liberté d'esprit.

14 avril 1944. Ma chère Berthe, une lettre de Mme Gautrat me donne l'impression qu'on abuse un peu trop de mon absence et j'espère que mes amies vous aideront à y mettre bon ordre. Car je ne comprends pas bien pourquoi ce bois élagué depuis longtemps encombre encore toutes les issues. Et que Mme Gautrat n'ait pu pénétrer chez moi et jusqu'au temple (comme je l'en avais priée) à cause de ce bois « aligné sur la pelouse », etc. J'espère que ce qu'elle en a vu n'est pas sur ma pelouse·de lierre si coûteusement plantée et à laquelle je tiens, et dont vous avez la garde, et qu'il faudrait soigner et ne pas laisser abîmer, n'est-ce pas ? MM. Rouveyre et Pound m'écrivent qu'ils doivent aller prochainement faire un pèlerinage 20, rue Jacob, qu'ils puissent donc y trouver tout comme d'habitude, sauf bien entendu le beau marronnier. Vous m'écrivez trop peu de détails sur les dégâts faits par sa chute. (...) Et pourquoi un coq se promène-t-il sur le rebord d'une fenêtre de la cour, cela fait un peu trop basse-cour.

Commentaire de Berthe : « Voilà bien Mademoiselle. Ici, on croule sous les bombes, et elle, là-bas, ne pense qu'à sa pelouse de lierre. »

Natalie pense aussi à entreprendre la rédaction de ses Mémoires à l'imitation de Romaine qui a vaillamment commencé les siens. La « paix végétale » de la rue Jacob a fait place à la « paix sentimentale » de Florençe. Ces deux femmes s'aiment assez pour se regarder vieillir.

« Comme j'étais heureuse avec Romaine, à Florence, pendant la guerre », me disait l'Amazone qui ne gardait aucune autre précision sur ce séjour que les souvenirs de la lumière toscane et de la clarté du regard de son amie.

Six années qui s'enfuient comme un songe. A la Libération, Natalie n'est pas pressée de quitter son oasis de la via San Leonardo. A soixante-neuf ans, elle aime trop son confort, ses aises. Elle attend que tout soit complètement rentré dans l'ordre.

En avril 1945, Natalie apprend la mort de Lucie Delarue-Mardrus :

« Elle s'est éteinte à minuit, l'heure des sortilèges, l'heure où elle devenait un corps astral, un être enchanté [1]. »

Lucie, qui écrivait encore à celle qu'elle nommait « Natli » :

« Je regarde de temps en temps ta petite photo que tu m'as envoyée un jour, et je pense à toi, affection pleine d'années et si fortement enracinée », n'oubliant pas d'ajouter : « A ta Romaine, mes amitiés, mon souvenir ineffaçable de son rire dans lequel elle s'installait si confortablement. »

Natalie occupera son chagrin à établir un choix des meilleurs poèmes de la princesse Amande et en paiera l'édition. A chacun sa façon d'honorer ses morts.

Au printemps 1946, Natalie annonce à Berthe qu'elle revient à Paris :

J'espère que malgré votre silence vous serez là pour me sourire et m'accueillir le 22 mai gare de Lyon à sept heures du matin, juste six ans et un jour depuis que vous m'avez laissée en de si tristes circonstances. La rue Jacob étant inhabitable et vous peu disponible, j'irai chez ma sœur, 74, rue Raynouard, en attendant de réparer mes toits rue Jacob et à Beauvallon. Il me faudra quelques robes printanières : le taffetas noir fait chez Worth en 1940, les chapeaux, souliers, et tout ce que vous pensez qui puisse me servir sans m'encombrer chez ma sœur. Et au revoir Berthe quand même

---

1. Myriam Harry, *Mon amie Lucie Delarue-Mardrus*, Ariane, éd., p. 207.

restée un peu fidèle n'est-ce pas à votre ancienne patronne difficile mais toujours affectionnée.

Avec deux jours de retard, mais à sept heures du matin, Natalie arrive à Paris le 24 mai 1946. Sur le quai de la gare, l'attendent une de ses amies, Odette, et Berthe, qui a réfléchi et décidé de ne plus supporter les exigences de Mademoiselle.

La joie des retrouvailles passée, Berthe annonce sa décision. Natalie répond simplement : « Plus de Berthe, plus de rue Jacob. » Elle se réfugie, comme elle le laissait prévoir dans sa dernière lettre, dans la maison de sa sœur, rue Raynouard. Elle s'en va ensuite en Amérique avec Romaine. A son retour — définitif — en France, en 1949, l'Amazone se réinstalle au 20, rue Jacob. Berthe n'a pas voulu manquer à la promesse faite à Dolly Wilde, ni résister aux prières conjuguées de Romaine Brooks et de Laura Dreyfus Barney qui supplient :

« Ne laissez pas miss Barney. »

Berthe n'abandonnera pas miss Barney qui jure qu'elle s'est assagie et qu'une « bonne petite vie » est possible rue Jacob, aussi paisible que la vie à Florence. Mme Brooks peut en témoigner. Mme Brooks témoigne. Et le charme de cette séductrice de soixante-treize ans agit une fois de plus. Convaincue, à nouveau subjuguée, Berthe pousse ce cri du cœur :

« Ah ! Mademoiselle sait bien qu'on pardonne tout à Mademoiselle ! »

13

ROMAINE 1950

« Et, en effet, Romaine Brooks n'appartient à aucun temps, à aucun pays, à aucun milieu, à aucune école, à aucune tradition. (...) Elle est le résumé, la "sommité fleurie" d'une civilisation à son déclin, dont elle a su recueillir la face. »

Natalie CLIFFORD BARNEY
(Aventures de l'esprit)

Pendant les années 50, la vie reprend au 20, rue Jacob, en apparence, comme autrefois. Natalie reçoit à nouveau le vendredi après midi. Dans un article, « Salons de Paris », qui date de janvier 1955, Denise Bourdet ménage une bonne place à celui de l'Amazone, entre les jeudis de Marie-Louise Bousquet et les dimanches de Marie-Blanche de Polignac, les fins d'après-midi chez Lise Deharme, les dîners chez Louise de Vilmorin et les soirées chez Marie-Laure de Noailles.

Les fidèles sont accourus : Paul-Boncour récite une conférence et Myriam Harry, qui confond élégance et voiles en mousseline, déclame des passages du *Jardin des roses*. Des poétesses à la mode évoquent l'ombre de Renée Vivien, et de jeunes Américains de passage à Paris, comme Truman Capote [1], traversent ce clan des dévots qui n'a survécu aux horreurs de la guerre que pour célébrer le culte de l'Amazone.

Les nouveaux élus reçoivent des cartes d'invitation aussi pressantes que cérémonieuses et écrites de la main de Natalie :

J'invite quelques amis, ici, vendredi 30 avril 1954, dont les Jouhandeau, Marie Laurencin, Yourcenar et Alice Toklas. Soyez des nôtres, voulez-vous ?

1. Truman Capote racontera sa visite dans un chapitre de son livre, *Prières exaucées,* paru en 1988 chez Grasset (npe 1992).

237

Vieux dévots et nouveaux élus se pressent autour de Natalie qui, pourtant, glisse peu à peu vers un demi-oubli.

Les passants qui s'arrêtent devant les boutiques d'antiquaires de la rue Jacob ignorent que celle qui fut la Lorely et la Vally de Renée Vivien, la Flossie de l'*Idylle saphique* et des *Claudine* vit encore là. A deux pas, au café des *Deux Magots,* Sartre et ses adeptes ont remplacé Gourmont et ses disciples. Chaque époque a les idoles qu'elle mérite.

Pour ceux — de moins en moins nombreux — qui se souviennent encore de Remy de Gourmont et de son Amazone, Natalie fait figure de curiosité digne d'être visitée à l'égal de la Sainte-Chapelle ou de la fontaine Médicis. Et chaque visiteur se sent l'âme d'un Pierre le Grand contemplant Mme de Maintenon, après la mort de Louis XIV.

En revenant au 20, rue Jacob, Natalie a dressé le bilan des supportables désastres survenus en son absence, dont la destruction dans un bombardement de la maison de Beauvallon, *Le Trait d'Union.* On n'ira plus à Beauvallon, voilà.

Natalie énumère les éloignements, les disparitions : Nimet Eloui-Bey, morte de misère dans un hôtel parisien en 1943, la Chinoise, mêlée aux horreurs d'un camp de concentration, et Max Jacob, mort au camp de Drancy.

Colette et d'autres amies succombent sous les rhumatismes et l'arthrose. Seule de cette troupe de jeunes fées 1900, Natalie ignore les outrages du temps et jouit d'une excellente santé dont elle profite pour continuer à écrire ses Mémoires. Saisie d'une fièvre de souvenirs, elle compose même dans son bain et appelle Berthe à la rescousse :

« Vite, Berthe, du papier, un crayon. »

Cette frénésie d'écriture porte ses fruits, en trois volumes. Le premier, *Souvenirs indiscrets,* paraîtra en 1960 chez Flammarion. Le second, *Traits et portraits,* sera publié au Mercure de France en 1963. Le troisième, commencé à Florence pendant l'automne 1948 et terminé à Paris le 31 octobre 1950, est inédit, confié au fonds de la bibliothèque Doucet, et constitue cette autobiographie de Natalie Barney que j'ai fréquemment citée au début de ce livre. Le manuscrit porte trois titres : *Nos secrètes amours* [1] ou *L'Amant féminin* ou *Mémoires secrets*. Liane de Pougy, Renée Vivien et quelques autres dames dont l'ombrageuse descendance ne me permet pas de citer les noms y occupent la première place.

Dans les deux premiers livres, Remy de Gourmont, Renée Vivien, Elisabeth de Clermont-Tonnerre, les Mardrus, Colette, Milosz, Bernard Berenson, Gertrude Stein, Harold Acton, Gabriele D'Annunzio, Rabindranath Tagore, Max Jacob, Paul Léautaud, André Rouveyre, Edmond Jaloux, José de Charmoy sont présents, ô combien, dans « ces confessions à ciel ouvert » et témoignent que Natalie ne s'est jamais approchée d'un être sans lui faire du bien « (...) Renée Vivien aurait-elle trouvé sa voie sans moi ? Remy de Gourmont aurait-il eu sa vie renouvelée, sans son Amazone ? »

Grande presse et grand public ignoreront ces souvenirs et ces portraits, à la satisfaction de l'Amazone qui me dira : « N'être reconnu qu'après sa mort — afin d'être dérangé le plus tard possible. »

Si Natalie n'aime pas les enterrements, elle a le goût des tombeaux au sens, le quatrième, que ce terme a dans les dictionnaires : « recueils d'écrits dédiés à la mémoire d'un mort ». Pour l'hommage hors commerce, *In Memory of Dorothy Ierne Wilde,* Natalie en appelle aux amies de Dolly qui, de Janet Flanner à Bettina Bergery, y collaborent et à qui elle s'efforce d'inculquer ce principe d'André Rouveyre : « Vous savez, pour moi, mes amis, morts ou vifs, c'est tout pareil. »

---

1. On se souvient que Natalie a employé ce titre pour le recueil groupant les poèmes écrits par l'une de ses amoureuses qui voulait remplacer Renée Vivien.

Principe dont Natalie aura le plus grand besoin durant les années 50, qui coïncideront avec la perte de ses meilleures amies.

En 1950, meurt Liane Ghika. Elle a sombré dans la dévotion la plus stricte et est entrée, après le décès de son mari, en 1945, dans un ordre tertiaire sous le nom de sœur Marie-Madeleine de la Pénitence. Cette Marie-Madeleine tardive refuse de revoir Natalie qui n'est plus « mon rayon de lune », mais « mon péché ». Liane-ah-ma-Liane !

En 1954, disparaissent Colette et Lily de Clermont-Tonnerre. A la mort de « ma chère Lily », pour la première fois, à soixante-dix-huit ans, l'Amazone pleure en public. Elle a eu la faiblesse de pénétrer dans la chambre où repose le corps de la duchesse. Elle est « secouée de sanglots indignes de ce calme et hautain visage ». « Accablée d'impuissance », elle commande des gerbes de lilas blancs et d'arums.

Liane, Lucie, Colette, Lily ont rejoint Renée et Dolly. Toutes sont aussi présentes pour Natalie que Romaine. S'il existait une machine à mesurer les sentiments, il apparaîtrait que Romaine est la femme que Natalie a le plus aimée. Inutile machine que remplace avantageusement cet aveu de l'Amazone devant qui j'énumérais ses plus belles conquêtes, de Liane à Renée, de Schewan à Dolly :

« Oui, mais vous oubliez la seule qui ait vraiment compté pour moi : ma Romaine. »

Un amour qui dure soixante ans, c'est rare. Et c'est tellement précieux que Natalie et Romaine évitent de se séparer pour en profiter sans interruption. Et quand elles se quittent, elles sont la proie de cette angoisse qui naît de toute séparation et que le temps, loin de diminuer, accentue. Alors, chacune s'inquiète de l'autre et supplie : « Télégraphie et écris. » Chacune rend compte à l'autre méticuleusement de son emploi du temps, de ses pensées, de ses préoccupations, même les plus frivoles : « Que penses-tu d'un possible mélange de brun et de beige pour un manteau ? Je ne ferai rien sans ton avis... »

Natalie termine ses lettres par des protestations de passion qu'elle sait varier à l'infini et qu'elle signe Nat-Nat. Romaine se contente d'un immuable *all love from Angel*. Cela est plus qu'une simple formule. C'est vraiment « tout l'amour de ton Ange » que Romaine, inlassablement, donne à Natalie. Leur amour s'exprime maintenant par des : « Ne prends pas froid » qui valent de juvéniles : « Je t'adore. » Leur duo ne cesse pas :

« Je t'aime de plus en plus tendrement. Réponds à ma tendresse », dit Romaine.

« Je te languis, je te bénis, je t'aime », répond Natalie.

La tension et les attentions ne se relâchent pas non plus. Natalie se plaint d'un stylo « exaspérant ». Elle reçoit par paquet express un superbe stylo de la marque « Mont-Blanc ». Emue, elle remercie comme il se doit sa Romaine et, pour rompre cette émotion, ajoute un post-scriptum sous le titre *News from Lesbos* :

Nouvelles de Lesbos. Isaure est morte dans un sanatorium, seule, sans son amie qui, sous prétexte de fuir la contagion, courait les boîtes. Je hais ces tragédies. Je hais ces fausses prêtresses d'un amour qu'elles ont gâté. Elles mentent comme des hommes.

Romaine n'est que mépris pour les propos de certaines de ces dames qu'elle qualifie de « pur gagaïsme ». Natalie s'amuse de ce « pur gagaïsme ». Les deux amies rient souvent ensemble. Rire ensemble des mêmes choses quand on se connaît depuis un bon demi-siècle, quel prodige ! A ce mot, il me semble entendre Natalie rectifier :

« Un prodige ? Pourquoi ? Tout entre Romaine et moi était tellement naturel ! »

Romaine habite à Nice, rue des Ponchettes, un appartement dont Natalie apprécie le confort en hiver. Au printemps, Romaine retrouve volontiers le 20, rue Jacob et Berthe qui confectionne « spécialement pour madame Brooks des gâteaux moitié chocolat, moitié vanille ». Parfois, sous l'œil aussi narquois qu'admiratif de Natalie, Romaine se lance dans un imposant travail de couture qu'elle commente d'un bourru :

« Voyez, Berthe, Mademoiselle ne sait rien faire, mais moi, je sais tout faire. »

Réflexion qui ne parvient pas à entamer l'entente qui règne entre ces deux octogénaires, ni leur certitude de terminer ensemble leurs existences. Oui, la vie a repris au 20, rue Jacob, comme autrefois, en apparence, puisque les querelles sentimentales et les frasques sensuelles ont pris fin et que les années 50 peuvent être considérées comme des années-Romaine. Natalie ne veut plus séduire personne d'autre que son ange. Pareille constance ne dure pas. En 1958, la séductrice rencontre son dernier amour : Gisèle.

14

GISÈLE 1958

« ... le succès des femmes qui sont aimées des femmes grandit avec leur âge. »

André DU DOGNON
(L'Homme-orchestre)

Je croyais, quand j'écrivais mon roman *Une jeune femme de soixante ans,* faire preuve d'audace. J'ai appris depuis qu'il n'y a pas de limite d'âge pour aimer. L'amour frappe où il veut et quand il veut. Natalie et Gisèle en sont l'exemple. Quand elles se rencontrent en 1958, Natalie a quatre-vingt-deux ans et Gisèle, qui est née avec le siècle, cinquante-huit. Je possède deux versions de cette rencontre.

Version de Gisèle : « J'étais dans le hall de mon hôtel, seule, après une scène avec mon mari. Mon regard a croisé le regard de Natalie qui passait. Elle s'est arrêtée, elle est venue à moi et m'a dit : "Pourquoi êtes-vous malheureuse ?" »

Version de Berthe : « Ces dames se sont connues par hasard sur la Promenade des Anglais. Là, il y a toujours des pigeons, et je pense que ces dames ont dû parler des pigeons pour entrer en conversation. »

La version de Berthe est la bonne. C'est celle de Natalie qui, à son retour de Nice, raconta à Berthe comment, sur la Promenade des Anglais, pendant sa promenade quotidienne qui suivait le déjeuner et la sieste chez Romaine, elle s'était assise « sur un banc à côté de Gisèle qui rêvassait, perdue dans ses pensées ». Les pigeons sont une supposition de Berthe et — ne furent pas, en tout cas, l'unique sujet de conversation de ces dames puisqu'elles découvrirent qu'elles avaient une amie commune à Nice, Mme P..., qui tenait salon et chez qui elles décidèrent de se rencontrer, officiellement. Mme P... tira ensuite gloire d'avoir présenté Gisèle à Natalie.

La liaison de Gisèle et de Natalie durera quatorze

ans et restera secrète pendant sept ans. Gisèle, à cinquante-huit ans, est entièrement soumise à sa famille. C'est une femme dévorée par son mari, sa fille, son gendre, son petit-fils. Elle aspire à autre chose, cette Bovary pour qui Lesbos, en la personne de Natalie, apparaît comme le salut, l'espoir d'un changement. Et par ses soins, son exemple, sa séduction, son amour, son besoin de former à son image sa dernière élue, Natalie aidera Gisèle à changer. De cette métamorphose, Gisèle gardera une reconnaissance dont elle ne cessera pas d'entonner les hymnes :

« Enfin, une partie de mes jours m'appartenaient. Un peu de bon temps, à mon étonnement ! Je peux juger combien j'étais démunie et appauvrie puisque je n'osais pas dérober une minute à ma sainte famille. Combien tout a changé grâce à Natalie qui m'a éveillée, réveillée et a su me donner assez de confiance en moi, assez de force pour que je lutte et que je me libère », me confie-t-elle lors d'un tête-à-tête au restaurant où nous avons déjeuné tandis que l'Amazone se reposait dans sa chambre où nous la retrouverons ensuite.

Avec un lyrisme accru par le vin blanc qui a accompagné notre repas de poissons et par le Grand-Marnier du soufflé, Gisèle reprend pour Natalie le thème de sa libération en ces termes :

« Quelle résurrection, quelle expérience extraordinaire, quelle joie tu m'as mise au cœur pour toujours ! »

A noter : ce tutoiement entre les deux femmes est extrêmement rare. De leurs sept années de clandestinité, elles ont gardé l'habitude de se vouvoyer en public. Parfois, en signe d'agacement ou de tendresse, Natalie tutoie Gisèle le temps d'une phrase, pas davantage. Gisèle utilise le tutoiement avec l'emphase que l'on a pu constater.

Gisèle a une grande lenteur d'élocution, des yeux bleus magnifiques, une beauté de sirène moldovalaque et le genre d'une habituée des cours. Elle a été dame d'honneur de l'une des dernières reines d'Europe centrale, cousine germaine de son mari. De ce séjour à la cour, Gisèle a conservé le goût d'une élégance factice, des camélias en chiffon fleurissant à l'excès ses manches et ses décolletés, des toques en plumes, des manteaux en satin bordés de fourrure, des tuniques rehaussées de torsades dorées et des escarpins en velours bizarrement brodés de nacres et de perles. L'allure d'une blonde Diane chasseresse comme Natalie les aimait dans les années 30, mais une Diane de Byzance. Poursuivie par la meute des souvenirs, Gisèle dissimule son passé sans aucun répit. Pas un mot sur son enfance, pas une allusion à ses études, pas la moindre trace de tartine-de-confiture-chez-ma-grand-mère ou de jardin-de-mon-oncle. Sa vie commence avec son mariage.

Et avant ce mariage ? Les mauvaises langues, qui abondaient dans l'entourage de Natalie, assuraient, sans aucune preuve, que Gisèle avait été fille de bar. D'autres la présentaient comme une infirmière, dont elle possédait, paraît-il, les diplômes, ou comme une secrétaire qui serait parvenue à se faire épouser par son patron. En réalité, on en est réduit aux hypothèses [1]. Gisèle savait garder ses secrets, et son mystère. Elle aimait à fabuler, ce qui irritait Natalie :

« J'ai dit à Gisèle : "Vous pouviez mentir à votre mari autant que vous le vouliez, mais à moi, non" », me confia l'Amazone.

Natalie et Gisèle avaient affublé le mari d'un surnom : Mr. Pickwick, parce qu'il ressemblait au héros de Dickens, surnom qui dégénéra vite en Pick, et qui sera le sien dans ce livre. De la naissance — une partie de sa fortune inexplicablement sauvée quand les Russes transformèrent ce royaume d'Europe centrale en république populaire —, de l'intelligence, de la laideur, tel est M. Pick. Il a vingt ans de plus que Gisèle et représente l'idéal classique du vieux mari. Un ennui, aussi imposant que ses titres

---

1. D'après Paul Morand, Gisèle était la fille d'un hôtelier suisse, ce qui me semble être la vérité (npe 1992).

de noblesse, émane de sa personne. Il occupe ses jours et une partie de ses nuits à de savantes recherches. Le couple fait chambre à part depuis longtemps. Détail qui rassure la séductrice.

Bonne épouse, bonne mère de famille, Gisèle ne souffre que de vague à l'âme et au cœur. Natalie y remédiera. Toujours dans le domaine des hypothèses [1], il semble que Natalie soit la première expérience féminine de Gisèle, qui, de cette conversion, tire des émois de jeune fille :

« Je me réjouis tant à l'idée de passer quelques jours auprès de ma Natty que je ne me sens plus la même. Je crains un peu que cela ne soit trop visible pour les miens. Alors je me regarde dans la glace et je me parle. Que de chemin parcouru vers ces bases que tu m'as données et qui font partie de ma vie », répète-t-elle à l'Amazone, et cela six mois après leur rencontre, aux veilles de l'un de ses premiers séjours au 20, rue Jacob. Pour sauvegarder les apparences, Gisèle dépose une partie de ses bagages dans un hôtel voisin et, telle une collégienne qui découche, se présente au temple de l'Amitié avec une petite valise. A la réception du vendredi, Gisèle feint de venir de son hôtel. Toute cette idylle se déroule dans un climat familial avec les grippes de la fille, les rhumes du petit-fils, les humeurs du mari et les bouderies du gendre. Natalie a été admise par le clan. Le mari apprécie sa conversation, et les autres, ses cadeaux. Pour Natalie, qui déteste le « style familial », c'est un supplice qu'elle supporte afin de mieux séduire Gisèle, que le sens des convenances, un reste de vertu et un peu de coquetterie retiennent encore. Natalie réprouve ces résistances et ces retards. L'Amazone a l'habitude du don total. Pour l'Amazone, combien de femmes ont abandonné mari, fille, gendre et petit-fils ? Et voilà que Gisèle se refuse sous le moindre prétexte : Dieu, sa santé, son train de

---

1. Hypothèse confirmée par Paul Morand : Natalie a été la première expérience féminine de Gisèle (npe 1992).

maison à soutenir... L'Amazone s'en irrite et s'en plaint, en vers, le 24 mai 1958 :

Espoirs remis à la huitaine :
Nuits blanches, jours sombres traînent
— Ainsi que vous, mon Incertaine.

Et quand Dieu, la santé, le train de maison, ou autres prétextes, sont épuisés, c'est une reine en exil qui annonce sa visite à la maison de campagne des Pick. Gisèle avoue assez comiquement à Natalie :
« Ce sera amusant, mais en attendant la reine, je dois reprendre la culture physique pour les grandes révérences de cour dont j'ai perdu l'habitude. »
Natalie se divertit de ces enfantillages et de ces révérences qu'elle pratiqua, autrefois, dans sa jeunesse, pour quelque Altesse de passage à Washington. Natalie s'amuse. Gisèle a vite compris que sa séductrice a l'ennui en horreur. Elle s'emploie par tous les moyens à distraire la Bien-Aimée. Gisèle sait raconter avec un certain esprit des choses sans importance. Par exemple, elle résume les malheurs gastronomiques suscités par une cuisinière malhabile d'un : « Ce n'est pas un cordon-bleu, c'est un cordon-noir. » L'Amazone apprécie de tels efforts. Elle apprécie davantage les manigances déployées par Gisèle pour se libérer de ses obligations mondaines. Mme Pick annonce triomphalement qu'elle a réussi à annuler un déjeuner avec un ministre et un écrivain en renom pour arriver vingt-quatre heures plus tôt au 20, rue Jacob. Les séductions de l'Amazone ont vaincu le snobisme.
Gisèle essaie désespérément de se hisser à la hauteur de Natalie. Elle aime au-dessus de ses moyens. Et aimer au-dessus de ses moyens, c'est renoncer à la tranquillité et aux simples plaisirs. Pendant sept ans, héroïquement, elle réussira à donner le change à sa famille et à se rendre indispensable à Natalie. La séductrice est séduite, et a séduit. Quelle fierté ne puise-t-elle pas dans cette conquête !

Que de satisfactions d'orgueil d'entendre Gisèle dire :
« Je te porte dans mon cœur comme on porte son enfant. »

Sept ans de lettres passionnées. Ces dames se sont mises au goût du jour. Elles ne citent plus des passages de Sappho comme au temps de Renée Vivien, mais des phrases empruntées à *L'Eté,* d'Albert Camus. Sept ans d'inquiétudes : « Plus de bains de soleil, c'est très contre-indiqué pour les blondes à la peau blanche comme la tienne. De plus, mon médecin m'assure que cela provoque des étourdissements en favorisant des spasmes et des contractions des vaisseaux. Plus d'imprudence, ma Natty, je t'en prie, ton régime, beaucoup de repos à l'ombre ou dans la pénombre qui te convient », conseille Gisèle.

Sept ans de secrets et de retrouvailles furtives et difficiles. A quatre-vingt-cinq ans, la séductrice manifeste encore des impatiences dignes de l'adolescente qui courait rejoindre Eva, Carmen, Liane ou Renée. « Patiente, patiente. Je fais tout ce que je peux pour te revoir le plus vite possible », assure Gisèle. La patience n'est pas une vertu pour Natalie, si elle en est une pour Romaine qui fait contre mauvaise fortune bon cœur et essaie de supporter cette nouvelle incartade.

Romaine puise un réconfort à constater combien Gisèle est prisonnière de sa famille. Mais sait-elle que sa liaison officielle avec Natalie est un garant pour M. Pick ? Que Gisèle fréquente ces deux « femmes damnées » apparaît à M. Pick comme le comble de l'originalité et du libéralisme. Les souvenirs de Natalie, les anecdotes de Romaine sur D'Annunzio fascinent cet amateur du passé. Les deux couples, Natalie et Romaine, Gisèle et son Pick, sont en outre unis par la franc-maçonnerie des gourmands. On déjeune ensemble une fois par semaine dans l'un des bons restaurants découverts à Nice, où chaque hiver on se retrouve. (Les Pick habitent près d'une frontière, en Suisse.)

Si M. Pick manifeste un aveuglement constant,

Romaine pratique un aveuglement à intermittence. Des scènes éclatent entre les deux amies. La séduction de Natalie remporte la victoire, et Romaine reprend, comme une vieille tapisserie oubliée, sa tolérance envers la favorite. Peut-être se réjouit-elle en secret des contretemps et des batailles que l'Amazone traduit en un poème à Gisèle :

Deux amours sont en lutte au cœur qui t'appartient :
Le désir de t'avoir et celui qui te donne
Par tendresse à toi-même — enfin n'être à personne —
Fais relâche et apprends quel rôle est vraiment tien !
En jouant à l'épouse, où l'époux te contraint,
Tu négliges l'enfant, plus aimé, qui pardonne,
Ainsi que ton Elu qui, délaissé, raisonne
Pour libérer ta vie en proie à trop de liens.

Par crainte d'être soi vivre dans l'esclavage ?
Faut-il avoir besoin de ces mœurs d'un autre âge ?
Ou franchir le passé, partir en éclaireur
Renouveler ton cœur selon ses découvertes :
Que l'habitude cède à ce nouveau bonheur
Accueille-le, il vient vers toi, les mains ouvertes.

Exhortations et poèmes ne peuvent rien contre « l'excès de lien » qui immobilise Gisèle. Le mari, la fille, le gendre, le petit-fils, la reine en exil sont autant d'obstacles quotidiens à vaincre. L'Amazone vaincra. Cette séductrice octogénaire garde intacte sa vitalité, son pouvoir d'invention et de persuasion. Et quand Pick emmènera son épouse en Espagne, Natalie, secrètement, suivra ce couple de ville en ville, en auto, avec son chauffeur. On croit rêver. Escapade dont le romanesque me laisse aussi songeur que les promenades avec Liane, « ensemble, voilées dans un coin de Paris ». Et pour compléter son allure de conspiratrice sentimentale, Natalie achète à Tolède une superbe cape espagnole dans laquelle elle se drape et croit se dissimuler.

Les amoureuses sont-elles imprudentes ? Le mari

commence à avoir des doutes et interroge André Germain qui saisit enfin l'occasion rêvée de se venger de Natalie et de sa comédie d'un soir montée avec la complicité de la colonelle chinoise travestie en colonel.

M. Pick apprend son infortune et sept ans d'aveuglement cessent. Il pleure beaucoup, il souffre un peu. Sa vanité blessée le porte à faire à Natalie un esclandre suivi d'une homélie. L'Amazone supporte le tout avec une tolérance qu'elle ne manque pas de souligner dès qu'elle parvient à prendre la parole. Elle est interrompue par M. Pick qui s'emporte et menace :

« Une dernière fois, je vous prie de laisser ma femme tranquille.

— Je vous fais la même prière. Moi aussi, je vous prie de laisser votre femme tranquille et de ne plus jamais me parler sur ce ton. Vous oubliez que je suis l'Amazone et que j'ai toujours le dernier mot. »

Trois mois après, le vieux mari meurt, terrassé par un bel infarctus. L'Amazone a eu le dernier mot.

La succession laborieusement réglée avec sa fille, Gisèle peut vivre en paix son amour avec Natalie dans ce qu'elle nomme son « Natyland », le 20, rue Jacob.

15

SCHÉHÉRAZADE
EN NOVEMBRE

« Sa présence est un ravissement ; la
caresse de ses mots, une extase. »

Liane DE POUGY
(Yvée Jourdan)

Natalie vient de réussir son ultime entreprise de séduction. Il faut maintenant faire admettre cette conquête à Romaine et à Berthe. C'est urgent. Libérée par la mort de son mari, Gisèle peut se vouer entièrement à Natalie qu'elle ne quitte plus.

Après un temps de patience courtoise, Romaine refusera de voir et de recevoir celle qu'elle appelle avec mépris l'Infirmière et qui, elle le reconnaît, sait veiller sur la santé de Natalie.

Berthe, habituée à la simplicité de Mademoiselle, sera vite importunée par les grands airs de Mme Gisèle qui se croit encore au temps des laquais d'une cour d'Europe centrale. Mme Gisèle ne tardera pas à apprendre, à ses dépens, que Berthe est un intouchable grand vizir.

« Demandez à Berthe. Tout est dans la tête de Berthe », ne cesse de recommander Natalie.

Compte en banque, visites, démarches, téléphone, tout dépend de Berthe. C'est donc Berthe qui a fixé mon premier rendez-vous avec miss Barney.

Journaliste au *Figaro littéraire,* j'avais reçu à l'automne 1963 le dernier livre de Natalie Barney, *Traits et portraits.* Je demandai au service de presse du Mercure de France s'il s'agissait là d'un livre posthume. J'étais un peu honteux de mon ignorance. On [1] me rassura : je n'étais pas le seul à croire que miss Barney n'était plus de ce monde, et on m'assura

---

1. Ce « on » désigne Renaud Matignon qui, à l'époque, était l'attaché de presse du Mercure (npe 1992).

que l'auteur de *Traits et portraits* m'accueillerait volontiers.

Emu à la pensée de rencontrer ce monument, l'Amazone-de-Remy-de-Gourmont, j'envoyai au 20, rue Jacob un pneumatique cérémonieux pour annoncer l'heure à laquelle je téléphonerai pour solliciter un rendez-vous. Précaution qui, je l'ai appris plus tard, fut jugée favorablement. Après une brève conférence avec Berthe, Natalie décida de me recevoir :

« Mercredi prochain, à cinq heures », précisa Berthe.

Je compte les jours. Dès quatre heures, j'erre aux alentours de la rue Jacob. A cinq heures, je traverse la cour avec une rapidité d'allure que Natalie, qui me guette derrière ses fenêtres, apprécie. Il a plu. L'air sent le souvenir et la feuille morte. Octobre finissant a pris possession du sous-bois. Tout est aussi roux que les cheveux d'Eva Palmer. Comparaison qui ne me vient pas alors à l'esprit. J'ignore le nom d'Eva Palmer et connais à peine celui de Renée Vivien. J'ai beaucoup à apprendre. Natalie ne tarde pas à s'en apercevoir. Elle me demande mon âge. Je suis plongé dans de telles transes que je dois réfléchir avant de bafouiller un « vingt-huit ans » suivi d'un vague murmure où une oreille exercée pourrait reconnaître un mélange de « madame » et de « mademoiselle ». Parmi les gênes que je subis, celle de ne pas savoir comment appeler miss Barney est certainement la pire. Sur mes genoux, gisent, inutiles, les questions que j'avais soigneusement préparées sur un carnet. On ne questionne pas l'Amazone. Devant mon silence, l'Amazone vole à mon secours :

« On prétend que je suis une source de souvenirs. Je crois que c'est vrai et que j'ai cédé une fois de plus à la tentation en écrivant mes *Traits et portraits*. Mais c'est fini. Cela me gêne d'écrire sur ma propre vie. D'autres le feront à ma place. Peut-être vous, jeune homme ? »

Moi, qui, à vingt-huit ans, me crois déjà un

respectable vieux monsieur, je rougis doublement, et du « jeune homme », et de la supposition de l'Amazone ! Frappé de mutisme, je continue à écouter ce monologue, à entendre cette voix que n'altère aucun accent, sans affectation aucune, pleine de douceur et de légèreté, le comble du naturel. La voix de Schéhérazade :

« La plupart des gens écrivent parce qu'ils n'ont pas de vie, et c'est aussi dangereux que l'alcool ou les drogues, dit-elle. Je n'aime pas les produits de remplacement. Et vous, jeune homme ? »

Surpris par l'attaque, je balbutie un « moi aussi ». L'Amazone se balance avec légèreté sur un fauteuil d'osier que je contemple obstinément. Surprenant mon regard, elle me lance gaiement :

« Mon rocking-chair, c'est tout ce que j'ai gardé d'américain. Il vous fait envie ? »

Son rire fuse. Un rire sans une seule ride. L'âge a aussi respecté le regard presque noir à force d'être bleu sous une chevelure « d'argent chaud », comme aurait dit Lorca. Un foulard en satin blanc et une espèce de djellaba également blanche semblent prolonger cette chevelure dont tant d'amoureuses ont célébré l'inimitable blondeur...

En continuant à se balancer, l'Amazone, qui renonce à tirer de moi autre chose qu'un « oui » ou un « non », se lance dans un monologue sur les amazones actuelles :

« Il n'y a plus d'amazones à notre époque. Le mot est tombé dans la pouponnière. Les amazones d'aujourd'hui, ce sont des femmes qui se croient libres parce qu'elles élèvent leurs enfants seules, sans le secours d'un homme. La belle affaire ! Le conformisme a mis le grappin sur tout. »

Elle laisse tomber l'une de ses expressions favorites : « Il faut inventer sa vie. » Elle passe ensuite à des considérations sur la vieillesse :

« En vieillissant, on n'a plus que des possessions. On ne peut plus perdre. Il est bon cependant que ces choses aient une fin. Il n'y a qu'à l'attendre et à regarder le sillage qu'on laisse derrière soi. Une vie sans sillage, c'est inimaginable. »

Elle se tait un moment, rêvant, peut-être, aux innombrables sillages de sa propre vie. Puis elle me fait part de ses impressions sur *Lawrence d'Arabie,* un film qu'elle a vu la veille de notre rencontre :

« Que c'est amusant, ce *Lawrence d'Arabie* ! Avez-vous remarqué quand Peter O'Toole utilise ses dernières gouttes d'eau pour se raser ? Comme c'est anglais. Et vous, jeune homme, que voulez-vous boire ? Du thé ? Du jus de pamplemousse ? Du porto ? Du porto, vous avez raison. Les pample-mousses sont très amers en ce moment. »

Je bois du porto, mais je suis ivre d'un autre vin, celui d'une amitié qui commence, je le sens, et qui changera mon être de fond en comble. Car en dépit de mes silences — ou à cause d'eux ? — l'Amazone me considère avec une indulgente sympathie.

Mon article sur l'Amazone paraît dans *Le Figaro littéraire* du 2 novembre 1963. Berthe me téléphone pour me dire la satisfaction de Mademoiselle et me transmettre une invitation à déjeuner « en tête à tête », selon la coutume de Mademoiselle, pour ce prochain mercredi. Ce jour deviendra le nôtre, et jusqu'à la mort de Natalie, chaque mercredi, sauf interruption due à des voyages ou à des vacances, j'apprendrai à naviguer sur le fleuve Amazone. Navigation sur des flots de joyeux souvenirs et de présent que l'on sait rendre joyeux. Navigation qui s'accompagne de tels accès de gaieté que Berthe accourt parfois « pour voir ce qui se passe ». Il ne se passe rien d'autre que le rituel accomplissement de notre complicité spontanée fondée sur une confiance réci-proque et absolue.

Natalie s'intéresse à tout et se préoccupe de tout. Ainsi, j'arrive à notre deuxième déjeuner trempé par une averse de novembre. Natalie me blâme d'un :

« Un gentleman ne sort jamais sans son parapluie.

— Mais je ne suis pas un gentleman.

— Cela ne fait rien, vous devez en avoir les apparences. »

Natalie appelle Berthe et commande des serviettes-éponge pour me sécher et éviter un rhume, « comme Drieu, je ne sais pas pourquoi, chaque fois que Drieu La Rochelle venait me voir, il était enrhumé. Ce qui ne l'empêchait pas de tomber amoureux de l'une de mes amies. Il voulait se déclarer. Je l'en dissuadais. On ne dit pas qu'on est amoureux quand on est enrhumé. »

Depuis ces sages avis, je sors toujours avec mon parapluie !

16

NATALIE 1963-1968

« Oh ! merci, Harold... Goûter chaque jour quelque chose de nouveau, telle est ma devise. Après tout, la vie nous a été donnée pour que nous fassions des expériences. Et, hélas ! elle n'est pas éternelle.

— En vous regardant, on pourrait le croire.

— Moi ? Vous ai-je dit que samedi je fêterai mes quatre-vingts ans ? »

Colin HIGGINS
(Harold et Maude)

1. Je préfère Liane de Pougy à Paul Claudel, et Renée Vivien à Ezra Pound. Natalie s'en rend compte, je ne m'en cache pas. Natalie s'en amuse et me récompense de cette préférence par des confidences sur ses amours :

« Il faut être multiple. J'ai toujours eu besoin d'avoir plusieurs amours à la fois. Renée était jalouse de Liane. Renée voulait que je quitte Liane. Pourquoi ? Pourquoi choisir ? Il n'y a que deux choix possibles dans la vie. Etre quelqu'un ou être préoccupé par quelqu'un. L'un demande une grande intelligence, l'autre, un grand cœur. Dans cette alternative, c'est le voyage découragé entre deux eaux. »

2. Je dois apprendre le langage Barney. C'est une continuelle acrobatie mentale pour se retrouver dans cette forêt de prénoms sacrés : Liane, Renée, Dolly et les autres. On ne saurait accuser Natalie du snobisme qui consiste à appeler les célébrités par leur prénom. On appelle par leur prénom les gens de sa famille. Liane, Renée, Dolly, c'est la vraie famille de Natalie.

3. La maison de Natalie est certainement la dernière à Paris où l'on parle encore d'Oscar Wilde comme de « l'oncle de Dolly ». En effet, comme il est question de rejouer l'une de ses pièces, *Salomé,* Natalie constate :

« On reparle beaucoup de l'oncle de Dolly en ce moment ! »

4. Natalie n'a qu'un défaut, un seul. Elle s'exprime

en aphorismes, en traits, en pensées. C'est le spectacle même de la création verbale. Un vrai feu d'artifice. On ne retient par une fusée. Aussi, quand je quitte le 20 de la rue Jacob, je me hâte vers l'église de Saint-Germain-des-Prés, refuge où je peux noter tranquillement quelques éclats de Natalie. On doit me prendre pour un poète mystique.

5. Natalie : « Pourquoi aurais-je sacrifié ma vie à la gloire ? Qu'est-ce que la gloire ? Un écho, et rien de plus. »

6. Encore Natalie : « Qui est assez organisé, assez énergique pour demeurer inactif, assez adulte pour rester improductif ? »

La spécialité de l'Amazone : poser d'insolubles questions qui vous hantent et vous ramènent inéluctablement à l'Amazone. Sa séduction va de pair avec un pouvoir d'obsession qu'elle exerce naturellement, pleinement, sans effort aucun.

7. Début décembre 1963, Natalie m'écrit :

Mon jeune ami, la vitalité de mon faible cœur sera sans doute épuisée après le déjeuner chez Florence Gould qui nous prive de notre tête-à-tête. Mon cœur ne doit plus battre, même dans les escaliers. Phrase dont j'avais amusé autrefois Florence et qui est maintenant un fait à éviter. Ne craignez rien, on monte à son appartement dans une chaise à porteur transformée en ascenseur.

Un mois a donc suffi pour que je m'inquiète de ce cœur qui a tant battu et que Natalie s'alarme de mon inquiétude.

8. Natalie, protégée par sa légende comme la Walkyrie par son cercle de feu.

L'Amazone blâmerait un tel lyrisme !

Tant pis ! Je mérite bien de m'accorder quelques douceurs après avoir dû manger une part supplémentaire de poulet Maryland dont Natalie n'avait plus envie et qu'elle a mis dans mon assiette, pendant une absence de Berthe, avec une prestesse de petite fille qui trompe les grandes personnes :

« Mangez-le, je vous en supplie, sinon Berthe me grondera. »

Je sais bien que jamais Berthe n'oserait « gronder » Mademoiselle. Mais j'obéis. En signe de remerciement, Natalie me donne une branche de tubéreuse, l'une de ses fleurs préférées. Je ne sais pas quoi en faire. On ne prend pas le métro avec une branche de tubéreuse à la main. Dans la rue, je coupe la branche le plus court possible et j'enfouis la tubéreuse dans l'une des poches de mon manteau. J'embaume.

9. Natalie s'en va passer les fêtes de Noël et le reste de l'hiver à Nice. Elle y retrouvera sa Romaine et sa Gisèle. Comme elle est aujourd'hui tendrement possessive, j'ai droit à un « mon-Jean ». Et ma-Natalie soupire :

« On ne peut pas aimer d'amour tous les jours. »

10. Première séparation avec Natalie. L'absence est une forme de la mort ou sa répétition, son essai. Dès son arrivée à Nice, Natalie m'écrit : « Non, la récréation ne sera jamais terminée entre nous. » Et puis aussi : « A la vie, il faut pouvoir dire présent. En amitié, je viens, qui m'appelle ? »

11. A mon tour, je m'en vais en Espagne. Natalie me conjure de « ne pas céder aux aventures qui risquent d'apporter des maladies... Tâchez de vous suffire ». Et, pour m'en persuader, elle me recopie l'un de ses poèmes, *Suffisance,* et m'en souligne deux vers :

> *... ton désir, seul maître de ton lit,*
> *Reste le créateur nocturne de ta joie.*

Après ces recommandations, un post-scriptum :

« Je me suis tordu une cheville, ce qui ne m'empêche pas d'écrire ! La mer reçoit des orages sans bouger, c'est à peu près mon état. »

Quels orages ? J'interroge Berthe, à qui Gisèle a téléphoné :

« Madame Gisèle m'a dit : "Miss Barney va bien, mais c'est la deuxième fois que madame Brooks lui fait une scène en une semaine. Miss Barney est revenue à l'hôtel, livide, haletante, le pouls irrégulier et des larmes plein les yeux." Madame Gisèle m'a dit aussi : "Si madame Brooks vient à Paris, vous qu'elle écoute, ma chère Berthe, faites-lui comprendre que de semblables violences pourraient provoquer une crise cardiaque qui emporterait miss Barney." »

Bref, Romaine ne supporte plus que Natalie vive dans le même hôtel que Gisèle. Je n'aurais pas cru que la jalousie fût compatible avec le grand âge. Décidément, avec mon Amazone et ses amies, je ne cesse pas d'apprendre.

12. Printemps 1964. Retour de Natalie à Paris avec cette fameuse Romaine que je suis curieux de connaître. La voilà avec son béret noir, sa lavallière à pois, les mains dans les poches de son tailleur bleu : on dirait un vieux garçon ou un rapin attardé de Montmartre. Son amabilité bourrue me glace.

Et je ne suis pas le seul. Natalie semble comme craintive en sa présence.

Natalie : « On n'est guère libre qu'à six ou à soixante ans. »

13. Eté 1964, dont Natalie profite, à la campagne, en compagnie de Gisèle. Nous nous écrivons beaucoup et souvent.

Natalie :

Que la chaleur de l'amitié augmente lorsque les froideurs de l'amour nous libèrent. L'amitié, la nôtre, est tellement plus confortable, n'est-ce pas ? Ne plus

dire ce que l'on ne sent plus, quel repos. Que faites-
vous à Paris où l'été est inutilisable ?

14. 31 octobre 1964. Nous fêtons le quatre-vingt-huitième anniversaire de Natalie. J'arrive le premier, porteur d'un bâton de sorcière, c'est-à-dire d'un stylo à quatre couleurs dont le fonctionnement amuse l'Amazone.

Berthe m'assure que je vais enfin voir « ce que c'est qu'une grande réception, rue Jacob ». Et je vois défiler des gloires passées, des célébrités présentes, des princesses, des élégantes anglo-saxonnes, de jeunes Américains, de vieux fantômes endiamantés et édentés parmi, lesquels se distingue celle que, déjà, dans les années 30, on avait surnommée la Zizanie [1]. C'est une énorme vipère, toute gonflée des couleuvres qu'elle a avalées pendant son interminable vie, et qu'elle prétend maintenant restituer et faire avaler aux gens qui se rebiffent et fuient un tel fléau. Sauf Natalie, qui m'explique :

« Il y a vingt ans que je suis brouillée avec la Zizanie, et elle ne s'en est pas aperçu. Elle est indécrottable. Et pourquoi me brouiller pour me donner la peine d'une réconciliation ? La Zizanie m'amuse. Je suis incapable de résister à qui m'amuse. Elle s'est mariée une fois avec un homme qui est devenu fou, huit jours après. On n'a pas pu savoir si ce malheureux était fou avant ou s'il était devenu fou d'avoir épousé ce monstre. »

L'érudite Zizanie me rapporte un propos d'Edmond Jaloux sur l'Amazone : « Quand une femme est intelligente à ce point, elle cause un certain malaise. »

Commentaire de Natalie : « Jaloux oubliait cette force féminine plus secrète dont ne s'avise pas assez le naïf orgueil masculin. »

1. Germaine Beaumont (npe 1992).

15. Décembre 1964. Natalie :

Un beau temps de carte postale m'accueille à Nice.
Ma Romaine ne va pas très bien. Je lui fais prendre de
la vitamine B12 pour la remonter. Vers quoi ? Je me
replie sur moi-même et regrette votre présence. A qui
la donnez-vous ? Grand dépensier de vous-même. Cette
lettre manque d'entrain. Cet entrain que m'inspire
toujours votre apparition.

En un an, notre amitié s'est changée en tendresse,
une immense tendresse diffuse qui nous aide à passer
l'hiver et les autres saisons. Quand je pars en voyage,
je suis sûr de trouver à mon retour une lettre de ma
vigilante Natalie portant la mention : « Pour attendre le retour de... »

16. Printemps 1965. Natalie m'envoie un texte,
Voleurs et cambrioleurs, qui est l'un des derniers
qu'elle écrira :

« Le vol est devenu le sport de certains pauvres.
Pour cambrioler, ne faut-il pas le plus souvent plus
d'adresse dans cet exploit que pour triompher de
n'importe quel autre jeu ?

« Si le christianisme a tant vanté la pauvreté, ne
reste-t-il pas actuellement trop de misères sordides et
inévitables ? Il me semble que si le communisme avait
suivi la doctrine du christianisme, il eût gagné plus
facilement des partisans à sa cause.

« En attendant, le vol et les cambriolages triom-
phent malgré une police bien faite. Et ne faut-il pas
plus de courage et d'astuce pour les mener à bout —
sans viols ni assassinats ? Respecter la personne
humaine — sinon ses biens — devrait être une des
premières règles de ce jeu.

« L'homme de confiance d'un homme fortuné pris
en flagrant délit de fraude eut l'audace de répondre à
son employeur : "A quoi cela me sert-il d'être votre
homme de confiance si je n'arrive pas à en profiter ?"
L'employeur se contenta d'en rire au lieu d'appeler la

police. Si même la bonne domesticité est devenue de plus en plus rare et scrupuleuse, n'est-ce pas parce que ses nouveaux maîtres ne reconnaissent que trop rarement ses bons services ? Ce qui fait que même les bons maîtres sont trop peu reconnus pour tels. Il y a heureusement d'innombrables exceptions. J'en connais une qui date de la Belle Epoque : une Américaine, Mrs. Moore, devenue parisienne, a non seulement récompensé largement tout son personnel, mais ajouté à son testament un don royal à son boucher qui l'avait depuis tant d'années bien servie de "chateaubriands" et autres morceaux de premier choix. Les dons testamentaires sont pourtant périlleux, car si les attitrés savent les bénéfices qui leur reviendront, ils n'ont pas toujours la patience d'attendre cet enrichissement. J'ai eu connaissance de plusieurs maîtres et parents disparus avant terme... mais passons.

« L'avarice des nouveaux riches est sans prudence et sans scrupule envers leurs héritiers — serviteurs ou employés.

« Par conséquent, les voleurs de grand chemin semblent avoir cédé leur place aux voleurs à domicile. (...)

« Ne faudrait-il pas, pour un meilleur fonctionnement de la vie sociale, des gens qui dépendent et comptent sur nous — ou du moins plus de compréhension et de générosité ? Si, à présent, les serviteurs sont si difficiles à trouver et à garder, c'est que le rendement régulier et bien connu des usines leur laisse plus de liberté et de gages.

« Cependant, ne valait-il pas mieux être soubrette que robote ? »

(Texte prémonitoire. Un an après, le pavillon du 20, rue Jacob sera cambriolé. Pour éviter toute émotion à miss Barney, Berthe prendra l'avion et viendra à Nice annoncer que chandeliers en argent et boîtes persanes ont disparu :

« Le principal, Berthe, c'est que vous soyez intacte, dit, sans se troubler, Natalie. Si ces cambrioleurs reviennent, qu'ils emportent tout, mais que, en échange, ils ne vous fassent aucun mal. »)

17. Mars 1965. Je vais avoir trente ans dans huit jours. Comme le temps galope. Je m'en plains à Natalie :

« Vous oubliez que vous parlez à quelqu'un qui va bientôt avoir quatre-vingt-dix ans. A trente ans, on connaît le secret qui est su par le plus d'êtres au monde et qui est le plus hermétiquement gardé : on sait que l'on n'est pas heureux », me répond-elle.

18. Cette nuit, j'ai rêvé de Natalie. Nous montions ensemble l'escalier qui conduit à sa chambre, et, sur le palier, Natalie prenait mon bras et me disait :

« Heureusement que mon cœur est devenu aveugle ou presque. »

J'apprends que ce rêve coïncide avec une scène de Gisèle, le matin, et une scène de Romaine, le soir. Chacune somme Natalie de faire ce qu'elle hait le plus au monde : choisir. L'Amazone essaie de garder sa Romaine et sa Gisèle. Ce printemps 1965 menace d'être bien orageux.

19. Natalie m'écrit :

Mon Jean, je suis rassuré par vos nouvelles, c'est dangereux de ne plus se sentir au centre de soi-même. On risque de s'égarer et même de se perdre. Dans ce cas-là, il vaut mieux perdre autrui que soi-même. Ma pensée vous accompagne — discrètement — comme une ombre portée de l'amitié. Il faut être regardant quant à soi. C'est ainsi que je vais vers mes quatre-vingt-dix ans sans grand dommage, quoique je sorte d'une congestion pulmonaire qui m'a affaiblie. Romaine aussi. Gisèle est à nouveau parfaite avec moi et il me semble que je le sois avec elle.

20. J'ai envie d'apprendre à conduire. J'en informe Natalie, qui me répond aussitôt :

Romaine m'a cédé son auto Studebaker, ayant

acquis une voiture plus maniable pour son chauffeur aux pieds trop lourds pour le changement de vitesse automatique de cette marque américaine. Je crois que c'est l'auto qu'il vous faut. Considérez donc la Studebaker comme votre fiancée.

Le mariage ne se fera pas. Deux ou trois échecs au permis de conduire — je ne suis vraiment pas doué — m'éloigneront définitivement de la Studebaker, mais me rapprocheront de Natalie :

« Les automobilistes sont des gens dangereux et énervants. Je me réjouis d'apprendre que vous ne vous joindrez pas à leur troupeau. Restez insaisissable, sans emprise autre que celle que vous accordez à vous-même », me dira-t-elle.

21. Pour me consoler de ma totale imperméabilité aux leçons de conduite, Natalie entreprend de me donner une leçon de séduction :

« Il ne faut jamais baisser les yeux si ce n'est pour consentir. Moi, quand je voyais une belle personne, je m'en approchais et je disais : "Comme vous êtes belle." Vous n'avez qu'à faire comme moi.

— Vous oubliez que je suis timide. Et pudique. Les hommes sont plus pudiques que les femmes.

— C'est qu'ils ont plus à cacher ! » lance triomphalement l'Amazone.

22. Je me croyais fort, et parce que mon amazone m'a pris par la main, j'ai compris ma faiblesse et combien j'ai besoin d'être guidé, voire protégé. A l'abri, au cœur du « Manatalie ». Nous avons inventé un pays, le « Manatalie », comme le Manitoba. Nous imaginons des habitants, une architecture, des fêtes, des coutumes.

23. Nous quittons le « Manatalie » pour le restaurant *Lapérouse* où Gisèle nous invite à déjeuner avec une tribu de cousins moldo-valaques et la Zizanie.

Natalie n'est plus retournée chez *Lapérouse* depuis son installation rue Jacob, en 1909 :

« Comme je n'avais pas de cuisinière, j'étais venue me commander un excellent dîner. Quand Robert de Montesquiou m'a entendu commander toutes ces bonnes choses, il m'a demandé : "Avec qui avez-vous rendez-vous ?" J'ai répondu : "Avec moi, c'est suffisant." »

24. Juin 1965. Natalie donne une fête pour la sortie du livre de Philippe Jullian, *Robert de Montesquiou, un prince 1900*. A cette fête, confondant deux générations, Natalie dit à une jeune femme :

« La conduite de votre mari pendant la dernière guerre a été admirable. »

Devant les rougeurs et les protestations de la jeune femme, Natalie, qui pense à la guerre de 14-18, reprend :

« Admirable, j'insiste, admirable. »

On entraîne la malheureuse au bord de la crise de nerfs. Elle croit que l'Amazone se moque cruellement de son infortune passée. En effet, le mari de la belle prit de nombreux amants allemands pendant la guerre de 40-45 et manqua être tondu à la Libération. Il ne dut son salut qu'à l'intervention de sa belle-mère, une résistante de la première heure, et dont l'époux avait eu une conduite héroïque pendant la guerre de 14-18.

Absent de Paris, je n'assistai pas à cette fête, ni à cette méprise que Natalie me conta ensuite allègrement. A se demander si elle n'avait pas volontairement confondu la mère et la fille...

25. Vendredi 21 juin 1965. Déjeuner avec Violette Leduc. Thé chez Natalie Barney. Dîner avec et chez Louise de Vilmorin [1]. Tout cela en une même jour-

---

1. Du même auteur : *Florence et Louise les Magnifiques* (Florence Jay-Gould et Louise de Vilmorin), éditions du Rocher, 1987.

née. Je suis encore en vie. Donc je raconte. Natalie n'aime pas Louise et ne s'en cache pas :

« Louise est une actrice d'elle-même, et vous êtes un très mauvais metteur en scène. »

Louise n'aime pas Natalie et ne s'en cache pas non plus :

« Natalie te fait perdre ton temps et tu n'as pas de temps à perdre. »

Quant à Violette, elle n'aime que Violette, et c'est reposant.

26. Pour éviter que je perde trop de temps, Louise vient me chercher vers quinze heures au 20, rue Jacob, le mercredi, mon jour de Natalie. Face à face, ces deux séductrices rangent leurs griffes et se limitent à l'usage d'une souriante, mais implacable, courtoisie.

27. A propos de Louise, Natalie :

Il n'est pas dans votre nature d'être dur, mais faible. Et j'approuve cette faiblesse, moi qui l'ai généralement pratiquée avec plus de tendresse. Dans votre cas présent et renouvelé, je vous plains, mais vous aime d'être parfois faible envers Louise qui se regarde en vous comme en un miroir, fût-il déformant. Toute sa lutte pour demeurer séduisante a besoin de preuves et même d'égoïsme. Louise doit savoir qu'elle n'a pas ce droit d'invasion dans votre vie et dans nos mercredis. Quant à moi, je crois n'avoir jamais manqué de cœur. C'est peut-être pour cela que mon cœur est fatigué. Et souffre pour autrui. Soyez indulgent, vous qui avez si peu souffert par amour. Cependant, la souffrance sert à évoluer, et l'apprendre à travers celle des autres est plus gênant mais moins amer que de l'apprendre par soi.

28. Il y a une chose que Natalie ne réussit pas à m'enseigner : c'est l'oisiveté. Je suis toujours en train de courir après quelqu'un ou après quelque chose. Je

pars en Irlande en reportage, j'en reviens en clamant : « En Irlande, il faut être un cheval pour plaire, personne n'y regarde personne. »

Natalie : « N'en croyez rien. En Irlande, on pratique cette pudeur anglo-saxonne qui permet de tout voir, les paupières baissées, comme en amour. »

29. Natalie : « On m'a dit que vous voyez beaucoup moins Louise. Est-ce que vos relations se sont amoindries au point de devenir durables ? » On ne peut rien cacher à ma perspicace amazone !

30. *Mon Jean,*
J'ai bien réfléchi à cette habitude de dormir ensemble, et voici ce qu'il me semble qu'au lieu de prolonger l'amour, cela l'abrège. Les habitudes nocturnes de chacun sont ou deviennent différentes. Et combien d'amants, même des plus épris et tendres, laissent un bras enkylosé sous le cou de l'autre. On se réveille craintif d'avoir ronflé. Cet oubli de l'autre *pendant le sommeil — soit de nuit ou de jour — me semble la plus grande des impolitesses et des dangers. Que de couples mariés ou libres trouvent là le commencement d'une fin d'être ensemble. D'autant plus qu'il faut être libre de rêver soit à une idée, à une affaire, fût-elle avec une autre personne. On ne dirige pas ses songes, mais souvent nos songes nous dirigent. Et dans ce cas aussi le sommeil solitaire est nécessaire. Je suis inclinée à la chambre à part, le lit à part, et même dans la vie* aparte. *Et ceci en vue de mieux garder et conserver ce que l'on aime.*

Cette pensée de moi me vient à l'esprit sur « l'intimité et ses impudeurs progressives ». Pouvoir vivre nu l'un pour l'autre est un privilège qui, en vieillissant ensemble, se paye trop cher : ne plus se voir à force de s'aimer équivaut à un divorce. Et à une approche de quelque personne que l'on commence à voir mieux.

N'est-ce pas une délicatesse orientale de garder son chef-d'œuvre enfermé par crainte que des yeux indifférents ou accoutumés ne l'usent ? L'Occident, trop pressé, veut enfermer son bien également, par crainte d'en être volé. Les lois le protègent, mais qu'est-ce qu'une loi devant l'amour ? qui, pour subsister a besoin de séparations, et de venir ou de revenir parfois d'ailleurs pour renouveler son regard ou pour avoir quelque chose de nouveau à offrir. A mon avis, l'amour pour exister ou pour ré-exister a besoin d'ailes.

« Et ce repos divin qu'on goûte après l'amour » est une reconnaissance d'homme, et dans ce cas même, de poète (Henri de Régnier), mais la femme, souvent, a d'autres soucis. Cependant, si un assoupissement bienheureux du couple prolonge son extase, où l'on en est encore conscient et avant de risquer de se tourner le dos pour un sommeil profond, il vaut mieux fuir !

Un amant de Melba (dont il ne nous reste que la « glace ») se plaignait de retrouver « son lit aux draps froids », mais une chaleur qui n'est plus brûlante vaut-elle mieux ? J'en doute.

Conclusion : je suis pour la séparation des corps lorsqu'ils n'ont plus rien à se dire.

31. Je déménage. Je quitte Passy pour les Batignolles. Natalie s'en inquiète et conseille :

« Pour choisir un appartement, ne vous décidez pas sur un moment d'enthousiasme, mais voyez bien quels sont les fournisseurs, les voisins, l'isolement du bruit, la qualité de l'air et de la lumière, et pensez aussi à la femme la plus nécessaire qui soit dans la vie d'un célibataire : la femme de ménage. »

32. Mercredi 25 mai 1966. Je déjeune chez Natalie comme chaque mercredi, quand elle est à Paris. Et, après le déjeuner, sous les regards alarmés de Berthe et les recommandations de Gisèle, nous partons, Natalie et moi, visiter mon nouveau refuge, un rez-de-chaussée, deux pièces aux Batignolles. Il pleut. Dans le taxi qui nous emporte, je suis brusquement ému par l'élan de ma compagne qui, à quatre-vingt-dix ans passés, affronte la pluie et les embouteillages

de Paris pour voir et savoir comment son ami est logé.

Nous arrivons Natalie traverse la cour, monte les trois marches, droite, les mains croisées derrière son dos, refusant mon bras et mon aide. En entrant, l'Amazone demande :

« Où est le lit ? »

Elle s'y assoit, en éprouve la souplesse et dit : « C'est important d'avoir un lit confortable pour y aimer et pour y dormir. C'est bien. » Et puis, avec une gravité dont elle n'est pas coutumière, l'Amazone ajoute :

« Vous avez devant vous de longues années de plaisir. Mais ne permettez jamais que le plaisir vous laisse, quittez-le avant. »

Natalie écoute ensuite un disque de mon idole, Lola Florès. Elle daigne approuver mon idolâtrie :

« C'est une voix qui réveille. C'est rare. Et en plus, vous dites que c'est une belle personne, comme ma danseuse persane, mon Armen Ohanian ? »

Sur cette interrogation, l'Amazone termine sa seule et unique visite à mon domicile. Pendant le retour, elle me raconte l'histoire d'un peintre qui, à peine marié, a séduit une jeune Américaine de dix-huit ans, puis son frère, un jeune Américain de quinze ans. Frère et sœur sont prêts à se partager le peintre à condition qu'il divorce. Tête du chauffeur de taxi pendant que Natalie commente sereinement d'autres exploits du peintre.

33. Midi. J'apprends que Natalie ne va pas bien. Comme toujours, je n'ai pas de mouchoir quand mes yeux et mon nez pleurent. Je n'arrive pas à croire que mon Immortelle puisse m'abandonner.

34. Deux jours après, Natalie est ressuscitée. Elle étincelle, plus Amazone que jamais.

Sur sa mère, Alice Pike Barney : « Elle devait épouser l'explorateur Stanley. Le mariage ne se fit pas. Me voyez-vous en miss Stanley, moi dont les seules explorations sont celles du cœur ? »

Sur Anna de Noailles : « Sa fin a été terrible. On l'abandonnait. Elle racontait des histoires qui n'intéressaient plus personne. Et vous, Jean, puisque vous vous intéressez à Anna de Noailles et que vous aimez son œuvre, pourquoi ne vous employez-vous pas à les remettre toutes deux sur un piédestal ? Il ne faut pas avoir l'admiration paresseuse. Vous vous éparpillez trop, comme moi, à votre âge. Faites attention à ne pas trop fréquenter des Infréquentables. Vous risqueriez de devenir quelqu'un de peu recommandable. Réputation qui, il faut le reconnaître, a son avantage. Quand j'étais quelqu'un de peu recommandable, ne protestez pas, vous ne savez pas tout, j'ai assisté à l'élimination naturelle de mes amis ou de ceux que je croyais tels. C'est pratique. »

Et, pour terminer cet entretien, Natalie soupire :

« L'amour parfois s'encrasse et finit par sentir mauvais comme le métro à six heures.

— Comment pouvez-vous le savoir, puisque vous ne prenez jamais le métro ?

— Cela ne fait rien, j'imagine. Vous savez, il y a des soirs où pour deux sous de tendresse, on donnerait un million d'amour. »

Souvent, Natalie poursuit notre conversation par lettre. Elle noircit un feuillet, y compris les marges. Elle se ravise et continue la lettre et la conversation sur le dos de l'enveloppe qu'elle a fermée. Elle y ajoute même un post-scriptum pour me rappeler que le mercredi est le jour de notre déjeuner, comme si j'allais l'oublier, voyons, Natalie :

Je vous attends mercredi, sans fleurs, ni couronne, à la rencontre de nos mains.

Miracle du sentiment qui nous unit et qui abolit le temps et ses distances.

La rue Jacob me devient la rue Natalie-Barney.

35. « On ravale ma maison. On coupe le lierre de ma façade. Adieu à ce lierre qui ne restera que dans notre souvenir... » Par ces paroles, l'Amazone m'accueille. L'épicurienne Natalie sait perdre avec stoïcisme. Elle perd le lierre, le livre, l'ami. Elle ne s'en plaint pas. Elle vit dans un désert où elle est seule avec Natalie. Désert que ni ses amours ni ses amitiés n'ont réussi à peupler. Solitude du Narcisse avec le désert pour miroir. Pour oublier ce terrible face-à-face, elle se lance dans une frénésie de divertissements. Du jour au lendemain, on peut être condamné par l'Amazone, pour crime d'ennui.

36. Natalie considère chaque jour comme un fruit agréable à savourer. Elle est l'incarnation de cette phrase de Raymond Radiguet : « Chaque âge porte ses fruits, le tout est de savoir les cueillir. »

« Peu de gens sont capables de cette cueillette. Et pourtant les derniers fruits sont les meilleurs », dit-elle en gourmande prévoyante.

37. Le pavillon de la rue Jacob est une caverne d'Ali Baba où abondent les merveilles et les trésors du souvenir. J'ai la permission de fouiner, d'exhumer pour le plaisir de Natalie et pour le mien. Je pars en chasse avec cette bénédiction de l'Amazone :

« Je garde tout. Je ne détruis rien. Mon désordre est inépuisable. Ne vous y épuisez pas. »

Certaines trouvailles se changent en retrouvailles. Ainsi, quand je déniche le manuscrit de sa pièce en trois actes *Les Etres doubles* ou *Le Mystère de Psyché,* Natalie se sent reprise par la passion de la scène qu'elle a héritée de sa mère. Vite, je dois lire *Les Etres doubles,* encore plus vite, les faire taper, et dès que possible les porter aux quelques directeurs de théâtre que je connais. Sans résultat. J'en donne des extraits à Jacques Brenner pour sa revue les *Cahiers des saisons.* Natalie manifeste une impatience de débutante, et, comme une débutante, elle se réjouit de figurer au sommaire du numéro de l'été 1966 entre

René Crevel, Jacques Chardonne et Christopher Isherwood. Natalie, éternelle débutante. Natalie, aussi inépuisable que son désordre et en qui je découvre un auteur de théâtre d'avant-garde. Dans *Les Etres doubles,* écrit dans les années 25, un jeune aviateur (Eros) désespère de séduire la jeune fille qu'il aime (Psyché). Il charge sa mère (Aphrodite) de cette délicate mission. Argument et personnages paraissent sortir du monde de Jean Giraudoux. Là s'arrête la ressemblance. Giraudoux aurait reculé devant certaines audaces de dialogue ou de situation. Aphrodite parle, pense et sait plaire comme l'Amazone. Aphrodite séduisant Psyché, c'est Natalie séduisant Natalie. On imagine la scène, le duo verbal, les éclats : « Je renie les faiblesses que j'inspire » ; les aveux : « Je n'ai jamais eu qu'à regretter mes élans charitables : ils se tournent toujours contre moi » ; les précisions : « Je ne me sers jamais de mes bras... Une déesse n'a pas besoin de retenir » ; les élégances désabusées : « Qui de nous peut encore se souvenir de ses premières amours ? Ou même des dernières ? Une fois passées, rien n'en reste, sauf une légende. »

Légendaire Natalie, qui sourit à son être double et qui, dans son hamac suspendu aux arbres de son jardin, feint de s'étonner d'avoir dévoilé les mystères des véritables amours de Psyché qui s'éprit, comme on le sait, d'Aphrodite et non du fils d'Aphrodite, comme on a trop tendance à le croire... Natalie féminise tout, même la mythologie !

38. Dernière conquête de Natalie, son médecin, le docteur Nogrette, qui a composé pour sa patiente un sonnet franglais qui commence par :

Illustre fée, par quels charmes encore
En notre temps de jets et de buildings
A quatre pas des cohues du drug-store
Gardez-vous le secret d'un sauvage jardin.

Je rencontre le docteur Nogrette dans la cour de la

rue Jacob. Il me rassure sur l'état de santé de Natalie :

« Miss Barney est étonnante, dit-il, elle ne parle jamais de son âge, ni de la mort. Elle veut simplement savoir ce qu'elle peut encore faire. Elle accepte de se soigner à condition qu'on ne l'ennuie pas trop. »

Après ces aveux, rassurants-mon-Dieu-merci, du médecin, j'ai droit à la déclaration de foi de Gisèle qui accuse Romaine de tous les maux de Natalie. Et cela, sur le palier, avec le risque d'être surpris par la Zizanie qui est en train de prendre congé et clame :

« L'actuelle duchesse n'a aucun sens commun. Elle n'a aucun sens d'ailleurs. Avec sa figure de polissoir, elle aurait dû rester dans son rôle de polissoir au lieu de se lancer dans la littérature. »

Bonne Zizanie pour qui sa meilleure amie, l'actuelle duchesse, n'a pas de secrets...

39. Natalie : « Il n'y a pas d'amour. Il n'y a que de l'amour-propre. Or l'amour n'est jamais propre. »

40. Parution, à l'automne 1966, de mon roman, *Les Couples involontaires,* où l'Amazone figure parmi des hussardes et autres houris. Natalie s'amuse de ce voisinage et se réjouit de cet hommage romanesque. La Zizanie, Gisèle, un peintre ami de Gisèle en profitent pour se déchaîner contre moi. Le peintre met en demeure Natalie de ne plus me recevoir pour crime de lèse-Amazone. Remy de Gourmont frémirait, paraît-il, de voir son idole parmi ces couples. C'est mal connaître l'Amazone, qui se rebiffe et répond au peintre :

« Vous n'aurez qu'à venir chez moi quand Jean Chalon n'y sera pas. »

Tempête dans le sérail. Berthe prend vaillamment ma défense, et Natalie m'écrit :

Que tout cela est disturbing *et que l'éducation est longue à faire à un jeune homme aussi indépendant que vous. Laissez-vous donc aller au bien-être d'une indif-*

férence soulageante envers ceux qui cherchent à vous nuire, sans que vous vous rendiez assez compte de leurs raisons. Au lieu de leur en vouloir, les poings fermés. Je déteste la haine qui, dans ce cas, est un empoisonnement. Il faut garder votre sérénité. Et n'oubliez jamais que je serai toujours auprès de vous, en Amazone.

Pour cette dernière phrase, je bénis cette tempête.

41. Pour montrer que l'on ne dicte pas sa conduite à une Amazone de quatre-vingt-dix ans, Natalie me convoque à passer les fêtes de la Toussaint au 20, rue Jacob « pour ranger des papiers ». Signe d'amitié que fait semblant de tolérer Gisèle. Signe de confiance qui exaspère la Zizanie et le peintre. Gisèle, la Zizanie et le peintre se ruent par la ville et les bois afin de clamer mon ignominie. Ce qui m'est bien égal. En compagnie de ma chère Amazone, je vais de trésor en trésor, de pneumatique de Liane de Pougy en billets de Renée Vivien. On classe, on garde, on se souvient, on détruit. Natalie me fait déchirer une correspondance signée Jacqueline que clôt une lettre de rupture signée Natalie. « Gardez cette lettre de rupture, Jean, cela peut vous servir, vous n'aurez qu'à recopier », dit-elle. Et je lis :

J'en veux à ta beauté qui m'a séduite trop vite, sans que j'aie le temps de t'aimer, de te prendre à tous et à toutes comme il aurait fallu. Jacqueline, en sachant combien je puis être The Lover (mon seul titre de gloire) et combien tu désires l'absolu..., je regrette que nous ne fûmes jamais totalement à nous. A présent, ton amie a le beau rôle. Puisse-t-elle le garder. Il importe que tu sois heureuse. Elle aussi, si c'est possible. Et qu'elle ne s'avise pas de mourir d'amour. C'est trop facile. Il faut en vivre comme j'en ai vécu. Mes lassitudes sont aussi innombrables que le furent mes maîtresses.

Dès que j'ai terminé la lecture de cette lettre, Natalie m'interroge :

« Mais Jean, qui était cette Jacqueline ?

— Mais, Natalie, si vous, vous ne le savez pas, comment voulez-vous que je le sache ? »

Fous rires et considérations sur les passions éphémères qui ne laissent qu'un prénom sans visage.

42. A la fin de ces rangements épistolaires qui ont duré trois jours — vendredi, samedi et dimanche de la Toussaint 1966 — nous sommes noirs de poussière, saupoudrés de souvenirs et d'éternuements. Ultime trouvaille : tombe une feuille d'un livre de poèmes. Sur une face, Natalie a inscrit ses liaisons et ses demi-liaisons. Sur l'autre, ses aventures. Ce don Juan féminin en a fait le compte. Je m'aperçois qu'elle s'est trompée dans l'addition. Nouveaux fous rires. Dès que nous retrouvons notre sérieux, nous comptons gravement à haute voix : Eva, Jenny, Liane, Renée, Olive, Nina (...), Henriette, Romaine, Lily, Emma, Dolly, Armande, Isabelle, Valentine, Schewan, Nadine, Ilse, Odette, Micheline, Rachel, Sonia, Geneviève, Catherine, Mimi, Armen et Eliane...

43. L'Amazone garde sa virulence, comme en témoigne ce post-scriptum à une lettre du 21 février 1967 :

La duchesse de La Rochefoucauld vient de faire une conférence sur Paul Valéry qui a vidé la moitié de la salle, l'autre moitié s'étant endormie.

44. Nice, 7 avril 1967 :

Mon Jean, il faut dire adieu à trop de violence. Comme j'ai presque cent ans, je vois tout assez clairement. Nous en parlerons à mon prochain retour à Paris et de bien d'autres choses encore. Je serai rue Jacob au début de mai avec Romaine, inquiète de l'état de ses yeux. Dès que je l'aurai installée et conduite chez son oculiste, je vous ferai signe, car j'ai hâte de vous retrouver après ce long hiver sans vous. Ici le beau temps est tellement persistant qu'on ne le remarque pas plus que le bonheur.

45. 23 août 1967, sur une visite du général de Gaulle au Québec :

> *L'enfant prodigue a fait fortune*
> *Et veut enrichir ses parents :*
> *Son pays d'adoption l'importune*
> *Et tout le monde est mécontent.*

46. 12 septembre 1967 :

Mon Jean, Romaine restera un mois 20, rue Jacob, et après sa visite j'attends Gisèle qui, elle, est plus facile à vivre et reste de bonne compagnie.

47. Romaine est rue Jacob. Romaine et ses bourrasques règnent. Je suis invité à lire le texte que Paul Morand a écrit pour un numéro de la revue *Bizarre* consacré à Romaine Brooks et à son œuvre. Dès les premières phrases, Romaine m'arrête net et accuse Natalie d'avoir « dicté » cet article à Paul Morand. Natalie devient aussi blanche que les tasses où le thé refroidit. Berthe sert des gâteaux dans un silence que nous n'osons plus troubler. Romaine boude dans son coin. Au bout d'un moment, la faim fait sortir la louve du bois et Romaine demande :
« Berthe ?
— Oui, madame Brooks ?
— Ma petite Berthe, est-ce que je pourrais avoir des sandwiches au poulet, mais pas de ceux qui sont sur cette table ?
— Oui, madame Brooks, je vais vous en chercher à la cuisine. »
Nous sommes traités en pestiférés. Pauvre Natalie. Je m'en vais dès que je peux sur la pointe des pieds. Berthe m'accompagne jusqu'à la porte et me rassure :
« Ne vous en faites pas. Entre miss Barney et

madame Brooks, c'est toujours, après la pluie, le beau temps. Dans une heure, tout sera oublié, elles se mettront à parler en anglais et à rire. »

48. Aux bourrasques de Romaine succèdent les orages de Gisèle. A quatre-vingt-onze ans, l'Amazone doit subir des scènes de jalousie et des : « Puisque vous aimez tant votre Romaine, il ne faut plus la quitter. » Ce que je ne pardonne pas à Gisèle, c'est de troubler le repos de Natalie qui, grâce à Berthe, vient d'échapper à une congestion pulmonaire. J'essaie de distraire Natalie avec les bruits de la ville, la réconciliation de Lise Deharme avec Louise de Vilmorin par l'entremise de Marie-Laure de Noailles qui, « un jour, par distraction, a pensé à quelqu'un d'autre qu'à elle-même », m'a rapporté Lise. Sans résultat : Natalie sourit à peine. Je fouille dans un carton et déniche quelques lettres de Renée Vivien. Renée, « studieuse, jalouse et martyre de la beauté », dit alors Natalie en s'animant un peu.

« Natalie, dans ce carton, il y avait le portrait de Gourmont par Dufy. Où est-il ?

— Je l'ai donné à Robert.

— Pourquoi ?

— Parce qu'il me l'a demandé. »

Natalie se met à rire. Enfin. Nous restons un moment sans rien dire. Nous sommes bien. Dans un élan, nos mains se joignent. En ce moment de présence extrême, je pense que je me prépare un immense chagrin, quand Natalie ne sera plus là. Je dois m'assombrir à vue d'œil puisque ma chère Amazone retire ses mains, appelle Berthe, me fait servir un verre de porto et, à son tour, s'efforce de me distraire. Elle me parle à nouveau de Renée Vivien, de leur voyage à Lesbos et de l'arrêt de Constantinople où une Karima pacha s'éprit de Natalie. Il ne se passa rien. Plus tard, Natalie et Karima se retrouvèrent à Saint-Pétersbourg où Natalie avait poursuivi la belle Henriette Roggers. Natalie me restitue son dialogue avec Karima :

« Vous ne pouviez pas m'aimer, Natalie, vous aimiez trop Renée.

— C'est vrai, Karima.

— Et vous aimiez aussi Henriette Roggers.

— C'est vrai, Karima. Je vous avais prévenue que j'aimais plusieurs personnes à la fois.

— Et pourquoi pas moi, Natalie ?

— Parce que je n'en avais pas envie, Karima. »

Et l'Amazone conclut son récit par un : « Il ne faut pas se forcer en amour. Tâchez de vous en souvenir. » Je promets de m'en souvenir. J'amuse Natalie par le récit d'autres turqueries plus actuelles. Elle rit vraiment. J'aime entendre son rire comme une récompense. Je ne suis peut-être que son bouffon. Mais être le bouffon de l'Amazone, c'est déjà quelque chose.

49. Nice, 20 décembre 1967 :

Mon Jean, Gisèle va bien mais ma Romaine se plaint de vieillir. Et que peut-on faire d'autre à quatre-vingt-treize ans ? Certes, c'est un amoindrissement avec son cortège d'humiliation. Mais tant que l'esprit reste vif, je m'accommode du reste et vous envoie ma tendre amitié.

50. Nice, 22 janvier 1968 :

Votre article sur Isabelle Eberhardt m'intéresse. J'ai très bien connu ses aventures par mes amis les Mardrus, car ce couple était parti à cheval à sa rencontre lorsqu'ils apprirent sa mort. L'éditeur d'une petite revue algérienne, Victor Barrucand, était en relation avec Isabelle Eberhardt. Ce philanthrope dans sa petite revue préconisait le pain gratuit pour tout Français, etc. Isabelle Eberhardt a tout dit sur elle-même, et je possède dans mon désordre de la rue Jacob son beau livre A l'ombre chaude de l'islam. *Et j'en cite souvent des phrases : « On renonce à soi pour devenir un couple », et sur un pauvre pendu : « Il s'est hissé au-dessus de sa condition. »*

51. Nice, 20 mars 1968 :

Je vous envoie ce mot qui vous accueillera à Paris puisque je ne dois plus vous revoir ici, encore un bonheur perdu. Mais j'arrose votre joli pot de lierre jusqu'à plus soif.

Notre amitié a pris le plus banal des emblèmes : le lierre, celui qui servait d'énorme sourcil à la façade du pavillon et qui semblait mettre en garde les visiteurs de laisser tomber tout espoir d'infidélité envers l'Amazone. Souvent, j'apporte à Natalie une feuille de lierre volée dans un square du quartier. Elle s'en pare comme d'un bijou rustique, elle qui ne porte jamais de bijoux, sauf quelquefois le collier de saphirs offert par Romaine ou la fameuse rivière de diamants d'Alice Pike Barney.

52. Mercredi 24 avril 1968. Déjeuner chez Natalie qui arbore une robe noire à rayures mauves que je ne connaissais pas. Elle est un peu fatiguée. Aussi, on ne s'attarde pas à table. A peine le café est-il servi que Natalie quitte la salle à manger pour s'allonger sur le divan du salon. C'est l'immuable rituel du petit coucher de la reine Natalie. J'amoncelle les coussins et j'étends sur l'Amazone une vaste couverture d'hermine. Je m'installe à ses pieds, au·bout du divan, et je pose l'immuable question :

« Vous êtes bien, Natalie ?

— Oui, mon Jean.

— Alors tout va bien. »

Rien de mal ne peut nous arriver maintenant, à Natalie et à moi, protégés que nous sommes par ces remparts de lierre, d'hermine et de complicité. Natalie me parle alors de son amie Colette :

« Colette avait deux faiblesses : elle était sensible aux flatteries et elle ne supportait pas d'être seule.

Elle ne l'a jamais été, d'ailleurs. Entre Willy et Missy, Colette a eu Auguste Hériot, le fils des Magasins du Louvre, qui est devenu plus tard le commandant Hériot. Il a fait carrière au Maroc dans l'armée. Il était très riche, très beau, des cheveux bruns, des yeux verts immenses, un Antinoüs des Magasins du Louvre.

— Mais c'est le portrait de Chéri que vous êtes en train de faire !

— C'est lui, Chéri, le vrai, c'est Auguste Hériot. Comme Chéri, Auguste était l'enfant des femmes, et comme lui, avare. Il se faisait faire des cadeaux. Quand il a rompu avec Charlotte Lysès, Charlotte a dit à Auguste : "Que voulez-vous comme cadeau de rupture ?" Elle pensait à une cravate ou à une épingle de cravate. Il a répondu : "Une couverture en hermine comme celle de Natalie Barney." Charlotte a acheté la couverture. »

53. Je me natalise de plus en plus. Se nataliser, c'est remettre chaque chose à sa plus juste place, y compris le cœur et le sexe qui ont tendance à se déplacer et à envahir le cerveau. Mystères physiologiques que les médecins ne peuvent expliquer et que mon gourou-amazone explique parfaitement.

54. Natalie me fait cadeau d'une plaquette de dix-sept pages publiée en 1904, *The Woman who lives with me*. « La femme qui vit avec moi », me traduit-elle sans préciser davantage et sans me dire qui était cette femme. Comme la princesse de Cadignan, l'Amazone a ses secrets. Je feuillette ces dix-sept pages et bondis sur une phrase : *I only love the love I give,* que Natalie n'a pas besoin de me traduire (« Je n'aime que l'amour que je donne »). J'aime cette formule qui contient tout l'art d'aimer de l'Amazone.

55. Natalie exprime le désir de revoir Florence Jay-Gould, de passage à Paris. Rendez-vous est pris avec Florence que j'accompagne et qui me raconte : « Mon mari Franck a été amoureux de l'Amazone,

287

autrefois, avant notre mariage. Sans aucun résultat, bien sûr. Il affirmait qu'elle montait à cheval toute nue. »

Florence et Natalie s'embrassent. Elles se complimentent sur leur mutuelle bonne mine. Puis Florence dit à l'Amazone en me désignant :

« Je crois que ce garçon est amoureux de vous. Mais je n'arrive pas à imaginer que vous vous êtes connus pendant cette interview pour *Le Figaro !* »

Florence imagine en effet quelque chose de plus romanesque. Suppositions que Natalie détruit d'un simple : « Nous ne nous sommes pas connus, nous nous sommes reconnus. » Ce qui n'empêche pas Florence de s'exclamer : « Tout de même, entre une fille de Dayton (Ohio) et un garçon de Carpentras (Vaucluse), le chemin est long ! »

Natalie et moi, nous en convenons, de bonne grâce !

56. **Vendredi 10 mai 1968.** J'apprends que les nouveaux propriétaires du pavillon du 20, rue Jacob, veulent pénétrer dans ce sanctuaire jugé trop vétuste afin d'y placer une poutre de soutien. Ce serait attenter à ce décor de légende et rompre l'un des fils qui attache Natalie à la vie. Je ne comprends pas pourquoi Natalie est restée locataire d'un pavillon qu'elle aurait pu acheter sans peine grâce à « la fabuleuse fortune des Barney ». Mystères de l'Amazone qui décide, pour braver ces intrus et leur menace de poutre, de donner une fête le vendredi suivant en l'honneur de Marguerite Yourcenar qu'elle admire et qui publie *L'Œuvre au noir.*

57. **Lundi 12 mai 1968.** Les émeutes du quartier Latin ne troublent pas Natalie. Elle maintient son ordre de fête pour le 17. Comme j'annonce à l'Amazone que les taxis sont de plus en plus rares, elle me répond superbement : « Mes invités viendront à pied. Les gens ne marchent pas assez. » Elle me fait jurer

sur sa tête de ne pas monter sur les barricades et de rester sagement dans mon lointain quartier des Batignolles :

« C'est un quartier tranquille, dit-elle. J'y ai rendu visite une fois à Jean Lorrain en compagnie de Lucie Delarue-Mardrus, et une autre fois aux Ghika, Georges et Liane, qui habitaient, je crois, rue de Saussure. Sur une place, il y avait une roulotte et une gitane qui disait la bonne aventure... »

58. Vendredi 17 mai 1968. Je passe le pont de la Concorde qu'une multitude de C.R.S. occupent. Plus loin, dans un magasin de fleurs qui est — presque — à l'angle de la rue du Bac et du boulevard Saint-Germain, j'achète le dernier bouquet de grandes campanules bleues.

Place Saint-Germain, des pavés et des restes de barricade fleurissent autant que mes campanules que je suis prêt à brandir comme un bouclier si les C.R.S. en position rue de Rennes — décidément, ils sont partout — attaquent. Je dois avoir l'air d'un ridicule non violent en fleurs, d'un Gandhi en costume de jersey gris. Je m'imagine et je m'arrête sur le trottoir de la rue Bonaparte pour rire à mon aise. Avantage de Mai 68 : on peut rire tout seul dans la rue sans être inquiété.

En plus des fleurs, j'apporte à Natalie toutes les phrases récoltées sur les murs. « Il est interdit d'interdire » enchante l'Amazone qui se demande si elle n'a pas écrit cela quelque part dans ses *Pensées* ou dans ses *Nouvelles Pensées*. On va se mettre à la recherche de cette maxime, quand apparaissent le grand jabot en dentelle blanche de Marguerite Yourcenar et le châle blanc de sa traductrice, Grâce Friks. Depuis la rue de Rivoli, ces dames sont venues à pied. Le pont du Carrousel étant obstrué de C.R.S., elles ont préféré bifurquer par le pont des Arts, plus tranquille. Natalie approuve cette prudence.

Arrivant elle aussi à pied de son lointain Grenelle,

la Zizanie s'affale dans un fauteuil, et la fatigue la rend muette, pour une fois.

Parmi ces dames à voilettes et ces messieurs cravatés de dignités, Mary McCarthy en guerrière négligée fait sensation. J'aide Berthe à ouvrir les bouteilles de vin de Champagne. Les bouchons sautent en mesure avec des explosions qui tantôt se rapprochent, tantôt s'éloignent. Natalie, qui sait combien, pendant ses fêtes, je tiens à mon privilège du tête-à-tête, me fait signe de venir m'asseoir à ses côtés. « Alors, mon Jean ? » Alors je raconte les feux du quartier Latin. Commentaire de mon amazone : « Cela me rappelle l'incendie du Bazar de la Charité. » Nous oublions aussitôt Mai 68 pour mai 1897. Natalie avait été invitée à tenir un comptoir au Bazar en compagnie d'une baronne de ses amies. Elle y avait renoncé par crainte subite de s'y ennuyer et parce qu'elle avait mieux à faire : passer cet après-midi-là avec « Carmen, ma maîtresse ». Le soir, un crépuscule précoce embrasait Paris. Toujours lyrique, Carmen dit à Natalie :

« Regarde ces grandes lueurs rouges, comme c'est beau, c'est le ciel de nos fiançailles. »

Ces « grandes lueurs rouges », c'était le Bazar de la Charité qui flambait, comme aujourd'hui les autos, boulevard Saint-Michel. Natalie termine le récit de ce miracle par un admirable : « J'ai toujours été sauvée par mes plaisirs. »

Survient Marguerite Yourcenar à qui je cède ma place et qui dit à notre hôtesse :

« Au fond, c'est le dix-huitième siècle qui est votre époque, bien plus que la Belle Epoque. Que vous êtes jeune, Natalie, pour une contemporaine de madame du Deffand et de Rivarol. »

Et sur cet éclat de jeunesse éternelle se termine la dernière fête de l'Amazone.

17

LES NOUVEAUX
PROPRIÉTAIRES

« Et que pouvais-je espérer, quelle
aide, pour quelle solitude inconnue ? »

François AUGIÉRAS
(*L'Apprenti sorcier*)

Fin août 68, sans avoir eu d'été,

Mon Jean,
    Vous êtes un être chaleureux tandis que mon grand âge me donne parfois un refroidissement qui n'altère en rien notre amitié. Je pense être de retour 20, rue Jacob mercredi, notre jour, ne l'oubliez pas. Le « papier timbré » des nouveaux propriétaires m'ôte tout retour bienfaisant ; resterai-je là, c'est ce que décidera mon avocate.

Ce « papier timbré » marque le prélude à des escarmouches judiciaires dont les nouveaux propriétaires sortent vainqueurs. Pour assurer la sécurité de l'Amazone, ils ont le droit d'établir des étais dans le pavillon, du salon à la cuisine, de la lingerie au vestibule. Soixante ans de charme sont rompus. Natalie en perd le sommeil, l'appétit et sa légendaire sérénité.

Une campagne de presse se déchaîne en faveur de cette Amazone de quatre-vingt-quatorze ans. Dans *France-Soir* du 12 octobre 1968, elle déclare : « Mon salon est un monument de la littérature contemporaine : personne n'a le droit de le modifier. J'ai fait le serment de rendre l'âme là où l'esprit a régné. »

Le 20 juillet 1970, Berthe, terrassée par une crise de péritonite, est emmenée en clinique. C'est l'écroulement. « Plus de Berthe, plus de rue Jacob. »

Le 24 juillet 1970, Natalie quitte son pavillon, son temple de l'Amitié et son sous-bois pour toujours. Ce qu'elle ignore, heureusement. Car, à peine installée à l'hôtel Meurice, l'Amazone gardera l'espoir invincible de revenir au 20, rue Jacob « au printemps prochain ».

18

ROMAINE 1970

« Je ne veux pas aller à l'enterrement [1]. Je ne le dis presque à personne et je ne porte aucun deuil extérieur. »

COLETTE
(Lettres de la Vagabonde)

---

1. Enterrement de Sido, sa mère bien-aimée.

1970 sera l'année terrible de l'Amazone : exil de la rue Jacob, maladie de Berthe et mort de Romaine, le 7 décembre, à l'âge de quatre-vingt-seize ans. Gisèle réussira à cacher cette mort à Natalie pendant trois mois. C'est d'autant plus facile que Romaine a totalement rompu avec Natalie depuis le 3 mai 1969. Gisèle n'est pas étrangère à cette rupture.

Avant 1969, Gisèle me rapportait ses conversations avec Romaine. Elle en avait, bien sûr, le triomphal dernier mot :

« Romaine m'a dit : "Natalie a meilleure mine que vous." J'ai répondu : "Avec vous, Natalie n'a pas le repos qui lui est indispensable. Vous ne songez pas assez à ménager cet être d'exception." »

« Romaine a raconté à Natalie qu'elle s'était évanouie alors que Gino, son homme de confiance, nous a assuré qu'il s'agissait seulement d'un léger assoupissement. J'en ai fait le reproche à Romaine qui m'a répondu : "Je ne sais pas pourquoi Natalie et vous, vous prenez tout au tragique." Je n'ai pu m'empêcher de mettre les choses au point : "C'est vous, Romaine, qui avez besoin de tragédie." »

A cet échange de répliques, on peut imaginer le ton régnant entre Romaine la Sultane et Gisèle la Favorite. Entre ses deux amours, Natalie essayait de maintenir une paix de plus en plus précaire. Déjà, en janvier 1965, pendant une fin de semaine que j'avais passée à Nice, j'avais compris que tout n'allait pas pour le mieux dans le paradis de l'Amazone. Nous avions déjeuné, Natalie, Gisèle et moi, dans un restaurant de la Promenade des Anglais. Après le déjeuner, nous devions, Natalie et moi, rendre visite à Romaine dans son appartement de la rue des Ponchettes. J'accomplis alors scrupuleusement ma gaffe quotidienne :

« Vous ne venez pas avec nous, Gisèle ? »

Dans un envol de plumes et de fourrures, Gisèle m'affirma qu'elle avait trop à faire et qu'elle courait chez son dentiste. Natalie se dissimula sous son sourire qu'elle abandonna dès que nous fûmes dans le taxi qui nous emmenait chez Romaine. Elle soupira :

« Jusqu'à la fin de ma vie, j'aurai à pâtir de la jalousie des autres. »

Le 18 février 1969, Natalie m'écrit :

Gisèle souffre d'une dent de sagesse qui l'empêche de dormir. S'il faut même se méfier de la sagesse, où allons-nous ?

Les René Mayer sont dans cet hôtel, ainsi que la belle Mme Carpentier qui est toujours en train de se casser quelque chose : l'art de tomber et de bien tomber n'est pas à la portée de tous. Ici, le soleil jette des rayons froids de diamant et on se porte bien. Ce « on », c'est moi. Je n'aime pas quitter ma Romaine que je suis seule à fréquenter. Moi, je ne fais rien que de persister à vivre. Agréablement, autant que possible.

Cette possibilité d'agrément touche à sa fin. Mise régulièrement en demeure par Gisèle de rompre avec Romaine, et par Romaine de rompre avec Gisèle, Natalie, en oiseau des tempêtes, plane en attendant la fin de la tourmente. Elle veut à tout prix éviter un choix dont elle aurait à souffrir. C'est Romaine qui, héroïquement, décide de rompre. Le 3 mai 1969, Natalie, qui revient à Paris, prend tendrement congé de Romaine. Pour éviter une scène douloureuse, Romaine ne dit rien ce jour-là, ni les jours suivants. Elle se terre dans la peine et le silence. Ce silence, dont Romaine fournit, par téléphone, l'explication à Berthe, atterre Natalie. Son vieux jouet serait-il cassé ? Ce n'est pas possible. Comme au temps de Renée Vivien, Natalie prie, supplie, écrit, télégraphie, multiplie les ambassadeurs et les ambassadrices. Romaine est inflexible. Ses domestiques, Gino et Ana, ont des ordres : Mme Brooks n'est plus là pour miss Barney et les amis de miss Barney.

En août 1969, Gino explique à Berthe :

« Madame Brooks va mieux, mais elle est toujours faible. Elle a beaucoup maigri et ressemble à un squelette. Elle ne veut plus être dérangée par personne, même pas par son médecin. Elle espère que miss Barney ne reviendra plus à Nice. Berthe, madame Brooks vous demande de faire comprendre à miss Barney que sa venue ici serait inutile. Madame Brooks ne veut plus jamais voir miss Barney. »

Une telle décision affecte Natalie. Et, de plus, on dit que Romaine devient aveugle. Sa Romaine, aveugle et seule ! En février 1970, devant le désarroi de Mademoiselle, Berthe déclare :

« Que Mademoiselle ne s'inquiete plus. J'irai voir madame Brooks. Elle a toujours été gentille avec moi. Il n'y a aucune raison qu'elle ne me reçoive pas. »

En effet, pendant trois après-midi de suite, Romaine recevra, avec affection et un semblant de gaieté, Berthe. Cette dernière, la veille de son départ, a été convoqué à l'hôtel Meurice par Mademoiselle qui a mis à profit une absence de Gisèle :

« Berthe, je vais vous charger d'un message confidentiel pour madame Brooks.

— Oui, Mademoiselle.

— Vous direz à madame Brooks : "Miss Barney n'a jamais aimé que sa petite Romaine." C'est confidentiel, vous me comprenez ? Voulez-vous répéter ? »

Berthe a compris et répète mot pour mot le message de Mademoiselle à Mme Brooks qui éclate :

« Il n'y a plus de petite Romaine ! C'est fini depuis que cette créature a réussi à se glisser entre nous deux. J'avais pensé terminer mes jours avec miss Barney. C'est impossible maintenant. Qu'on me laisse en paix !

— Madame Brooks, qu'est-ce que je dois dire à Mademoiselle en réponse à son message ?

— Berthe, vous direz à miss Barney que tout est fini entre nous, mais que je me réjouis qu'elle ait trouvé cette personne qui sera une bonne infirmière pour ses vieux jours. »

Berthe rapporte, en les édulcorant, ces paroles à Natalie, qui, à son tour, me les présente à sa façon :

« Romaine s'offrait une crise de dépit amoureux, comme elle en avait l'habitude. »

Et l'Amazone de conclure :

« Si Romaine ne s'intéresse plus à mon amour, je ne vois pas pourquoi je continuerais à l'aimer. »

Belles paroles qu'approuve Gisèle présente à notre entretien. Quand Gisèle n'est plus là, le ton change. Natalie ne cesse de regretter sa Romaine. Elle harcèle Berthe de questions :

« Est-ce que madame Brooks est vraiment devenue aveugle comme on le dit ?

— Mais non, Mademoiselle, quand je suis arrivée, la première des choses que madame Brooks a remarquée, c'est ma petite broche. "Comment, Berthe, vous avez encore cette broche que je vous avais rapportée d'Italie en 1946 ? — Oui, madame Brooks, je garde les souvenirs qu'on me fait." »

Dix, vingt fois, Berthe doit recommencer le récit de ses trois après-midi niçois. Natalie ne se lasse pas d'entendre parler de Romaine, Ma-Romaine.

Prodigieusement fidèle à ses façons d'aimer, Natalie, cette séductrice de quatre-vingt-quatorze ans, a besoin, pour que son bonheur soit parfait, de Gisèle et de Romaine. Elle devra se contenter d'un bonheur imparfait, c'est-à-dire de Gisèle. Berthe résume la situation en une phrase : « Maintenant, sa madame Gisèle, c'est sa drogue. »

C'est une révolution de palais : la favorite a supplanté la sultane. Natalie a manqué de discernement. Elle a cru que Romaine tolérerait Gisèle comme elle avait supporté Dolly, la Chinoise et les autres. Sa vie durant, Romaine s'est inclinée devant les passades de Natalie. Romaine n'aimait que Natalie. Elle espérait toucher le prix de sa fidélité : passer la fin de sa vie avec une Amazone qu'elle ne partagerait avec personne. Elle n'aura pas supporté une dernière trahison, la plus cruelle. Romaine se réfugie dans un silence qu'elle ne quittera plus que pour cet autre silence : la mort.

Cacher cette mort à l'Amazone, c'était faire injure à son courage habituel. Elle apprit la nouvelle avec une dignité exemplaire. Au déjeuner du mercredi qui suivit, elle me demanda si je croyais en Dieu. Je répondis que oui. Elle en conclut que je croyais donc à la vie éternelle. Elle me demanda :

« Qu'est-ce que c'est, la vie éternelle ? »

C'était la première fois que, dans nos entretiens qui vagabondaient vers tout, nous abordions aux rivages de la métaphysique. Je me lançai dans de longues explications que Natalie écouta, attentive, penchée vers moi. Puis elle exprima ce souhait, ce cri d'amour :

« Si ce que vous venez de me raconter sur la vie éternelle est vrai, alors, je retrouverai Ma-Romaine ! »

19

UNE SÉDUCTRICE EN EXIL

J'ai passé tous les âges,
Lassé tous les pardons,
Brisé tous les courages,
Pleuré les abandons.

Louise DE VILMORIN
(L'Alphabet des aveux)

La mort de Romaine marque le déclin de Natalie, un déclin que renforce le départ de la rue Jacob. On a vainement essayé de reconstituer dans la « suite » que l'Amazone occupe à l'hôtel Meurice l'atmosphère du pavillon en accrochant aux murs *Le Petit Page* de Carolus Duran ou en disposant sur une commode une grande photo de Romaine, une reproduction du portrait de Renée Vivien par Lévy-Dhurmer et une petite photo de Liane de Pougy. Les anciennes déesses sont là, mais l'Olympe est détruit.

Natalie vit de plus en plus dans le passé. Le matin, au lit, elle consacre quelques moments au présent en feuilletant *Le Figaro* et le *New York Herald*. La guerre du Viêt-nam afflige l'Amazone, et le problème noir la préoccupe le temps d'une phrase :

« Les Américains se conduisent vraiment trop mal, il faudra que j'en parle à mon cousin l'ambassadeur. »

J'ignore si Natalie a partagé ses préoccupations matinales avec son cousin l'ambassadeur d'Amérique à Paris, David Bruce. Quand j'arrive, le mercredi, vers midi, je ne sais plus quoi inventer pour distraire l'Amazone. Son rire se fait rare, et son sourire d'indulgence, fréquent. Son sourire, ultime défense contre un aujourd'hui qui a cessé de la combler, dernière armure pour se protéger contre une contrariété ou une rapide défaillance de la mémoire. « Il faut laisser agir la mémoire, ses tiroirs s'ouvrent au moment où l'on s'y attend le moins », se plaît-elle à dire.

Inlassablement, nous partons en pèlerinage vers un

305

passé qui se nomme Carmen, Eva, Liane, Renée, Jenny, Olive, Nina (...), Henriette, Emma, Armande, Isabelle, Valentine, Ilse, Odette, Mimi, Armen, Rachel, Sonia, Geneviève, Catherine, Nadine... C'est à mon tour d'avoir des défaillances de mémoire et de les masquer d'un sourire. Pour me faciliter la tâche, Natalie décide de se consacrer à un seul personnage. Une fois, c'est Isadora Duncan : « Elle n'était pas belle, mais personnelle et séduisante. » Une autre fois, c'est Cocteau : « Je n'aimais pas Cocteau. Il était trop l'affiche de lui-même. Un jour, nous nous sommes retrouvés en Méditerranée sur un yacht, Colette, Romaine et moi. Cocteau a prodigué des grâces pour reconquérir Romaine qui avait autrefois peint son portrait. Des grâces inutiles. »

Parfois, nous avons des conversations de vieux couple qui rabâchent ses vieux malheurs, les miens surtout. C'est Natalie qui ouvre le feu :

« — Vous vous souvenez, Jean, dans quel état vous êtes revenu de New York après y avoir vécu votre éternel amour de trois semaines ? Je passais mon temps à vous consoler...

— ... Et à me dire : "Que cela vous serve de leçon, n'oubliez plus les arbres de mon sous-bois pour ceux de Central Park et le 20 de la rue Jacob pour Sutton Place." »

Inoubliable leçon. A mon retour de New York, début juillet 1969, je m'étais précipité chez l'Amazone pour lui raconter une catastrophe sentimentale que je croyais irréparable. L'Amazone me tendit les bras. Je m'y réfugiai. Suivit un long silence que mon amie sut rompre par ces mots :

« Comme vous êtes jeune et comme vos cheveux sont noirs ! »

A partir de cette double constatation, elle me démontra que je n'étais vraiment pas à plaindre. Elle amorça ma guérison avec une dextérité que je continue encore à louer. Modeste, Natalie ne manque pas de me faire taire d'un : « Pour les chagrins d'amour, j'ai une expérience de centenaire. »

Le téléphone sonne. Je décroche. C'est Laura Dreyfus Barney qui veut parler à sa sœur.

« Natalie, c'est Laura.

— Dites que je ne suis pas là.

— Mais Natalie, si je suis là, c'est que vous y êtes aussi ! »

Devant cette évidence, Natalie esquisse sa grimace de petite fille de Cincinnati, prend le téléphone et demande à Laura de la rappeler « demain, non, après-demain ». Elle raccroche. Elle dit :

« Existe-t-il une sœur au monde qui m'ennuie autant que ma sœur ? »

Là-dessus, Berthe apparaît pour voir si tout va bien et dévider la chronique du 20, rue Jacob :

« Mademoiselle, le vieux professeur amoureux d'Eva Palmer est venu. Mademoiselle se souvient bien ? Mademoiselle m'avait recommandé de lui donner la chevelure de miss Palmer. C'est ce que j'ai fait. Le pauvre homme ! Il a porté cette chevelure à sa bouche. Il est entré en transe. J'ai cru qu'il allait en claquer. Et puis, vous savez ce qu'il m'a dit ? "Il en manque. — Mais, mon bon monsieur, qu'est-ce que vous voulez que j'en fasse, de ces cheveux ?" Depuis le temps que miss Palmer est morte, la chevelure a dû rétrécir, n'est-ce pas, Mademoiselle ? »

Mademoiselle approuve les explications de Berthe et blâme la conduite du vieux professeur. Berthe s'en va. C'est l'heure du déjeuner.

Notre premier déjeuner à l'hôtel s'accomplit en présence d'un maître d'hôtel qui rend impossible notre tête-à-tête. Aussi, nous décidons de commander pour les autres mercredis un déjeuner aussi froid qu'immuable : du melon au jambon, du saumon, le tout arrosé d'un vin de Sauternes, « recommandé par le médecin », précise cette buveuse d'eau qui boit deux verres de ce vin, gorgée par gorgée. Je sers, je dessers, et renonce à une tasse de café pour éviter une intrusion. Les rites peuvent reprendre comme autrefois, rue Jacob. Je raconte la semaine passée, et Natalie m'interroge sur la semaine à venir. Elle accompagne mon emploi du temps d'un invariable : « Occupez-vous de vous-même avant de vous occuper des autres. »

Au dessert — un vacherin glacé, le dessert préféré de Natalie — nous faisons le tour de nos amies communes. J'annonce que l'une d'entre elles a choisi, pour titre de son prochain roman, *Source délicieuse*.

Natalie : « Joli titre pour un purgatif. Jean, vous allez me promettre de détourner cette infortunée de sa source. » Je promets. J'oublie le temps qui galope. Nous oublions le temps suffisamment pour nous perdre en projets d'avenir. Nous irons à Lesbos l'été prochain, nous irons manger un couscous au restaurant de la mosquée de Paris. Et la semaine prochaine, nous commencerons à écrire ensemble un livre qui s'appellerait *Le Panse-cœur* ou *Le Pense-cœur*, destiné aux pauvres cœurs blessés. Nous mettrions nos expériences en commun.

« Natalie, nous ouvrirons une clinique des sentiments et nous deviendrons très riches.

— Jean, vous oubliez que je suis déjà très riche », dit Natalie, comme en s'excusant.

Nous hantons les palais de l'imaginaire. Nous planons. Il est trois heures, trois heures et demie. Je dois retourner à mon travail, et Natalie à ses souvenirs. Je sors presque à reculons pour emporter son sourire et l'envol de ses mains.

« A bientôt, ma-Natalie, au revoir.

— A bientôt, mon-Jean, à toujours. »

20

GISÈLE 1971

« Tu me laisserais donc tout seul, Giselle ? Moi, je sacrifierais tous les bals et les plaisirs du monde pour ne pas te quitter, pour te tenir compagnie. »

Comtesse DE SÉGUR
(Quel amour d'enfant !)

Mon Amazone à moi n'aura donc pas été l'Amazone de Remy de Gourmont, mais celle de Liane, Renée, Romaine, Dolly et Gisèle. Gisèle à qui Natalie, au début de leur idylle, envoyait ce quatrain :

> *Que de beauté, que de candeur*
> *Ont réveillé mon faible cœur*
> *Qui restera un cœur d'amant*
> *Jusqu'à son dernier battement.*

La beauté persiste : Gisèle est une femme-buste, je veux dire l'une de ces femmes qui s'en vont, le buste en avant, sans défaillance aucune, à la conquête du monde. La candeur, elle, a disparu. Mais y a-t-il eu candeur ? Je n'en sais rien. En dix ans de relation, je n'ai pas appris grand-chose de cette mystérieuse. Une fois, une seule, elle me fournit un indice. Elle affirma qu'elle avait bien connu Louise de Vilmorin, en Europe centrale, quand cette dernière était comtesse Palfy. « Nous goûtions ensemble dans les pâtisseries de Bratislava », prétendait Gisèle. Ce qui était vrai. Hélas ! Louise ne semblait pas avoir gardé un bon souvenir des gâteaux tchécoslovaques et réprima mes demandes d'éclaircissements d'un net : « Je te prie de ne pas me parler de cette raseuse. » Il faut préciser que, dans le langage Vilmorin, « raseuse » signifiait surtout importune, voire ancienne rivale... À l'enterrement de Louise, la « raseuse de Bratislava » donna des marques publiques d'une douleur qu'elle devait à « une aussi chère amie d'enfance ». Allez-vous y retrouver !

Depuis qu'elle est à l'hôtel, Gisèle joue, avec

acharnement, son rôle de grande dame telle qu'elle l'imagine. Dès le matin, éperdue de snobisme, elle erre dans les couloirs en djellaba de lamé et en toque en plume, prête à faire sa grande révérence de cour à n'importe quelle altesse, à une quelconque reine du pétrole ou du hamburger. Elle a réussi à s'entourer d'une cour d'élégantes ilotes qu'elle pensionne. Le chœur des ilotes chante les louanges de sa bienfaitrice :

« C'est une sainte. Son dévouement à l'Amazone est inouï. »

Bien que les chèques reçus soient signés par Natalie, les ilotes affirment sereinement que Gisèle paie la pension de Natalie dans cet hôtel de luxe. Rumeur absurde, quand on pense à la « fabuleuse fortune des Barney », mais qu'entretient une directrice de musée, amoureuse folle de Gisèle.

A l'école de l'Amazone, Gisèle a appris qu'il ne faut pas céder si l'on veut éveiller des passions durables. Des octogénaires à peine rhumatisantes, de somptueuses septuagénaires convoitent Gisèle qui se pare de ces lubricités diverses en feignant d'en rire. Natalie aussi. Seulement le rire de l'Amazone vire souvent au jaune. Pendant les dix-huit derniers mois de sa vie, l'Amazone connaîtra ce qu'elle avait résolument ignoré : la jalousie. Une jalousie qui s'étend aux hommes comme aux femmes. Un mercredi, à la fin d'un déjeuner, Natalie me questionne :

« Quand je ne serai plus là, croyez-vous que Gisèle épousera Max ? »

Je proteste avec un excès de vivacité : Max est marié, Max a des enfants, Max a des amants, Max a des ennuis. Pourquoi Gisèle épouserait-elle ce monsieur ?

« Parce qu'il l'amuse ! »

C'est, dans la bouche de l'Amazone, l'argument et le danger suprêmes. Rien n'existe en échange d'un peu d'amusement. Je rassure comme je peux mon Inquiète. Je m'attriste d'avoir entendu ce « Quand je ne serai plus là » que cette femme de quatre-vingt-

quatorze ans évite de prononcer. Je voudrais dire :
« Quand vous ne serez plus là, Gisèle et Max sont
trop complices pour ne pas se brouiller immédiatement. » (C'est d'ailleurs ce qui arriva le lendemain
même de l'enterrement de l'Amazone.) Je me tais.
Mon silence passe pour un acquiescement. Et Natalie
conclut avec une âpreté inattendue :

« Vous voyez que j'ai raison. Gisèle épousera
Max ! »

Gisèle a joué et a gagné. Elle a réussi à éliminer
Romaine, elle s'attaque à son fantôme :

« Romaine ne vous aimait pas », ose-t-elle dire à
Natalie dont les yeux se remplissent de larmes vite
réprimées. Une amazone ne se plaint pas. Une
amazone se contente de signer des chèques ou de
donner un bijou. De mois en mois, les bijoux de
Natalie s'en vont orner les oreilles, le cou et les
épaules de Gisèle, y compris la fameuse « rivière de
maman ». Quand je vois ce fleuve de diamants
descendre jusqu'à la ceinture de Gisèle, l'Amazone,
qui a suivi mon regard, explique :

« Les bijoux sont faits pour les jeunes femmes. »

La « jeune femme » se lève aussitôt et dépose un
baiser sur le front de Natalie. Gisèle triomphe.

Natalie cède ses dollars, ses bijoux, tout ce que
veut Gisèle, sauf les lettres qui sont la preuve même
de ses aventures de l'esprit, ces précieux papiers qui
seront confiés à la bibliothèque Doucet et à son
directeur, François Chapon. Grâce à François
Chapon, qui est un ami de l'Amazone, le pire sera
évité. Gisèle ne dispersera pas ces correspondances
aux quatre vents de ses caprices, ou dans les mains de
ses ilotes avides.

Gisèle a fini par se prendre pour l'Amazone. Elle
reçoit le vendredi après midi à l'hôtel. Des cocktails
et des olives ont remplacé le porto et les fraises au
sucre. Gisèle impose à Natalie la compagnie de gens
qui se plaisent uniquement à rapporter des ragots de
troisième ordre ou à raconter le dernier film qu'ils
ont vu.

« Pourquoi invite-t-elle des gens aussi insupportables ? Venaient-ils rue Jacob ? » demande Natalie à Berthe. Berthe doit reconnaître que ces fâcheux ne figuraient pas parmi « nos habitués ». Ces nouveaux venus infligent, sans le savoir, un supplice à Natalie, pour qui chaque visage inconnu est une agression. L'Amazone préfère contempler ces vraies réalités que sont les visages de Liane, Renée et Romaine. Habituée au vrai luxe, Natalie n'aime pas son simulacre en usage dans les palaces. Elle boude ces plats où l'excès d'ornement remplace la saveur. Berthe vient chaque jour à l'hôtel, chargée d'optimisme et de nourritures exquises. Tout ce qu'apporte Berthe est meilleur, y compris les fleurs de son jardin, à la campagne. « De vraies roses, les roses de Berthe », admire Natalie en jetant un regard de mépris envers les autres, ces idiotes de Baccarat, ces jumelles trop sélectionnées que Gisèle commande par douzaines. Elle présente ensuite ces gerbes comme les hebdomadaires hommages de la directrice de musée, d'un milliardaire, d'un peintre ou de Max. L'avare Max, qui serait capable, comme on dit dans mon pays, en Provence, « d'écorcher une puce pour s'en faire un manteau » ! L'Amazone, qui n'est pas dupe, profite de ces envois pour affirmer son obsession :

« Si Max vous envoie des roses, c'est qu'il est amoureux de vous.

— Oh ! Naty, Naty, je vous en conjure, au nom du ciel ! »

Et Gisèle porte ses mains à ses joues qui ont perdu depuis longtemps l'habitude de rougir sous leur épaisseur de fard orange. Elle feint la confusion. Elle joue à la petite fille. Cette petite fille de soixante-dix ans affecte des grâces et des gambades qui amusent Natalie. Gisèle amuse l'Amazone. Gisèle donne à l'Amazone l'illusion d'une tendresse. Que demander de plus ?

En échange, Gisèle a le droit de rechercher ses propres distractions où priment le cinéma et les mondanités. Pour se livrer à ses amusements, elle a créé un service-Natalie. J'assure le déjeuner du mercredi. D'autres prennent la relève pendant les autres jours de la semaine. Pour le dimanche, Gisèle a désigné une petite admiratrice de l'Amazone, une danseuse de dix-huit ans que nous avons surnommée la Tutu parce qu'elle offre, avec son tutu et ses chaussons, des échantillons de ses talents. Pendant que la Tutu danse pour l'Amazone et fait part, entre deux entrechats, de ses états d'âme, Gisèle, entourée de ses ilotes, trône dans une loge de théâtre. Après, elle offre à sa cour affamée un goûter copieux.

Gisèle s'autorise de brefs voyages, des escapades. Pendant ses absences, Berthe s'installe à l'hôtel. Quand Mademoiselle a l'air de s'ennuyer, Berthe suggère :

« Est-ce que Mademoiselle veut que je télégraphie à madame Gisèle de rentrer plus tôt ?

— Oh non ! non ! continuons notre bonne petite vie comme autrefois. »

Avec Berthe, Natalie peut parler des après-midi entiers de Dolly, Lily, Nadine et surtout de Romaine. Etre enfin rassurée par Berthe :

« Madame Brooks n'aimait que Mademoiselle. Qui dit le contraire ?

— Personne, Berthe, personne. »

Natalie décline comme une flamme. Mais, comme une flamme, elle saura garder jusqu'au bout son rayonnement.

crée par service Natalie. J'assure le déjeuner du
matériel. D'autres prennent la relève pendant les
autres jours de la semaine. Pour le dimanche, Gisèle
a dessiné une porte admiratrice de l'Amazone, une
navraisse de dix-huit ans que nous avons surnommée
la Tutu, parce qu'elle offre, avec son tutu et ses
chaussons, des échantillons de ses talents. Pendant
que la Tutu danse pour l'Amazone et fait part, entre
deux entrechats, de sa fiction d'âme, Gisèle, emmurée
de ses loisirs, trône dans une loge de théâtre. Après,
elle-même a son aff[l]ame un fauteuil copieux.

Gisèle s'informe de brefs voyages, des escapades.
Pendant ses absences, Berthe s'installe à l'hôtel.
Quand Mademoiselle a l'air de s'ennuyer, Berthe
s'inquiète :

« Est-ce que Mademoiselle veut que je télégraphie
à madame Gisèle de rentrer plus tôt ?

— Oh non ! non ! continuons notre bonne petite
vie comme autrefois. »

Avec Berthe, Natalie peut parler des après-midi
entiers de Polly Lily, Nadine et surtout de Romaine.
Erre enfin rassurée par Berthe.

« Madame Brooks n'aimait que Mademoiselle.
Oui ou je le contraire ?

— Personne, Berthe, personne. »

Natalie déclare comme une flamme. Mais, comme
une flamme, elle saura garder jusqu'au bout son
rayonnement.

21

NATALIE 1972

« ... died Saint Musset, proof of Earth... »

DJUNA BARNES
(Ladies Almanach)

Le 31 octobre 1971, nous fêtons le quatre-vingt-quinzième anniversaire de l'Amazone. Berthe a veillé à ce que soit servi le menu habituel composé de poulet Maryland et de gâteaux à la cannelle. Elle a disposé sur la table des branches de tubéreuse, des fruits mexicains et les indispensables chocolats à la menthe et à la liqueur.

En entendant le papier des cadeaux se froisser, Natalie, heureuse, s'exclame :

« Ecoutez le papier qui applaudit ! »

Passé cet anniversaire, tous les espoirs sont permis. Natalie peut devenir centenaire comme l'une de ses grand-mères et — qui sait ? — retourner rue Jacob... Centenaire ou non, Natalie a accompli son être et sa vie. Elle a terminé son testament et préparé l'épigraphe qu'on lira sur sa tombe : « Je suis cet être de légende où je revis. » Ainsi, elle aura, selon son habitude et par sa seule volonté, reculé autant que possible les limites du hasard, « ce maladroit ».

Le 29 janvier 1972, Berthe arrive à l'hôtel, illuminée de malice et par une trouvaille qu'elle vient de faire en procédant à des rangements rue Jacob.

« Si Mademoiselle savait. J'ai déniché des lettres d'amoureux. J'ai... mais est-ce que j'avais le droit ?

— Berthe, vous avez tous les droits.

— J'ai regardé. Des messieurs amoureux de Mademoiselle. Des Américains. J'en suis stupéfaite.

— Berthe, rien ne vous sera épargné », dit l'Amazone dans un rire que nous imitons. Les lettres sont signées par un Dick et un John, deux jeunes gens épris de la belle Natalie Clifford Barney, l'étoile des bals de Washington et de Baltimore. Berthe a apporté la photo de John, qui est dédicacée : *To my darling Natalie with love from John. May 1896. This is the way I looked when I was a pretty cadet officer in 1889.*

Natalie nous traduit la dédicace : « A ma Natalie chérie avec l'amour de John. Mai 1896. Voilà à quoi je ressemblais quand j'étais un charmant officier des cadets en 1889. » La séductrice reconnaît que, effectivement, son soupirant était charmant. Nouveaux rires qui augmentent quand l'Amazone nous raconte sa dernière victoire. Hier, des ouvriers se livraient à des travaux dans le couloir à grand renfort de jurons et de chansons qui incommodaient Natalie. Elle sort de sa chambre et commande :

« Ouvriers, cessez ! »

Les ouvriers cessent et poursuivent leurs travaux en silence. Pendant que Natalie referme la porte de sa chambre, elle entend cette phrase qui la met en joie : « Elle se prend pour la reine d'Angleterre, celle-là ! » Majesté inattendue qui ravit Natalie. Et c'est vrai, qu'elle ressemble à la fois à la reine d'Angleterre et à la reine de la Prairie. Moitié Victoria et moitié chef indien. Ce sera mon ultime vision d'une Natalie radieuse.

Le 1er février 1972, Gisèle quitte l'hôtel assez tôt, vers onze heures, pour un déjeuner et une séance de cinéma. L'Amazone en est contrariée. Elle refuse de déjeuner. Dès le début de l'après-midi, elle sonne Suzanne, la femme d'étage, en la priant d'aller voir au bar de l'hôtel « si madame Gisèle ne s'y attarderait pas ». Et cela, tous les quarts d'heure. Ses derniers quarts d'heure de solitude.

A la fin de l'après-midi, Gisèle revient et trouve Natalie dans un état de fébrilité extrême. L'Amazone se couche et entre dans le coma vers dix heures du soir. A une heure du matin, elle est morte.

A sept heures, Gisèle m'apprend la nouvelle par téléphone. Pendant une seconde, je refuse d'y croire et oppose un convaincu : « Ce n'est pas possible. » Je dois me rendre à l'évidence. Natalie est morte. Avoir tant pensé à cette mort pour en être autant surpris et me retrouver aussi démuni...

Des Batignolles aux Tuileries, je vais à pied dans le petit matin. Il a plu comme au premier jour de notre rencontre. Dans l'une des jarres qui bordent la terrasse d'un café, je prends une feuille de lierre que je remets à Berthe quand j'arrive à l'hôtel. Je refuse de voir l'Amazone.

Le jeudi 3, Natalie est emmenée à l'église américaine. Elle est vêtue d'une chemise de nuit en satin blanc, cadeau de Berthe, et d'un peignoir en flanelle blanche, cadeau de Gisèle. Elle emporte sur sa poitrine la photo de Romaine et, entre ses doigts, la feuille de lierre.

Le vendredi 4, vers quatre heures et demie, heure à laquelle les fidèles arrivent au 20, rue Jacob, Natalie entre en terre au cimetière de Passy, non loin de la tombe de Renée Vivien. Il fait un soleil éclatant.

Le pire reste à accomplir. Ce sera la dispersion à l'hôtel Drouot des objets familiers de l'Amazone. Les « gens du trust » ont envoyé à Washington, au Smithsonian Institute, les tableaux de Carolus Duran et ceux d'Alice Pike Barney. Mais les livres, la couverture d'hermine, les divinités du plafond, tout sera dispersé aux enchères.

Dans la rue, appuyé contre un mur, le lit de l'Amazone, avec sa bordure bleue étoilée de blanc, attend son acquéreur. Le même jour, à un autre étage de l'hôtel Drouot, on vendait le grand lit Louis XV de Liane de Pougy.

Un an après, mois pour mois, Gisèle mourait, comme si l'Amazone, telle une pharaonne, rappelait sa favorite.

Maintenant, une fois par an, au mois d'août, dans Paris désert, je m'autorise à passer devant le 20, rue Jacob, et à imaginer un instant que, derrière ce portail que j'ai tant de fois poussé, Natalie est encore là. Je ne franchis plus le seuil de cette maison qu'en songe, un songe toujours le même. Je rêve que je retourne au temple de l'Amitié où Natalie m'attend et me tend les bras. La vivacité de nos retrouvailles est telle que j'en pleure de bonheur et que je me réveille avec, dans les yeux, de vraies larmes. Larmes réelles du songe trop vite enfui.

Dans la réalité, quand j'erre à travers le quartier de Saint-Germain-des-Prés, il m'arrive de rencontrer des fidèles du 20, rue Jacob. Nous parlons aussitôt de miss Barney. Et comme vous êtes vivante, ma Natalie, comme vous êtes vivante !

Automne 1963 - été 1975

POSTFACE ET REMERCIEMENTS
POUR L'ÉDITION DE 1976

J'ai commencé ce livre qui représente dix ans de ma vie et deux ans de rédaction avec les plus grandes ambitions : écrire la biographie de la première femme libre de son temps, mon amie Natalie Clifford Barney. J'ai dû en rabattre, trop de gens encore en vie auraient été mis en cause, et me contenter d'un portrait.

Portrait subjectif s'il en fût, et que j'aurais pu appeler *Portrait de ma séductrice*. Ses innombrables dévotes et ses multiples admirateurs, pour une fois, seront d'accord : à chacune sa Natalie, à chacun son Amazone. Et de la mienne, je me sens à la fois l'enfant et le père. Etrange et difficile parenté. L'enfant est béat d'admiration. Le père ne peut ignorer certains comportements...

Dans son souci de préserver jusqu'au bout la tranquillité de son paradis, Natalie m'avait demandé : « Tant que je serai en vie, vous me promettez de ne pas écrire de livre sur moi... » Puis elle avait ajouté la plus terrible phrase que l'on puisse dire à quelqu'un : « Ensuite, je vous fais confiance. » Et pour me marquer cette confiance, elle m'avait donné des lettres de Liane de Pougy, Renée Vivien, Rachilde, Lucie Delarue-Mardrus, Remy de Gourmont, Max Jacob, Pierre Louÿs. Lettres inédites et qui sont publiées ici pour la première fois.

L'océan Barney recèle des abîmes dont on n'a pas fini d'explorer les richesses. Abîmes où je me trouverais encore sans l'aide de François Chapon, qui, conservateur à la bibliothèque littéraire Jacques-Doucet et exécuteur testamentaire chargé des inédits

de miss Barney, m'a donné les autorisations néces-
saires et soutenu de ses excellents conseils. M'ont
aussi secouru dans cette tentative d'exploration :
Berthe Cleyrergue, Marguerite Yourcenar, Christine
de Rivoyre, Betsy Gautrat, Mmes Fort-Valette,
Castellier, Baron, le père Robert de Gourmont, Jean
d'Ormesson, Jean Griot, Jean Denoël, Georges
Wickes, Jacques de Ricaumont, Philippe Jullian,
William Huntington, Me René Michel, Jean Labayle-
Couhat, Dr Nogrette, Dr Chiquouri, Christian de
Bartillat, Claude Daillencourt, Jean-Paul Goujon et
Carlos de Angulo. Je les en remercie de tout cœur.

POSTFACE POUR L'ÉDITION DE 1992
ET RÉHABILITATION DE GISÈLE

Comment fait-on quand on n'a plus de Natalie Clifford Barney dans sa vie ? Vingt ans après sa disparition, je me pose toujours cette question, sans pouvoir y apporter de réponse, et je m'aperçois que je ne suis pas le seul puisque déjà, en 1954, Marguerite Yourcenar, comme le rapporte Josyane Savigneau dans son *Marguerite Yourcenar* (Gallimard, 1990), s'exclamait : « Qu'advient-il de ces centaines de gens qui n'ont pas une Natalie Barney bataillant pour eux au téléphone, et cela, un lundi matin à l'aube ? »

Oui, comment fait-on ? Au fond, je ne savais pas que Natalie m'était aussi chère ! Je ne savais pas non plus, en publiant en 1976 mon *Portrait d'une séductrice* (Stock), que j'avais écrit, sans m'en rendre compte, avant ma *Chère Marie-Antoinette* et ma *Chère George Sand,* une *Chère Natalie Barney.* Ce *Portrait d'une séductrice* qui est ma première biographie annonçait les autres. Pour l'édition de 1992, qui coïncide avec l'anniversaire de la mort de mon amie en février 1972, un changement de titre s'imposait donc : *Chère Natalie Barney,* avec en sous-titre *Portrait d'une séductrice.*

Depuis la parution de ce *Portrait,* voilà seize ans, le monde a bien changé et il n'y a pas que le mur de Berlin qui se soit écroulé ! Des préjugés sont tombés, les mentalités ont évolué et je peux dire maintenant ce que j'avais dû cacher, ou suggérer entre les lignes, comme la liaison de Natalie avec celle qu'elle nommait « ma chère Lily », autrement dit Elisabeth de Gramont, duchesse de Clermont-Tonnerre. Si

Dieu me prête vie et inspiration pour écrire la biographie de Liane de Pougy, je rétablirai dans leur vérité les sentiments qui unirent Natalie, Lily et Liane. Car, dès 1977, dans *Mes cahiers bleus* (Plon) de Liane de Pougy, on apprenait que Natalie et Lily, après le divorce de cette dernière en 1920, ne se quittèrent guère et vécurent, pendant un voyage en Amérique, une véritable lune de miel.

Dans les années 30, Florence Jay-Gould avait organisé, pour fêter cette persistante idylle, ce qu'elle nommait « un dîner de dames », un quatuor formé par l'hôtesse elle-même, Natalie, Lily et Romaine Brooks. Est-ce en souvenir de ce mémorable dîner ? Florence Jay-Gould donna, à l'hôtel Meurice, un déjeuner pour le quatre-vingt-quinzième anniversaire de Natalie. La boucle était ainsi bouclée, ou plutôt le sera quand j'aurai dit que Franck Jay-Gould, le mari de Florence, tomba amoureux de Natalie quand il vint pour la première fois, jeune homme, à Paris. Il fut, évidemment, repoussé. Ensuite, douce revanche, Franck vit Natalie tomber amoureuse de Florence. Florence qui m'avait toujours promis de me montrer les poèmes d'amour qu'elle avait reçus de l'Amazone est morte sans tenir sa promesse, hélas !

Après *Mes cahiers bleus* de Liane de Pougy, d'autres livres ont paru qui ont éclairé des liaisons que j'avais dû taire. Je peux aujourd'hui, dans les notes en bas de page de la présente édition, révéler que la « poétesse » et la « romancière » qui s'efforcèrent de consoler Natalie de ses amours malheureuses avec Renée Vivien n'étaient autres que Lucie Delarue-Mardrus et Colette Willy.

Colette figure dans la liste des liaisons et demi-liaisons établie par Natalie et que j'avais retrouvée, par hasard, au 20 rue Jacob, pendant le week-end de la Toussaint 1966. Comme je m'étonnais de la présence, dans ces demi-liaisons, de Colette qui n'avait pas la réputation de faire les choses à moitié, Natalie m'expliqua : « Oh ! Colette, une douzaine de fois seulement, c'était trop difficile pour nous rencontrer, Willy nous surveillait trop, et puis il avait la prétention d'assister à nos ébats. » J'entends encore le rire de l'Amazone devant une telle prétention !

En 1976, certains personnages du *Portrait d'une séductrice* étaient encore en vie, je devais ménager leur extrême susceptibilité ou celle de leurs descendants. Par exemple, je me suis vu contraint d'enfermer Germaine Beaumont dans le personnage de la Zizanie. C'est vrai que Germaine se plaisait à semer la zizanie sur son passage, mais elle méritait, dans mon livre, un meilleur traitement, si j'en juge par cette page extraite de mon journal intime :

Mercredi 6 juillet 1966

Déjeuner chez Natalie avec Germaine Beaumont. (...) Au dessert, Germaine nous raconte sa première rencontre avec l'Amazone :

« C'était pendant l'été 1913. Colette, qui avait épousé Jouvenel fin 1912, croyait qu'être une parfaite maîtresse de maison consistait à faire des conserves. Ma mère, Annie de Pène, m'a dit : "Va chez Colette, tu l'aideras à éplucher des haricots." J'arrive chez Colette. Je m'étais frisée à mort et Colette me complimenta à sa façon : "Tu ressembles à une cervelle. Bon. Maintenant, épluche." J'ai tellement épluché de haricots que Colette m'a dit : "Tu m'as beaucoup aidée et je voudrais te récompenser. Qu'est-ce qui pourrait te faire plaisir ?" J'ai joint les mains et levé les yeux au ciel en murmurant : "Connaître miss Barney." "D'accord", m'a répondu Colette, qui a écrit aussitôt une lettre à Natalie pour l'inviter à dîner. Toujours frisée comme une cervelle, j'apporte l'invitation au 20 rue Jacob. Natalie accepte. Et dans la nuit de juin, je m'en souviens exactement, c'était en juin 1913, Colette habitait rue Cortambert, et moi, juchée sur le mur du jardin, je guettais Natalie. Et Natalie arrive, accompagnée d'une danseuse persane, Armen Ohanian. Toutes les deux vêtues de blanc, des saris blancs brodés de perles, elles étaient dans un cab traîné par deux

alezans blancs. Une féerie. Ensuite, j'ai pris l'habitude de venir rue Jacob, n'est-ce pas, ma chère Natalie ? »

Certes, j'aurais pu approfondir cette amitié de Natalie avec Germaine... Si je l'avais fait, il m'aurait aussi fallu accorder plus de place à toutes ces autres amitiés : avec Marie Laurencin, Djuna Barnes, Myriam Harry, Marguerite Moreno, Guillaume Apollinaire, Antonin Artaud, Bernard Berenson, Anatole France, Max Jacob, Marcel Jouhandeau, André Germain, Paul Valéry, Truman Capote ou Ezra Pound. Tous ces fantômes en forme de lettres ont trouvé refuge à la bibliothèque littéraire Jacques-Doucet, sous la forme d'un recueil, *Autour de Natalie Clifford Barney,* paru en décembre 1976. Dans sa préface à ce recueil, François Chapon écrit justement : « C'est que chacun, célèbre ou non, au hasard des rencontres, fut reconnu pour lui-même, indépendamment des prestiges, des honneurs ou de toute autre considération affectée par la société à son destin. »

Dans cette liste des amitiés et des rencontres, j'aurais dû mettre en bonne place André Rouveyre, dont j'ai appris l'importance dans la vie de Natalie grâce à Georges Wickes qui, dans *L'Amazone des lettres,* publié en 1977 à Londres, chez Howard et Wyndham, écrit à propos de Rouveyre et de moi-même : « Jean Chalon (...) peut être considéré comme le troisième homme dans la vie de Natalie Barney, le successeur de Remy de Gourmont et d'André Rouveyre (...). Chalon entre en scène moins d'un an après la mort de Rouveyre et il n'est pas douteux qu'il a aidé à remplir le vide laissé par cette mort. »

En digne Amazone, Natalie Barney savait cacher ses chagrins et n'évoqua pas devant moi ce deuil récent qui, selon Georges Wickes, et il a certainement raison, l'avait affecté. En 1992 comme en 1976 je m'en tiens strictement à ce que Natalie a bien voulu me confier pendant les neuf ans qu'a duré notre amitié. Je continue à suivre le conseil que m'avait donné Marguerite Yourcenar, oui, encore elle, quand j'avais commencé à écrire mon *Portrait* : « Il ne faut surtout pas confondre le Temple de l'Amitié avec la loge de la concierge. »

Si je n'ai pas donné à André Rouveyre sa place de deuxième homme dans la vie de Natalie Barney, je le regrette. Mais ce regret n'est rien comparé au remords d'avoir poussé au noir le portrait du dernier amour de Natalie, Gisèle, portrait en forme de caricature que j'ai essayé d'atténuer en supprimant dans l'édition de 1992 certains paragraphes trop injustes qui tournaient au règlement de comptes.

Les amies de nos amies ne sont pas obligatoirement nos amies. Tout ce qui pouvait me séparer de Natalie, fût-ce son dernier amour, m'était importun et m'agaçait. Attitude d'enfant gâté qui a reçu son châtiment, ce remords de n'avoir pas su reconnaître combien Gisèle avait entouré Natalie de constantes, de quotidiennes tendresses. Natalie a aimé Gisèle et Gisèle a aimé Natalie. Tout est là et tout est dit. Je n'aurais dû avoir que respect et révérence pour le dernier amour de l'Amazone. Mais, à la cour de la reine Natalie, les coteries abondaient et j'avais choisi le clan des anti-Gisèle. Il est vrai que, comme je le rapporte dans *Portrait d'une séductrice,* Gisèle présentait quelques aspects irritants. Personne n'est parfait.

Vingt ans après, je me rends compte que je n'ai pas su estimer à sa juste valeur celle que je persiste à nommer Gisèle. A quoi bon donner aujourd'hui son vrai prénom, et son nom qui est l'un des plus illustres de l'aristocratie roumaine ? Gisèle avait une fille et un petit-fils qui doivent aspirer maintenant à l'oubli des amours de leur mère et grand-mère avec l'Amazone. Après tant de tempêtes, ils ont droit à la paix. Gisèle restera Gisèle, ainsi que je l'avais baptisée dans mon journal par allusion à la Gisèle de *Quel amour d'enfant !* de la comtesse de Ségur.

En relisant ce journal, je m'aperçois que j'aurais dû reproduire dans mon *Portrait* les propos tenus par

Gisèle le samedi 30 janvier 1965, à Nice, où j'étais allé rejoindre Natalie pour une fin de semaine :

Hôtel d'Angleterre et de Grande-Bretagne. A neuf heures du matin, Natalie me souhaite la bienvenue. A une heure, nous déjeunons ensemble en tête à tête. (...) Nous allons ensuite tous les deux rendre visite à Romaine Brooks. (...) Le soir, fatigué, Natalie se couche tôt et dîne dans sa chambre. Je dîne au restaurant La Camargue *avec Gisèle qui, au récit des brefs orages qui ont ponctué la visite à Romaine, me dit :*

« J'ai tant désiré pour Natalie une vie plus calme, plus détendue ! C'est à cette seule condition que nous pourrons préserver l'être d'exception qu'elle est. Je fais tout ce que je peux pour qu'un fond de confiance et de paix remplace petit à petit cet état fébrile de continuelles alertes qui l'animait. J'aime de tout mon cœur cet être authentique. Natalie est tellement unique que nous devons la garder aussi heureuse que possible, aussi longtemps que possible. »

Bénie soit Gisèle pour ces souhaits qui ont été exaucés. L'Amazone n'a consenti à nous abandonner que peu après avoir accompli son quatre-vingt-quinzième anniversaire. Nous a-t-elle vraiment abandonnés ? Je crois que non. En ce qui me concerne, Natalie a tenu sa promesse : « N'oubliez pas que je serai toujours auprès de vous, en Amazone. » Présente dans ma vie, elle l'est aussi, du moins je l'espère, dans ce livre. La séduction de l'Amazone, si particulière, atteignant un tel degré de perfection et de puissance, a réussi à vaincre la mort elle-même. La séduction posthume existe et celle que Natalie Clifford Barney continue à exercer sur ses dévots, et ses dévotes, en est la preuve. Natalie, séductrice éternelle...

Paris, dimanche 11 août 1991

CHOIX DE PENSÉES DE L'AMAZONE

Ce « Choix de pensées de l'Amazone » a été établi par Jean Chalon à partir des *Eparpillements* de Natalie Clifford Barney, paru chez Sansot en 1910. Ces *Eparpillements,* réimprimés par les éditions Persona en 1982, sont actuellement épuisés.

Plus que de mauvaises langues, il y a de mauvaises oreilles.

La gloire : être connu de ceux qu'on ne voudrait pas connaître.

A quoi bon ? puisque rien n'est impossible.

Toujours : trop longtemps.

Marié : n'être ni seul ni ensemble.

Je ne m'explique pas, je m'obéis.

Moi seule puis me faire rougir.

Vieillir, c'est se montrer.

N'oser critiquer que ce qu'on admire.

C'est de moi-même que je suis le plus curieuse.

Comme certains recherchent autrui pour s'oublier, je recherche autrui pour me retrouver seule.

La fatigue nous vient du travail que nous ne faisons pas.

Si j'hésite, c'est qu'il ne faut pas.

La Beauté : une simplification.

Je juge le charme des êtres par la facilité à m'exprimer en leur présence !

Que de ressources il faut en soi pour supporter sans fatigue une vie oisive !

La délicatesse : cette aristocratie de la force... Qu'ils doivent en manquer ceux qui la nomment impuissance !

Devant certains êtres, je crois difficilement à l'évolution universelle.

Le merveilleux, c'est l'audace de sans cesse l'exiger, le créer.

Combien de volonté il nous faut pour céder à ce que nous désirons le plus !

Je subis une crise d'équilibre !

On n'est pas soi-même tous les jours, heureusement.

Aucune dureté ne peut être définitive.

Ceux qui ont pu s'endormir fâchés ne s'éveilleront plus ensemble.

On n'a pas d'âge tant qu'on est jeune.

Son état d'âme : avoir gros cœur !

Aimer, c'est doubler son regard.

La mode : la recherche d'un ridicule nouveau.

A éviter : l'intimité de ses impudeurs progressives.

Que d'êtres, dans un mot devenu vide, ont enfermé toute leur vie !

Avoir la force et la simplicité d'être faible.

Le temps marque sur notre visage toutes les larmes que nous n'avons pas versées.

Nos ombres sont plus grandes que nous.

Comme il est lassant d'avoir des ennemis et pas d'adversaires !...

J'aime trop les commencements pour savoir aimer autre chose.

Nous voyons les êtres qui nous ressemblent, non ceux qui nous complètent.

Je voudrais vous faire ce don merveilleux d'un amour que vous auriez pour moi.

Je ne puis pourtant pas me donner à ceux qui ne savent pas me prendre.

Faible, je n'ai de force que pour les choses ardentes !

L'inattendu : ce maladroit.

Peu de femmes finissent en beauté — même leur toilette de nuit.

Il est plus difficile de garder ce que l'on a que de s'attacher un être nouveau.

Etre belle pour soi, d'abord.

N'être d'aucune époque. La mode seule se

démode [1].

Aimer ce que l'on a ; une façon résignée de ne jamais avoir ce que l'on aime.

Tu es plus proche de moi que ma pensée.

Mes songes sont les ombres des réalités, à moins qu'ils n'en soient les clartés.

Celles qui ont besoin d'apprendre ne sauront jamais rien.

Qu'avez-vous le plus aimé ?
— Aimer.
Et s'il fallait choisir plusieurs choses ?
— Je choisirais plusieurs fois l'amour !

Elle m'a initiée au plaisir — je ne lui ai jamais pardonné.

Que l'on perd vite auprès d'elles tout ce qu'on venait y chercher !

Comme je dois l'aimer, pour ainsi me forcer à cette attitude amoureuse qui m'ennuie !

Les amants devraient avoir aussi des jours de sortie.

J'étais à tout le monde, elle n'était à personne : nous nous attendions autrement et cependant nos solitudes se ressemblaient...

Se parler, oui, pour savoir qu'on est du même silence.

Attendre en vain, c'est parfois, néanmoins, une façon d'avoir.

Ces petites lâchetés intimes qu'elle appelle son devoir.

Que de bonheurs dont le malheur ne voudrait pas !

1. Pensée que l'on attribue indûment à Jean Cocteau.

On ne se donne pas à l'invisible, mais on le prend.

Des amants ? Sûrement, voyez comme ils s'ennuient ensemble.

Il ne leur manque que le temps pour l'essentiel.

Comme d'autres ont besoin d'ivresses, j'ai besoin de plein air : adieu.

Tes résistances : autant de soupirs vers la vie que tu n'oses vivre !

Ses mains sont chaudes comme si tous les baisers qu'on leur avait donnés revivaient.

Je ne te savais pas si grand...
— C'est que je n'ai jamais été qu'à genoux devant toi.

Tu regrettes qu'elle puisse te tromper. Elle le regrette peut-être encore davantage.

Sa chair est si sensible qu'elle sent même les ombres qui glissent autour d'elle.

La violence, argument de souteneur.

Je pars pour ne jamais revenir.
— Mais tu retournes la tête...
Pour mieux me rendre compte que je m'en vais.

Etre sans cesse vrai envers des vérités sans cesse changeantes.

Les romantiques se sont approprié tous les grands mots, il ne nous reste que les petits.

Ne questionner que soi.

Le romantisme est une maladie d'enfant, les plus forts sont ceux qui l'ont eue jeune.

Les Méridionaux : ces boussoles à rebours indiquant toujours le Midi

Le pire chez les arrivistes, c'est qu'ils arrivent.

Les derniers arrivés : quand repartiront-ils ?

Il avait ces trois marques de l'impersonnalité : un menton fuyant, la légion d'Honneur, une alliance.

Heureux ceux qui gardent une opinion, ceux-là seuls se reposent.

Tout grand homme a un Boswell, et c'est souvent Boswell le grand homme.

Que de fois, dans le reflet brouillé d'une vitre de coupé, j'ai vu le chef-d'œuvre que Whistler aurait pu faire !

Comme une lame nue, tu traverses la vie, pure et incorruptible ; l'obstacle t'aiguise et ce qui est fangeux ne peut que rehausser ton éclat. Généreusement tu donnes aux mourants le coup de grâce, et des êtres souples, tes semblables, tu fais jaillir des étincelles.

Sa manière d'être grand, c'est d'être gros.

S'ils n'étaient que livres penseurs, mais ils sont libres parleurs !

Un petit homme intègre dans sa malhonnêteté intégrale : il faut bien vivre — bien vivre des autres !

Comment vous vouloir du mal ? N'êtes-vous pas ce que j'aurais pu vous souhaiter de pire ?

On pardonne difficilement aux êtres de nous montrer leur vrai visage. Et il y avait un temps où je voulais cette sincérité !

Les Anglais qui prononcent le mot art avec un grand T.

Je ne comprends pas ceux qui passent des heures à entendre au théâtre des scènes entre gens que dans la vie ils n'écouteraient pas cinq minutes.

Tous ces futuristes, vers-libristes, déséquilibristes, réclamistes, absurdistes ont un tort, un seul, mais un tort grave parmi tant de bruyantes insignifiances : celui de nous rejeter toujours plus désespérément vers les seuls classiques.

La littérature devient décidément inhabitable.

« Je n'ai plus rien » n'est même pas une excuse.

Et c'est la peur du ridicule qui rend tous ces gens aussi ridicules !

Mes yeux me font mal. Est-ce la vengeance des choses trop bien vues ?

Je ne limite pas l'amour à un sexe.

On aime d'amour ceux qu'on ne peut aimer autrement.

Ce parasite : le passé.

Ne pas craindre de survivre à ses morts, mais de se survivre.

La vie la plus belle est celle que l'on passe à se créer soi-même, non à procréer.

LA FEMME QUI VIT AVEC MOI

Natalie Barney a écrit ce texte en anglais, *The Woman who lives with me*, et l'a fait imprimer à deux exemplaires. Un pour elle et un autre pour celle qui l'inspira.

I

Elle me vint parce que sa vie s'était brisée, et que plus rien ne lui importait.

On m'avait dit qu'elle était malheureuse ; elle ne me dit rien, elle se contenta de rire.

Je la compris parce qu'elle était belle, et parce que je comprends toujours la beauté.

Je lui parlai de sa beauté et de ma compréhension ; elle écouta, et parfois répondit.

Peut-être lui ai-je dit que je l'aimais. Je ne m'en souviens pas, je dis ces mots légèrement : pour moi, ils ne sont dépositaires d'aucun sens.

Je pense qu'elle le comprit ; cela m'ennuya quelque peu et plus encore me mit à l'aise.

Qu'elle se souciât peu de moi me satisfaisait, cela me laissait le loisir de m'en soucier davantage ; eût-elle remarqué ce trait en moi que cela m'eût déplu — il m'eût fallu me sentir responsable de mes sentiments. Cette responsabilité que je hais, elle l'aime. Elle a deux enfants. Ils ne lui ressemblent guère ; ce sont de jeunes garçons, et quasiment tout en elle est femme. Et, je le suppose, mère, encore que je ne pense jamais à elle en ces termes ; peut-être le devrais-je, les femmes sont en général des mères exquises, même pour qui n'est pas leur enfant. J'aime ses enfants pour autant qu'ils lui ressemblent, ou chaque fois qu'ils se conduisent comme des petites filles. Cela arrive souvent, car ils sont d'une nature sensible et fantasque, et presque tout les effraie. Eux ne savent pas pourquoi, elle si — et là est leur plus profonde différence.

II

Si elle a souffert plus qu'elle ne l'a jamais dit à quiconque, cela demeure reclus dans ses silences, dans sa voix, dans son rire et dans sa beauté.

Je déteste toute beauté qui se clame sur le mode majeur, c'est insolent, tonitruant, cela vous braille au visage ; sa beauté à elle est toujours présente, mais comme un sphinx elle attend qu'on l'appelle à s'émouvoir. Je ne désire pas percer son secret. Il me suffit qu'il puisse y en avoir un.

III

Je ne suis pas curieuse, elle non plus ; nous ne parlons jamais du passé ni ne souhaitons lire nos lettres respectives — celles que chacune de nous envoie aux autres. Notre présent se suffit à soi-même ; il est en lui-même plénitude. A certains moments d'humeur, je prétends être jalouse, ce qui est stupide car elle n'a nul amour, et elle sait que je le sais.

Si quelque jour il lui advient d'aimer, il est possible que je la perde. Serais-je pour autant jalouse ?

IV

Un temps elle fut ma maîtresse, car elle n'en faisait pas un tel cas que cela valût de résister, mais elle ne s'est jamais donnée à moi. Peut-être ne se donnera-t-elle jamais à quiconque. Peut-être est-elle trop illimitée pour être possédée. Je crains qu'il n'en soit ainsi, et parfois je l'espère.

Je reste étendue près d'elle de longues heures du jour ou de la nuit, mais je n'ose jamais baiser ses lèvres et jamais elle ne me prend contre son cœur. Pourtant, je suppose qu'on peut dire de moi que je suis son amant, et d'elle qu'elle vit avec moi. Elle-même le dit, pour m'en convaincre ou pour se convaincre qu'il s'agit là d'une vérité : il est des vérités qui ont du mal à devenir réalité. Je voudrais qu'elle apprît à me mentir : les choses, s'allégeant de leur poids de réel, en acquerraient plus de facilité.

Si elle me mentait, je l'oublierais. J'ai presque tout oublié... J'ai aimé bien des femmes, du moins il me faut le croire : elles me l'écrivent ou me le disent parfois, et aussi que mon amour leur manque. Le leur ne me manque pas, je n'aime que l'amour que je donne. Lui m'importe, car il est mien. L'amour que les autres vous portent n'est jamais totalement votre bien, ou pour un si bref moment. Je l'ai parfois désiré pourtant et ne l'ai pas trouvé, surtout dans l'extrême proximité.

J'aime l'amour de qui demeure à quelque distance, il devient ce que j'en veux croire.

J'aime l'amour de la femme avec qui je vis : il est toujours à distance.

V

Entre nous, aucune scène : nous ne nous soucions pas des mêmes choses.

De temps à autre, elle joue pour moi (elle s'absorbe dans l'écoute de la musique ; moi, dans l'expression de son regard). Nous y prenons plaisir toutes deux — cela, nous l'avons en commun, comme nous est commun ce dont nous rions ; et c'est assez. Pour tout le reste, on peut être seule ; c'est mieux ainsi — et pourtant !

VI

Elle est sur le point de partir. Je lui ai demandé pourquoi. C'est parce qu'elle est en train de s'attacher à moi et que je pourrais lui manquer quand je m'éloignerai d'elle.

Car je m'éloignerai d'elle : je m'éloigne toujours de ce que j'aime comme de ce que j'ai cessé d'aimer bien

— le premier cas m'étant le plus aisé. La joie s'y mêle au regret. Dans le second, il n'y a que la nostalgie d'une habitude.

L'habitude lui est plaisante pour les raisons mêmes qui font qu'elle me déplaît. De nous deux, elle pourrait être la plus âgée : son souci premier est d'éviter la souffrance. Pour moi, la souffrance est encore souffle de vie, inspiration. Je la préfère infiniment à la morne usure du chagrin.

VII

Il est possible qu'elle retourne auprès de son mari, parce qu'il est la plus puissante habitude de sa vie. Je ne lui envie pas ce privilège, bien que je désire qu'elle soit ma femme.

Je lui ai demandé de m'épouser et, par plaisanterie, elle me l'a demandé aussi. Si elle y consentait, ce serait simplement une manière de se débarrasser de moi. Qu'elle accepte signifierait que quiconque peut désormais devenir son amant. Même son mari. Je ne le supporterais pas. Ce n'est pas une grâce singulière que d'être demandée en mariage. Je l'ai proposé à bien des femmes et bien des femmes ont accepté. Il est plus facile d'aimer violemment que d'aimer bien continûment. A la fois j'aime et j'apprécie la femme qui vit avec moi.

Je l'aime passionnément pour le plaisir que me donne cet amour. Mon amour est égoïste, impérial, démiurgique. Il est d'une somptueuse théâtralité. Il joue des mots avec une éloquence dans la sincérité dont peu sont capables. Il est à la fois pathétique et tendre, persuasif et despotique ; à certains moments, il touche au génie. C'est le plus souvent quand elle dort, mais je suis là, moi, pour entendre et applaudir, et en somme, c'est assez. Je suis ivre, je suis folle, je suis heureuse. Nous serions deux à l'être s'il lui était donné de comprendre et de sentir comme moi, là serait l'unique différence. Comme je l'ai déjà dit, mon amour — celui *que je donne — se suffit à lui-même. Je ne désire nul autre don, bien que j'aimerais qu'elle aimât davantage cet amour pour que je puisse plus souvent m'en enivrer, m'en affoler, m'en combler de joie.*

VIII

Elle a dit : « La vie ne vaut que par ce qu'autrui en laisse indemne. » Ainsi en va-t-il de l'amour. La seule chose qui lui puisse être impardonnable serait d'abîmer l'amour que je lui voue. Rien d'autre au monde ne m'importe, tant que dure, vivant, cet amour.

J'ai dit que je l'appréciais également. C'est vrai, mais pour l'heure, je n'ai guère le temps de m'y arrêter, je suis trop absorbée à l'aimer, bien que cet autre sentiment existe et existera, durablement. Me soucierai-je de savoir si je l'estime ou non quand je ne l'aimerai plus ? Il est aussi important d'estimer ce qu'on aime qu'il l'est peu d'aimer ce qu'on estime.

Elle se préoccupe grandement de petites choses, ce qui n'est nullement l'indice d'une nature mesquine mais plutôt d'une sensibilité aiguë. Mais alors je me demande bien pourquoi elle n'est pas amoureuse de moi. Ce m'est un sujet de fréquentes perplexités, et je ne puis y trouver de raison, à moins que le fait en lui-même rédime toute explication !

IX

La nuit dernière, elle m'a dit : « Je ne pourrai jamais supporter de lui revenir maintenant. »

J'espérais avoir deviné ce que cela signifiait, mais je lui demandai : pourquoi ?

« Parce que... » Et elle serra mes mains très fort, et elle les embrassa. Et elle se mit à pleurer.

Traduction de Monique NEMER

INDEX DES NOMS CITÉS

355

TABLE DES MATIÈRES

Achevé d'imprimer sur presse CAMERON
dans les ateliers de la S.E.P.C.
à Saint-Amand-Montrond (Cher)
en janvier 1992

— Nᵒ d'édit. 13561. — Nᵒ d'imp. 015. —
Dépôt légal : janvier 1992.

Imprimé en France